高技术企业集群创新
集成能力生态整合建构研究

——以高新区为例

欧光军/著

本书出版获得国家社会科学研究基金项目资助

科学出版社

北　京

内 容 简 介

本书综合运用生态学、系统论、演化观、集成思想等理论研究高技术企业集群创新集成能力生态构建问题。从生态位的角度出发，根据博弈论的思想建立高技术企业集群创新集成能力知识生态位整合创新机理模型，剖析产业链不同环节间、产业链同环节内企业知识生态位叠加创新机理，推导出"适宜"知识生态位的经验值计算公式，采用结构方程模型搭建出集群创新集成能力生态整合路径模型；从宏观与微观两个层面解析集群创新集成能力生态演化升级机理，搭建出高技术集群创新集成能力生态演化升级理论。

本书的研究主题新颖、时代感强，采用的研究方法契合集群创新系统本质，提出很多具有实践应用价值的创新性观点，采用理论推理与实证相结合的写作方法，使读者易于理解，对从事区域创新管理的研究人员、研究生和政府园区管理部门人员有重要的参考价值。

图书在版编目（CIP）数据

高技术企业集群创新集成能力生态整合建构研究：以高新区为例/欧光军著. —北京：科学出版社，2017.12

　　ISBN 978-7-03-055040-8

　　Ⅰ.①高…　Ⅱ.①欧…　Ⅲ.①高技术企业–企业集群–研究–湖北
Ⅳ.①F279.244.4

中国版本图书馆 CIP 数据核字（2017）第 264310 号

责任编辑：徐　倩／责任校对：彭珍珍
责任印制：吴兆东／封面设计：无极书装

科 学 出 版 社 出版
北京东黄城根北街 16 号
邮政编码：100717
http://www.sciencep.com

北京京华虎彩印刷有限公司印刷
科学出版社发行　各地新华书店经销

*

2017 年 12 月第 一 版　开本：720×1000　1/16
2017 年 12 月第一次印刷　印张：14 1/4
字数：280 000

定价：98.00 元
（如有印装质量问题，我社负责调换）

前　言

伴随"创新驱动"战略的实施，作为高技术企业集聚地的高新区，是区域经济增长的领头羊，也是我国战略新兴产业发展的重要阵地，其创新型集群建设是新时期国家和地方经济发展的重点与核心。但目前我国多数区域高技术集群正面临被"锁定"在全球价值链与生产链分工体系中的低端状态，可能固化于高技术产业低端化的"双低产业技术轨道"的发展态势。其原因在于创新难以持续，动态适应性不足。"十三五"是改革进入深水区，国家经济转型的关键时刻，"十三五"规划中明确提出构建高技术企业集群创新生态体系，走创新集成的道路。可见，如何解析出制约高技术企业集群创新能力生成与演进的因素，构建出具有持续创新能力的集群创新生态系统，以发挥主体协同创新效用，对推进我国高技术创新型集群建设和提升国际竞争力都具有非常重大的现实意义。

作为一个价值增值系统的高技术企业集群，无论构成要素上，还是结构层次上都同自然生态系统具有相当程度的同构性，在本质上就是一个完整的创新生态系统。其创新功能有赖于集群中不同主体、不同要素、不同资源的整合、集成，从而使每个价值环节得到优化，整体表现出持久的创新能力。本书围绕建设集群创新生态系统目标，综合运用生态学、系统论、演化观、集成思想等理论，运用SPSS、DEA 和 SEM 等定量分析工具对高技术企业集群创新集成能力生态整合构建问题展开深度研究。首先，提出并分析问题。剖析目前高技术集群创新研究现状，解析目前的研究内容、思路与方法，明确问题所在。同时对我国高新区集群创新发展现状做分析，通过数据包络分析法分析集群创新系统的运行效率，并采用因子分析法对国家高技术企业集群创新集成能力进行综合评价，揭示出绝大多数高新区集群创新效率不高，集群创新集成能力不强这一现实。其次，构建出高技术集群创新集成能力生态整合理论。从生态位的角度出发，根据博弈论的思想建立高技术企业集群创新集成能力知识生态位整合创新机理模型，并结合湖北东湖高新区的案例研究分别剖析产业链不同环节间、产业链同环节内企业知识生态位叠加创新机理，根据所推导的公式计算出"适宜"知识生态位的经验值并从集群的生命周期角度详细讨论知识生态位整合在集群层面的演化规律；通过文献回顾梳理出创新集成能力的重要影响因素，利用结构方程模型的统计方法进行一阶因素模型和二阶因素模型的假设检验，构造出高技术企业集群创新集成能力生成整合路径模型，并结合集群生命周期理论解析出集群创新集成能力演化的边界条件，设计出集群生命周期整合模式；从知识共同体是实现集群创新集成的天然载体的必然性出发，对知识共同体的内在结构从知识管理和主体构成双重层面做虚实结合设计，并对创新过程顺利实现的治理机制做设计。再次，搭建出高技术集群创新集成能力生态演化升级理论。从宏观与微观两个层面解析集群创新集成能力生态演化升级机理，即采用因子分析和多元回归法研究集群创新生态系统的结构特征与创新绩效的数量关系，以及集群创新系统投入产出与环境之间的数量关系，剖析出集群创新系统结构演化升级的方向。通过案例调研，从集群企业层面解析出制约高技术企业集群创新集成能力发展的 8 个生态因素与影响强度，并综合搭建出集群创新集成能力升级过程的机理模型。针对影响集群创新集成能力的生态因素，分析集群创新集成能力演化的动力机制，解析集群创新集成能力的内在知识链演化路径和外在产业链演化路径，搭建出集群创新系统生态升级路径模型。然后，设计高新区高技术集群创新集成体系生态整合对策。围绕高新区产业集群化、创新生态化总体发展目标，提出以产业链、知识链、资金链三链耦合构筑创新链为核心、以创新网络完善与优化为出发点的高新区集群创新集成体系生态建设思路，坚持核心创新物种培育、创新生态链建设和系统管理三大建设原则，从加快创新种群建设、推进创新种群间耦合度和创新软环境优化方面提出具体的集群创新体系生态建设措施。并对集群创新集成体系生态建设战略重点、途径和保障机制做出分析。最后，对湖北省高新区集群创新集成体系生态建设做实证分析。从系统创新运行效率、集群化发展水平和创新生态体系建设方面对湖北高新区集群创新集成体系建设质量进行解析，得到目前情况不容乐观的现实。通过对湖北省主要的 17 个高新区的实地调研，探究出导致问题的十大主要原因。针对湖北省各高新区问题设计针对性强的集群创新集成体系共性与差异化结合的整合优化建设对策，尤其从湖北省区域层面提出圈层一体化联动建设战略构想，以加快湖北省高新区创新生态系统打造进程。

目　　录

第1章 绪　　论

1.1　研究问题与意义

1.1.1　问题提出

建设各具特色和优势的区域创新体系，是新时期国家和地方经济发展战略的核心。集群的因素支配着当今世界经济地图，是区域经济的一个显著特征。但我国多数区域高技术集群正面临被"锁定"在全球价值链与生产链分工体系中的低端状态，可能固化于高技术产业低端化的"双低产业技术轨道"[1]的发展态势。究其原因在于创新难以持续，动态适应性不足。对于集群创新问题，目前国内外学者的研究热点集中于基于集群组织知识活动与管理的网络式创新[2]，视集群为支撑企业技术创新的知识平台。围绕企业的创新活动来展开知识网络研究，未能视集群为一个有机的创新系统来探讨其创新集成问题，即集群成员的技术创新活动及成果互相协调以满足集群作为一个有机系统对创新的需求。

但是，作为能力的集合体的高技术企业集群（简称为"高技术集群"）是由高技术企业在一定地域上集聚的增值系统，系统价值创造功能和创新能力有赖于各个价值环节（链）特别是关键环节（链）的协同优化。也就是说集群产品创新应该是集成式的，应该从集群整体层面来把握集群创新能力。如果把视角转向集群创新集成，集群创新能力依赖于集群网络中知识存量与知识结构化的方式。那么首先应该解决的问题是知识协同给集群带来创新能力的内在机理和条件是什么？具有不同知识域的集群成员在创新实现上是如何支撑与互补的？即如何在网络成员之间进行基于组织的知识域划分，形成合理的知识域边界？如何整合与构建具有产业价值链和知识供应链协同要求的集群创新网络知识主体结构？而高技术产业知识基础本身既复杂又处于扩展之中，集群创新网络也应该随之演化升级，那么升级转换的路径与时机如何确定？这是困扰目前研究集群协同创新理论与实践的核心现实问题。

1.1.2　研究背景

伴随"创新驱动"战略的实施，作为高技术企业集聚地，高新区的建设是新时期国家和地方经济发展的重点与核心。高技术产业是知识、技术密集的产业，其技术水平和产业链的完备程度反映了国家科技的综合实力与核心竞争力。同时，"十三五"是改革进入深水区，国家经济转型的关键时刻。高新区高技术集群作为国家经济的驱动器和国家改革创新的试验田，肩负着巨大的历史责任和使命。可见，高技术集群的快速发展与壮大至关重要。"十三五"规划中明确提出构建高技术集群创新生态体系，走创新集成的道路这一重要议题。那么高技术集群作为一个价值增值系统，其创造力有赖于集群中不同主体、不同要素、不同资源的整合、集成，只有使每个价值环节得到优化，整体才能表现出持久的创新能力。然而，纵观国内对高技术集群创新的研究，基本上是延续国外的研究思路，集中在企业网络层面、集群系统整体创新能力评价和集群创新体系网络结构等方面。这是一种外生策略研究思维，忽略了高技术集群创新系统的内生能力依据和演化动力源，缺乏从系统演进的复杂适应性这个角度对创新集成这个问题的研究，尤其是立足创新生态观的研究少之又少。

创新集成是一个复杂的过程，是各创新要素、各创新参与主体不断地从无序演变为协同的过程。其核心是协同、匹配与可持续，实现创新资源的有序集成，产生系统功能放大效应，进入创新生态化境界（即创新集成本质在于各种资源要素特定属性之间的协同（即要素属性之间的匹配性协同）），由此推动系统向有序方向发展，强化系统的整体功能，进而产生协同创新能力。这种资源要素属性之间的非线性组合关系是协同创新能力的本质，这种强相互作用使要素形成特定的排列组合关系，进而生成最佳组合结构，并随环境条件的变化而自组织调整，最终演化为常态化的高技术集群创新系统的协同创新能力。因此，简单地说，集群创新集成就是协同参与主体间资源要素通过某种方式不断组合的过程。

1.1.3　研究意义

高技术集群从构成要素和结构层次上与自然生态系统具有相当程度的同构性，本质上就是一个完整的创新生态系统。本书将采用生态学、系统论、演化观、集成思想等理论与方法对高技术集群创新集成能力进行深度研究。这将扩充现有的研究思路，为现有的创新研究体系增加新的分支。同时，对高技术集群创新系统生态演化等问题的研究，正是集群建设面临的现实问题，这些研究成果会对集群创新工程的实践和培育集群的持续创新能力提出有意义的建议。本书以此为研究对象，力争从实践和理论两方面取得一定成果。

在理论上，创新集成是创新理论研究的深入，也是理论界研究的热点问题。但是，当前的研究主要集中在集群协同创新必要性、意义和评价等方面，多从集群社会结构属性角度展开研究，对集群协同创新的条件、集群协同创新体系构建以及集群协同创新能力整合与演化机理的研究较少。围绕这些问题，采用生态学与社会学相结合的研究方法，并运用一些定量分析工具，深化知识管理理论和集群创新理论，填补目前理论研究的不足。这有助于完善高新区集群协同创新系统研究的理论体系，特别是在高新区集群创新生态体系架构、运行机理等方面，都将起到一定的参考和促进作用。

在实践上，集群的因素影响着当今世界经济地图，这是区域经济的一个显著特征。目前，产业集群主要集中在政府主导的高新区。然而就目前高新区发展趋势来看，大多数的高新技术产业集群处于被"锁定"的状态。发展面临困境，其根源在于创新能力差、适应性不强。本书基于此开展高新区集群创新能力生态建设研究，通过剖析高新区集群创新集成能力构成要素、生成路径、演化过程与条件，揭示出我国高新区集群创新生态体系建设目前存在的问题，以便为高新区高技术集群创新网络优化提供方向和建设的思路，为高新区集群创新网络生态建设提供政策指南。

1.2　高技术集群创新集成能力研究现状

国外关于高技术集群网络结构及其演化的理论研究，是以技术创新的"系统范式"和新经济地理产业集群理论为主线展开的。欧洲区域创新环境研究组在1986年首次提出创新环境概念，把教育体系、地方经营文化、人力资本、基础设施等社会资本所属要素纳入创新能力分析框架。Freeman 首次提出国家创新系统概念[3]，Cooke 等考虑地理空间邻近性提出区域创新系统概念[4]，而 Prahalad 和 Hamel 则明确界定了区域创新网络[5]。演化经济学则对集群创新网络动态演化的微观基础——企业能力的内在逻辑结构及其演变规律进行重新思考和拓展[6]。由此拉开了集群网络创新由宏观到微观的研究序幕。

1.2.1　对集群创新系统的研究

自 Cooke 提出创新系统概念[7]以来，在区域产业竞争形势、规模等急剧变化的环境下，区域创新系统的竞争逐渐减弱，而集群创新系统的结构、功能等优势逐渐显现，为产业集群持续不断的创新提供了平台。下面主要从集群创新系统构成要素和结构这两个角度展开。

1. 关于集群创新系统构成要素

Prahalad 和 Hamel 认为，区域经济的增长离不开集群创新系统，集群要想在激烈的竞争中保持长盛不衰，就必须具备核心竞争力，而由企业、高校、科研机构、政府等共同组成的知识网络是集群创新系统核心竞争力形成的基础[5]。Patel 和 Pavitti 在探讨国家创新体系内涵、要素和结构的基础上，深入研究了集群创新系统的构成要素，认为中介机构也是集群创新系统的重要构成要素[8]。Autio 认为集群创新系统与国家创新系统截然不同，集群创新系统主要构成要素是知识，包括与知识的开发、应用、生产和扩散等相关过程有关的主体[9]。随着知识的流动在集群创新系统的地位越来越重要，Asheim 根据集群创新系统中各主体对知识需求的程度将区域创新系统中的主体分成核心要素和辅助要素，其中核心要素就是集群企业，辅助要素包括高校、科研机构、中介机构等[10]。Cooke 和 Schienstock 提出集群创新系统由集群创新网络构成，具体包括正式和非正式创新网络，并以日本集群经济发展情况为例，说明集群创新网络结构演化对集群创新系统功能的促进作用[11]。国内学者解佳龙和胡树华提出了国家高新区创新系统的"四三结构"模型，即由创新主体、创新内容、创新投入与创新产出四个子系统构成，而每个子系统又包括三个组成部分，系统内各要素相互作用促进各种资源要素的流动，最终促进集群创新能力的提高[12]。黄晓卫以软件产业园为例，解析了集群创新系统是集群内由于地理因素聚集的企业在分工、协作和竞争的互动关系下与高校、研究机构、政府等形成的与外界不断进行循环交流的具有持续创新势能的知识创新系统，知识创新是集群创新系统的动力和竞争优势[13]。刘远华和严广乐认为集群创新系统中的创新是一种系统涌现，但这种机制并不是预算给定的，而是随着时间的演化，集群创新系统为了适应周围环境的变化不断地主动与集群内外部主体互动，从而不断涌现出高于原始结构和功能的创新行为[14]。

2. 对于集群创新系统结构

国外学者对集群创新系统结构的分析，大多是在区域创新系统的研究基础上演变而来的。比较典型的研究是 Tödtling 和 Trippl 在总结前人"二系统模型"的基础上提出了知识应用和开发维度、知识生产和扩散维度以及政策维度三维度模型。前两个维度在政策环境的作用下，并在理想状况下相互发生作用并促进集群创新系统内知识、技术、信息的流动[15]。Radsevic 提出了区域创新系统"四要素模型"，即国家层面、区域层面、行业层面和微观层面四层次结构[16]。Filppetti 和 Archibugi 以欧洲经济低迷对集群创新影响为例，将集群创新系统分成了组织创新、过程创新、政策创新和制度创新四个层次，旨在解决欧洲集群经济的低迷，为集群创新系统的发展提出了相应的政策建议[17]。Gerasimova 和 Mokichev 认为集群创新系统是一个动态协同发展的系统，建立一个运作良好的集群创新系统必须包括集群的基础设施、资源、市场条件和国家政策四个要素[18]。董秋霞和高长春以创意产业集群为例，提出集群创新系统由外围网络和核心网络构成，即外围网络—创意环境（由中介机构、金融机构和政府组成）与核心网络—创意源（由相互关联的创意企业、高校、科研机构组成），伴随着知识流、创意流和信息流，共同推动集群创新系统结构优势显现，促进集群协同创新能力的生成与演化[19]。陈蕾和张军涛则从整体上衡量集群创新系统的自主创新能力，把集群创新系统解构为技术创新系统、知识创新系统、创新扩散系统和创新支撑环境四个子系统，并建立相应的测评指标体系，研究了创新主体与创新要素之间的关系[20]。熊小刚从协同创新的角度，构建了跨区域协同创新网络，将创新系统划分为主体创新网络和辅助创新网络两层，主体创新网络主要由政府、企业和科研机构等构成，是实现系统创新协同的必要条件，辅助创新网络则包括资源和环境因素等要素，是影响集群系统创新协同效果的充分条件[21]。

从目前的研究来看，学者研究的视角和依据的理论不同，对集群创新系统要素和结构划分并不是很统一，至今没有达成共识，但对集群创新系统的内涵基本达成共识。综合国内外学者的观点，本书认为集群创新系统是在一定的地域内，由围绕某一价值创造的具有产业共性属性的企业、知识原创主体的高校和科研机构、创新服务的中介机构以及政府等主体通过价值创造链和知识供协作链交织连接形成的创新网络系统。这些主体在一定的机制作用下围绕知识研发、创造和应用进行合作创新，形成具有创新功能放大效应与可持续核心竞争力的创新系统。

1.2.2 对集群创新网络的研究

1. 集群创新网络内涵的研究

对于创新网络概念的界定，Freeman 认为创新网络是区域创新系统内主体合作的新形式，是为适应创新模式由分散向集成的演化而产生的新型创新载体，是以网络式合作关系为主要机制的[22]。Asheim 和 Isaksen 以挪威造船产业集群、机械工程集群和电子产业集群为例，说明集群创新网络可以通过本地资源和知识来加强自身创新能力，是中小企业创新的基础[23]。Fu 等认为创新网络是国家创新体系的重要组成部分，是在一定地理范围内，由企业、政府、高校和中介机构等主体间知识流动形成的网络系统[24]。Morescalchi 等认为集群创新网络是不受地理限制的创新主体之间的知识合作形成的网络关系[25]。Herstad 等认为创新网络是创新主体之间形成的正式和非正式的合作形式，而国家政策是创新网络正常运作的关键[26]。盖文启和王缉慈从区域发展角度，认为集群创新网络是本地企业间合作以及本地企业与区域外企业合作形成的有根植性的创新系统，能够促进本地形成具有核心竞争力的产业集群[27]。薛捷和张振刚基于区域创新理论，提出创新网络是创新主体间在市场和非市场相互作用的机制下，在协同创新过程中建立的各种正式和非正式的关系总和[28]。蒋同明和刘世庆建立了区域创新网络自组织演化模型，从区域创新网络的孕育期、成长期和成熟期分阶段分析，认为区域创新网络是区域内企业自发合作演化形成的稳定性网络组织形式[29]。傅首清以中关村海淀科技园区为例，探究了区域创新网络的内涵，将区域创新网络分为正式合作网络和非正式合作网络，由企业集群、高校、科研机构、政府和中介机构等主体要素构成创新网络的节点，节点之间通过知识、资源、信息、技术等链条的连接作用共同形成创新网络[30]。综合学者的观点，本书将集群创新网络的内涵界定为在一定区域内，由产学研和政府之间的创新合作形成的稳定的关系，确保区域中的技术、知识、人才、资本等创新要素能够快速流动，为各创新主体提供合作平台，降低创新成本，提高集群的创新能力。

2. 集群创新网络结构特征研究

近年来，学者逐渐把视角转向集群创新能力中最核心的组成部分——知识网络创新功能，实证研究了高技术企业集群创新知识网络的要素、结构、关系、演化及绩效等。在结构方面，Cooke 从聚集性经济、制度性学习、联合治理、相近性资本和互动性创新概括区域创新系统结构框架，不仅关注交互单元"节点"，而且注重网络联结"边"[7]。Gilbert 等的仿真结果揭示了区域间的网络结构对于具有不同收益可观察性的创新会有不同的影响作用[31]。Gnutzmann 则对集群合作创新网络的耦合度进行了分析[32]。Giblin 通过对爱尔兰的软件和医药技术集群的比较分析，揭示了领袖企业在区域创新轨道引领和集群集聚效应方面的作用[33]。Liefner 和 Hennemann 采用中心度、紧密度等指标对创新网络的空间属性进行分析，以中国光电子产业为例，认为节点在网络中的位置对于学习和创新相当重要[34]。Dekker 和 Colbert[35]以及 Akbar 和 Geoffrey[36]从聚集程度、路径长度与度的分布三大结构特征维度来构建功能强大的集群创新网络，以保证其具有促进集群创新能力持续提升的优越网络结构。在关系维度方面，Burt 将Granovetter 提出的网络关系弱联结优势理论应用到市场竞争行为中，提出著名的"结构洞理论"，系统阐述了科技中介服务机构对创新系统高效有序运行的重要性[37]。Simsek 等[38]、Fritsch 和 Kauffeld-Monz[39]则强调节点企业的强联结有助于形成共同的态度、主张及信念，有助于知识流动、感情互动和关系资产投入。Todtling 等则提出，企业先进程度越高，越愿意加大创新投入，与高校和科研机构合作通过合作创新提升能力[40]。Guannarsson 和 Wallin 在构建集群创新系统演化的理论模型的基础上，运用计算机模拟，认为集群中企业之间的联系极大地影响着集群的创新能力，而创新网络的建立能很好地解决这个问题[41]。在演化与条件方面，Holbrook 和 Wolfe 从环境建设的角度指出正式组织如贸易协会、社会资本等在集群企业合作创造中扮演着环境和影响合作形成氛围的关键角色[42]。Jansen 等进一步指出网络协同结构、资源和战略对知识的创造有着重要的影响[43]。Wonglimpiyarat 结合硅谷的经验，指出科学与技术孵化器在集群创新中扮演着重要角色[44]。Uyarra 则提出构建系统的政策有助于推动区域创新系统的演化[45]。Grønning 和 Fosstenløkken 提出组织学习和知识流动是影响区域创新系统向创新网络演化的重要因素，也是创新网络正常运行的重要特征，集群企业只有重视集群内外部的组织学习，以及知识的吸收、创新、融合、再创新的过程，才能提高区域的创新能力[46]。国内众多学者也实证研究了创新网络结构对绩效的影响。刘友金探讨了集群式创新的创新能力集成机制和创新能力有效集成的基本条件[47]。彭灿则指出环境是集群网络创新能力转化为现实能力的载体[48]。魏江等验证了集群网络化创新程度对集群创新绩效的影响[49]。汪涛通过分析南京化工知识网络的结构，指出地理距离对知识流动空间过程的影响[50]。杨连盛等认为网络体系是影响集群发展的三大重要因素之一，集群内外部网络化体系的建立可使创新集群参与者间优势互补，使参与者自身优势通过网络体系的力量迅速放大[51]。高霞和陈凯华基于复杂网络分析法，以我国 ICT 产业集群为研究背景，利用网络分析软件 Pajek 直观分析创新网络规模的演化，实证分析了产学研合作网络的小世界性和无标度特征[52]。陈伟等从网络节点与网络聚类的视角，以装备制造业为例，讨论产学研创新网络的结构特征对其主体产生的影响，研究发现，创新网络中心性对主体产出的影响具有显著差异[53]。关军基于知识链构建产业集群创新网络模型，将高校及科研机构、核心企业、竞争企业、供应商和相关企业归纳为创新主体网络，而政府、中介机构和金融机构等构成辅助网络，各创新主体及其关联关系为创新网络的结构特征，与知识溢出和创新环境要素共同影响集群的创新能力[54]。邵云飞等以德阳装备制造业集群为实证分析，基于社会网络视角，具体分析了网络密度、集聚系数、网络中心性、网络节点度分布、平均最短路径长度和网络派系六个集群整体的网络特征对集群创新能力的影响[55]。这些研究多数基于静态的知识网络，从构成论的社会属性角度出发，从各个层面解析了集群网络创新能力的形成与影响因素。

1.2.3　对高技术集群协同创新能力研究

1. 关于集群协同创新内涵研究

协同的概念来自协同学，协同理论强调的是系统要素通过协同产生超越要素能力范围的能力，从而有效提升整个系统的运作能力。由于协同所产生的优点，很多学者逐渐将协同引入集群系统创新研究中。美国学者 Chesbrough 提出的开放式创新被看作协同创新的前范式，其内涵强调通过内外环境的结合，将创意商业化[56]。陈劲和阳银娟认为协同创新是以知识的获取和增值为核心，以企业、高校、科研机构、政府以及中介机构等为主体组成的价值协同创造过程。这个过程包括知识共享、资源优化配置、主体行为最优同步以及系统绩效匹配等阶段[57]。王琛和王效俐指出，产业集群创新实质就是由企业—关联企业—集群企业逐步织网协作创新的过程[58]。陈莞和谢富纪提出采用集群企业协同定位来提升集群合作创新的绩效，并具体分析了其实现机理[59]。于江结合我国高新技术产业发展中存在的问题，提出采取协同整合群内企业的创新资源是提高高技术企业集群生态发展的关键[60]。解学梅运用系统学和协同论，从系统层面解析集群持续创新协同演化的机制和过程[61]。芦彩梅和梁嘉骅从产业集群的核心结构、支撑体系和外部环境来解析协同演化的条件，并构建出集群企业竞争合作协同演化动力模型[62]。可见，已有的研究主要围绕集群系统资源整合要素和条件来解析集群协同创新内涵。

2. 关于集群协同创新能力评价研究

集群创新能力评价是正确认识集群发展现状的关键，是集群创新政策制定的依据。而集群创新能力评价的合理性与科学性体现在指标体系构成上。目前国内外学者多从集群创新系统构成要素的不同、投入产出等角度构建创新能力评价指标，以调研数据进行实证研究。在《21 世纪创新工作报告》中，美国竞争力委员会提出了涵盖定量分析和定性分析的创新能力评价指标体系，主要是从创新投入要素、创新执行要素、政策环境、创新基础设施要素、产出绩效、创新成果等方面进行评价。Strand 和 Leydesdorff 以挪威的国家和区域创新系统为例，实证分析了知识—组织—地理位置三重螺旋关系，并探讨了三螺旋协同发展对区域创新系统创新能力的提升作用[63]。王燕燕和马力从集群发展力、知识创新能力、科技创新能力和制度创新能力四个方面构建了集群创新能力评价指标体系[64]。易伟明和刘满凤从创新资源投入（R&D 人员比例、R&D 经费比例等）与创新产出（新产品增加值、销售额、专利授权数等）两个维度设计创新能力评价指标体系，运用数据包络分析法，实证分析了高技术企业集群的创新绩效[65]。王鹏飞等建立了包括知识流动能力、技术创新能力、创新环境、创新经济绩效四大部分 40 个指标的集群创新能力评价体系[66]。解学梅和曾赛星建立了包括创新主体、创新支撑和创新环境三个模块 22 个指标的区域创新能力评价体系[67]。朱斌和王渝从持续创新的角度构建了包含六个模块的高新区创新能力的指标体系[68]。胡蓓和古家军建立了包括知识流动、技术创新能力、创新环境和创新绩效的区域创新能力评价体系[69]。

1.2.4　在集群创新集成能力方面的研究

创新研究从离散的线性过程到网络性的转变,强调的是群体性和集成性。Iansiti 和 West 根据实证研究,首次提出"技术集成"模式[70]。之后 Best 提出"系统集成",把它定义为"在技术和资质层次上发挥作用的生产和组织的基本原则"[71]。而后 Miller 和 Morris 提出创新集成是技术融合的进一步延展,是有关于产品开发、生产流程、创新流程、技术和商业战略、产业网络结构和市场创新的有机集成[72]。Tidd 提出创新集成是将技术、市场和组织之间的各种创新进行协同发展的动态过程[73]。随着学者对创新集成研究的深入,多数学者对创新集成能力的形成与评价的研究融入了协同的内涵。Lamprinopoulou 等将苏格兰和荷兰的农业创新系统进行对比分析,构建了全面创新系统分析框架,提出创新能力的关键特征是知识和技术的可持续性[74]。Dantas 和 Bell 以巴西石油产业集群为例,实证分析了知识网络协同进化对集群创新能力提升有显著的正向影响[75]。Ernst 和 Kim 认为网络治理模式使不同主体之间及主体和环境之间构成高度集成界面,通过沟通和碰撞效应提升集群创新能力[76]。国内学者江辉和陈劲率先提出了创新集成的分析框架并创建了指标评价体系,开启了国内有关创新集成的研究[77]。魏江和叶波认为企业集群的创新集成是由集群企业之间的学习形成知识共享和良性竞争机制共同推动形成的[78]。郭亮等将技术集成界定为企业根据内外部需求,将获取的外部技术资源与企业自有的技术融合、重构,以期通过不同技术的汇聚实现企业创新能力提升,进一步将技术集成能力解构为技术监测能力、技术系统整合能力、组织系统整合能力和技术学习能力四个维度,并以黑龙江装备制造业企业集群为例,验证了技术集成能力测度模型[79]。欧光军和李永周构建了面向产品的集群协同创新集成系统框架,提出了集群创新集成能力是产学研和政府各主体在协同发展机制、集群学习机制和知识网络共同作用下形成的[80]。林向义等[81]通过实证分析得出,组织学习对企业创新集能力的影响程度最大,组织内通过长期的知识共享和积累,不断将新知识运用到技术创新中,提高了创新绩效。奚秀岩采用模糊聚类模型方法分析了战略集成能力、知识集成能力、技术集成能力、创新管理能力、创新效益实现能力对高技术企业集群创新能力的影响[82]。

可见,目前对创新集成能力的研究主要是从职能过程的角度,运用知识管理理论,结合集群创新系统构成要素展开的,采用的研究方法多是从知识网络层面分析要素与能力关系。但高技术集群不仅是社会网络体系,而且是生态网络系统,所以对集群创新集成能力的研究只有从系统自然属性和社会属性特征相结合、企业内外条件相结合的视角来展开,才能真正解析高技术集群创新系统的"黑箱",挖掘出企业创新生态能力形成的机理和路径。

1.2.5　对集群演化升级研究

1. 关于产业集群生命周期理论的研究

集群生命周期理论源自生态学,很多国外学者都对其进行了研究。Porter 将集群的生命周期划分为诞生、发展、衰落、升级四个阶段,并认为集群的诞生是由某些偶然因素或者历史原因造成的,而集群作为一个自组织系统,进入发展阶段后将处于循环强化状态,当发展到一定阶段,可能由于内部和外部的不利因素有的集群走向衰败,有的集群则进行了升级,进入下一个生命周期[83]。许芳和李建华把集群的生命周期划分为三个阶段,初始阶段、增长和转型阶段、领导或衰退阶段[84]。在初始阶段,受外部因素的激发集群萌芽出现,随着其吸引力逐渐增大,招来更多的企业进入,集群初具规模。在增长和转型阶段,企业数量越来越多,集聚经济带来的效应是集群快速发展,不断创新。在领导或衰退阶段,集群可能已经成长为颇具竞争力的组织,成为技术上的领先者,但也可能会陷入衰退。Knudsen 基于集群产品的角度将集群的发展划分为早期和晚期两个阶段[85]。Rindfleisch 和 Moorman 按照 Tichy 对产品生命周期的划分方法将集群生命周期的划分为产生、成长、成熟、衰退四个阶段,并对每阶段做了定义[86]。相比其他划分方法,这种划分得到大多数学者的认可。本书也将在这样的划分基础上对每个阶段进行分析。

2. 集群演化升级研究

产业集群演化升级是集群可持续发展的关键,如何实现升级是集群生死存亡的问题,国内外众多学者从不同角度探讨了产业集群演化升级。Ernst 最早使用"Industrial Upgrading"的概念,以韩国半导体产业为例,指出韩国不是通过产业升级带来知识累积的,而是通过章鱼式多元夸张的方式进入不同的和不相关的产业的[87]。Gereffi 提出产业升级是经济体或企业提高其面向更具竞争力的技术密集、资本密集型经济领域的能力的过程[88]。Humphrey 和 Schmitz 基于全球价值链理论,将区域产业集群升级路径分为四个层次:一是过程升级,二是产品升级,三是功能升级,四是链条升级[89]。Cooke 从产业集群的角度,通过运用三螺旋互动理论和集群间知识互动的逻辑研究分析了区域创新系统,提出从区域知识溢出的角度为区域寻找创新机遇[90]。Gassmann 等[91]和 Chesbrough[92]从开放式创新的角度探讨了产业集群的演化升级,指出可以结合产业集群内外的优势共同解决信息不对称、集群内部知识匮乏、集群缺乏互动等问题,降低集群创新风险,提高集群创新能力,促进集群升级。国内学者在国外学者研究的基础上进行延伸扩展并结合国家高新区对集群演化升级进行了实证分析。王缉慈提出产业集群升级至少包括三点：其一，培育专有要素，即通过建立技术创新平台培养专业人才，以支持共性技术的研发，从而培育企业的核心竞争力；其二，构建有效的外部合作网络，获取外部的专业知识和技术；其三，通过组建各类服务中介机构来维护集群内企业的合作关系，形成高效的区域协同合作生产体系[93]。汤临佳和池仁勇选取了浙江省年产值超过 50 亿的 112 个产业集群作为研究对象，建立了产业集群结构和适应能力的二维坐标体系，以支撑指数和集中度来反映产业集群结构，以生存能力、发展能力和适应度来反映集群适应能力，通过计算分析出了集群适应能力升级的三条路径，即集中式、平台式和中进式[94]。陈晓红等主要探讨了一种自上而下，如何实现由传统产业集聚升级为高科技产业集聚的升级路径，并通过实证分析指出这个转化升级过程中的四个关键影响机理，即地理临近性、开放式创新、龙头企业作用和政策支持[95]。徐玲等基于价值星系视角，从产业组织创新、产业集群以高势位嵌入价值星系的高端环节、寻找创新知识源、高端客户对知识的扩散作用、提升知识的获取与应用五个方面构建了嵌入价值星系集群的升级机理，为集群创新能力的提升提供了动力，同时也为集群的升级提供了一个非线性的升级路径[96]。陈晓峰和邢建国以南通家纺产业集群为例，具体分析了集群内外耦合治理机制及升级路径，帮助地方传统产业集群摆脱国内市场的价格恶性竞争，以及突破处于国际市场的代加工的地位，通过耦合机制提高集群自身的创新能力，获得持续竞争力，从而完成集群的升级演化[97]。

目前国内外学者侧重于研究嵌入全球价值链的产业集群的治理问题，强调通过价值链治理来实现产业集群升级。本质上讲，目前的研究主要集中在集群升级的外在形式和类型方面，这些形式实质是升级的结果表现，忽视了集群升级的内在根据——能力建设与演化本质。本书突破这种研究视角，从内在能力生成与演化角度来探讨升级实现的过程，尤其是从集群的自然属性与社会属性结合的角度来探析创新网络能力生成与演化升级问题。

1.2.6　对集群知识创新生态的研究

生态学的理论思想和研究方法引入集群创新领域的研究后，集群创新研究取得了较大的进展。国外学者（如 Baum 和 Oliver[98]，Athreye[99]）主要是对集群创新系统的研究、对集群企业创新生态行为的研究以及对企业生态位的研究等[32, 33]。国内学者李正锋等运用生态位理论，通过界定知识管理和可持续竞争优势的内涵，构建出知识管理与可持续竞争优势之间的逻辑关系模型[100]。这些研究为优化企业创新途径、推进创新管理手段、提高企业和集群创新能力提供了全新的思路与方法。随着研究的细分和交叉，知识管理理论和生态位理论相结合的知识生态学成为新的焦点。智能实验室创始人 George 首先提出知识生态学，认为知识生态系统是由人员网络、知识网络、技术网络构成的，是相互影响、互惠共生的自组织系统。Bray 通过构造变量模型对知识生态系统中的技术知识、传播动机、知识渠道及组织绩效间的关系进行了分析，而且对微观层次上的企业内部知识生态系统中的行为、机制进行了研究[101]。国内外学者沿袭这个思路从生态系统和知识系统两个方面展开了更多细致的研究，主要集中在宏观层次上知识生态系统的内涵、形态、结构。例如，孙振领和李后卿认为知识生态系统理论体系是从生态系统的角度出发，研究知识生态系统的概念、模型、系统功能、系统内外关系以及知识生态系统的管理等[102]。王举颖在搭建出企业生态位模型的基础上，应用生态位中的态势理论对集群企业的"态"和"势"给出概念阐释，从企业与环境互动的角度分析了集群企业生态位"态"与"势"之间的互动机制[103]。谢守美则从多个层面对企业知识生态系统的稳态机制进行了比较深入的解析[104]。总体来看，讨论集群知识创新生态系统的研究还比较少，缺乏研究的深度，在微观层面上结合知识生态位的研究角度则更加少见。

综上所述，目前国内外对集群网络创新性的研究主要集中在集群企业知识网络层面、集群网络整体创新能力评价与集群区域创新体系结构等方面。最显著的特点就是过分注重微观主体行为对创新活动的影响，缺乏从系统演进的复杂适应性这个角度进行综合集成式的研究。尤其是从能力观视角对产业集群创新的结构特征进行专门剖析的研究不多，且缺乏范式性的研究框架。这为本书提供了一种研究集群创新的新视角——从生态系统的角度开展集群创新集成能力动态生成与复杂适应性难题。重点解决基于组织知识域划分的集群创新网络生态构建与演化升级难题。

1.3　本书的研究方法与写作思路

1.3.1　研究方法

（1）理论演绎与建模。从已有文献中演绎出相关命题或假设，并借助前人的研究成果支持或验证部分研究假设；从现有理论和相关文献中推导出相关变量的逻辑关系，构建相应的理论模型。

（2）典型案例与问卷调查研究。通过对国内主要高技术集群协同创新实践进行实地调研获取实际资料，初步形成理论模型，补充、完善在理论演绎基础上建立的假设，构筑新的理论；进行大规模的问卷调查，运用 SPSS 进行统计分析，采用结构方程模型检验假设和理论。

（3）深度实证研究。以湖北高新区高技术集群为例对高技术企业集群系统创新集成实践与能力建设进行实证分析。

1.3.2 本书写作思路

本书的研究内容是递进的，因此在研究内容上将按顺序逐步展开，同时，每一部分研究内容又构成了相对独立的部分（写作思路详见图1-1）。如果在研究中发现假设不成立或模型可以进一步完善，那么将重复上述过程，直至结论成立。

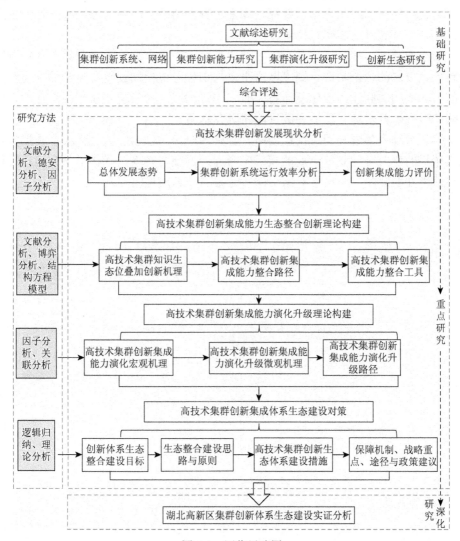

图 1-1 写作思路图

1.4　本书的特色与创新之处

本书拟在知识管理和集群创新集成管理之间搭起一座桥梁，运用多学科理论成果探索集群协同创新能力可持续演化与升级的整合理论和方法。主要创新之处有以下几点。

（1）把高技术企业集群创新网络的研究从面向企业整合创新资源延伸到面向对象（创新任务，如产品）整合集群网络，解析其协同创新能力生成机理，深层次剖析集群创新网络生态结构特征，探索集群创新能力培育与可持续演化的生态路径。此举突破目前的研究视角。

（2）把基于"知识域划分"的生态位整合作为界定高技术企业集群网络协同创新能力概念的理论基础，测度网络主体知识生态位叠加创新质和量的规定性及与创新环境的关联能力演化理论将突破知识管理在产业集群创新应用中强调知识活动的传统研究范式。此举突破目前的研究思路。

（3）将综合集成知识跨组织网络整合模式对协同创新能力的影响，并把整合模式选择的研究延伸到整合后的模式生命周期调整与转换，强化了整合模式特殊性和适用性的缺陷，突出了对网络创新能力的动态演化研究。

第2章　我国高新区高技术企业集群创新发展现状

作为我国经济发展科技研发主战场的高新技术开发区（简称高新区），成立以来一直都受到党中央和国务院的高度重视。20多年来，国家高新区高举"发展科技，实现产业化"的旗帜，以创新为动力，以园区建设为载体，以科技发展为着力点，以产业化为奋斗方向，不断提升高新区的创新能力，使之成为一个完善的区域创新系统。综观国内外的科技园区发展，都是走基于网络化的产业集群组织形式、依靠产学研协作的创新发展路径。

2.1　高新区高技术集群整体发展概况

从20世纪90年代初至今，我国的高新区发展较快，各项指标逐年递增。在发展的20多年里，高新区为国家培育了一大批具有自主创新能力的科技型企业，培育了光电子信息产业、生物医药产业、精密制造业、新能源新材料产业等一系列高新技术产业，为我国高新技术产业的发展提供了充足的动力。我国高新区的经济发展是非常迅速的：2005年高新区的工业总产值为28957.6亿元，而到2014年，工业总产值达到169936.9亿元，上涨了4.87倍；净利润从2005年的1603.2亿元上涨至2014年的15052.5亿元，增长了8倍。这些数据都足以表明，高新区近9年几乎是以每年成倍增长的速度在突飞猛进地发展，已成为城市乃至地区发展的增长极。此外，高新区的建设也加快了中介机构的发展，截至2014年我国高新区内的孵化器等中介1748个，比2005年的534个增加了2倍，孵化企业78965个，为我国的科技产业提供了源源不断的新鲜血液。高新区作为每个地区区域创新系统的核心组成部分，对地区的经济增长也做了巨大贡献。据统计，2014年武汉、西安、成都等地区，其高新区对区域生产总值的贡献率均在15%以上。

1. 对区域经济支撑作用持续加强

2005～2014年，我国高新区的各项收入性指标都成倍增长。2014年高新区营业总收入突破22.68万亿，总产值突破16.9万亿。2014年工业增加值近4万亿，比2013年同期增加8000多亿，取得了较大的进展，经济质量呈现出良好的发展趋势，如图2-1所示。

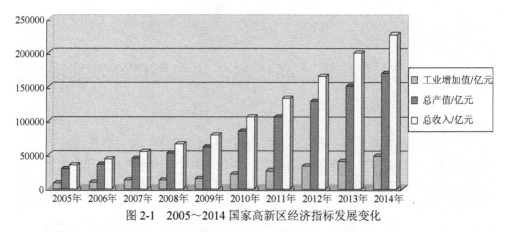

图 2-1 2005～2014 国家高新区经济指标发展变化

总体上看，高新区的总产值在国内生产总值中所占的比例逐年上升，2012 年比重为 24.76%，2013 年上升到 26.61%，2014 年上涨至 26.72%。这表明在国内生产总值中，高新区的产值贡献越来越大，成为其增长的一大动力。

从区域角度看，国家高新区布局呈现出极化趋势，因此经济贡献也呈阶梯状分布：东部地区、中部地区产值高，西部地区产值少。目前我国将高新区按照地域划分为三类：东部片区（包括北京、沈阳等 33 个高新区）、中部片区（包括武汉等 11 个高新区）、西部片区（包括南宁等 12 个高新区）。在各片区高新区总产值占区域生产总值的比重方面，东部、中部、西部分别占比 25%、15%、13%。

虽然呈现出极化趋势，但是三个地区的高新区产值在区域生产总值中所占的比例都超出了 10%，这充分说明国家高新区在区域经济发展中的支撑作用与引领带动作用，是各个区域高新技术产业集聚的核心区域，是促进产业结构调整与升级的主导力量，是转变经济发展方式的主阵地。

2. 创新能力持续增强

国家高新区内逐渐形成以企业为创新投入主体，产学研结合的创新体系。从 2005 年的 2450.1 亿元增加至 2014 年的 13312 亿元，上涨 4.2 倍。研究与开发（research and development，R&D）经费支出指标是一个绝对指标，不能完全表达经费投入的强度，所以这里再给出一个相对指标 R&D/国内生产总值，即 R&D 经费投入占国内生产总值比值。这一指标能从比值中了解 R&D 经费投入的程度。从 2005 年的 1.34% 到 2014 年的 2.1%，年平均增幅约 0.1%（表 2-1）。

表 2-1 2005～2014 年 R&D 经费投入

指标	2005 年	2006 年	2007 年	2008 年	2009 年	2010 年	2011 年	2012 年	2013 年	2014 年
R&D 经费支出/亿元	2 450.1	3 003.1	3 710.2	4 616	5 802.1	7 062.6	8 687.0	10 298.1	11 846.6	13 312.0
R&D/GDP/%	1.34	1.42	1.44	1.47	1.70	1.76	1.84	1.98	2.08	2.09

　　国家高新区吸引人才的优势越来越强，逐渐成为人才的汇聚地。从人力规模上看，2005～2014 年 R&D 人员数逐年递增，从 130.1 万人增长到 371.1 万人，约扩大到原来的 3 倍。R&D 人员是科研和创新的载体，他们在从业人员中的比重越高，表明人力资源的质量越高。本书用每万就业人员中 R&D 人员的数量这一指标表示高新区人力资源的质量。从 2005 年的 15.5 上涨到 2014 年的 40.7，约上涨了 1.6 倍，如表 2-2 所示。从以上的论述中可以知道高新区在人力投入上无论是量还是质都在不断地提高。

表 2-2　2005～2014 年 R&D 人员投入

指标	2005 年	2006 年	2007 年	2008 年	2009 年	2010 年	2011 年	2012 年	2013 年	2014 年
R&D 人员/(万人/年)	130.1	150.3	173.6	196.5	229.1	255.4	288.3	324.7	353.3	371.1
每万就业人员中 R&D 人员/(人/年)	15.50	20.04	23.05	26.01	30.22	33.56	35.28	38.40	39.60	40.70

　　国家高新区整体创新能力不断提升，新产品不断增多，技术性收入稳步增长。2014 年国家高新区企业共实现销售收入 2.18 万亿元，技术收入 1.88 万亿元，占总销售收入的 86.24%，出口创汇 4351.4 亿美元。

3. 经济效益发展趋势良好

　　近十年来，伴随着知识经济的到来，我国的高新区不断提升实力，最直接的反映是高新区的总产值、净利润的持续增长。从总量来看，2005 年高新区总产值为 28 957.6 亿元，净利润为 1603.2 亿元，到 2014 年高新区总产值为 169 936.9 亿元，净利润为 15 052.5 亿元，分别增长 4.9 倍和 8.4 倍。而同时期美国高新区总产值增长 3.8 倍，英国增长 4.5 倍，日本增长 5.7 倍。由此可知中国高新区在发展势头上超过主要发达国家。从高新区总产值构成来看，高新技术产业占到了 71%，主要是光电子、新材料、生物技术、电子信息、新能源环保材料等。综上可知，高新区的经济不仅产出量大、发展迅猛，还在产出质量上提升较为明显。

　　高新区是知识密集型产业集群，因此在非经济产出中主要通过专利反映知识的集成情况和创新水平及能力。2005 年我国的专利授权量为 17.33 万件，到 2014 年为 31.5 万件。这反映了我国高新区发展在智力和创新等软实力上的强大潜力。由此可见，我国高新区的资产运营状况良好，发展速度较快，发展质量不断提升。

2.2　高新区高技术集群创新系统运行效率分析

2.2.1　数据包络分析指标的选择

为科学认识高新区创新发展情况，从集群系统功能创新效率角度展开分析。从创新投入与产出角度运用数据包络分析法评价集群创新系统整体的创新运行状况。数据包络分析（data envelopment analysis，DEA）是采用多指标投入和多指标产出对具有可比性的同类单位进行相对有效性比较的一种定量分析方法。但是要正确运用这种方法获取预期的效果，最关键的是数据包络分析指标的选择。本节分析问题的目的是检验系统创新效果，揭示系统创新效率。借助微观经济学中生产论提出的由两种可变投入的生产函数，其中投入要素主要是劳动和资本。根据集群创新系统价值追求和评价目标需要，以及数据的可获得性，本节的投入指标为高新区内科技活动人员数、研发投入和固定资产投入，体现了集群的创新能力与可持续性。高技术企业集群的产出相当复杂，包括经济产出和知识产出，也有对内和对外的产出，很难统一量化，但是收入是对其最直观的反映，从创新产出看，选取的产出指标是新产品销售收入、高新区工业增加值、出口创汇额和技术性收入。综上所述，指标归纳为表 2-3。

表 2-3　数据包络分析指标体系

数据包络分析指标体系	投入指标	高新区内科技活动人员数
		研发投入
		固定资产投入
	产出指标	新产品销售收入
		高新区工业增加值
		出口创汇额
		技术性收入

2.2.2　数据包络分析输出结果及分析

根据数据包络分析指标体系，结合《2015 年中国科技统计年鉴》和《2015 年中国火炬统计年鉴》进行数据收集和整理。选取并获得 56 个国家高新区相关指标的原始数据，并进行标准化处理，避免不同量纲引起的数据分析误差。使用 56 个国家高新区截面数据对各高新区所在的集群创新系统运行效率进行分析，经数据包络分析软件处理后的高技术企业集群创新系统运行效率结果见表 2-4。

表 2-4 数据包络分析分析结果

高新区	总效率	纯技术效率	规模效率	规模收益	高新区	总效率	纯技术效率	规模效率	规模收益
北京	0.748	1.000	0.748	递减	潍坊	0.698	0.754	0.925	递减
天津	0.676	0.838	0.807	递减	威海	0.601	0.624	0.963	递减
石家庄	0.984	1.000	0.984	递减	郑州	0.771	0.815	0.946	递减
保定	0.504	0.516	0.977	递增	洛阳	0.783	0.785	0.997	递增
太原	0.525	0.544	0.966	递减	武汉	1.000	1.000	1.000	不变
包头	0.527	0.539	0.976	递增	襄阳	1.000	1.000	1.000	不变
沈阳	0.671	0.732	0.916	递减	长沙	0.502	0.666	0.753	递减
大连	0.499	0.585	0.854	递减	株洲	0.703	0.837	0.841	递增
鞍山	1.000	1.000	1.000	不变	湘潭	0.703	0.756	0.929	递增
长春	1.000	1.000	1.000	不变	广州	0.871	0.902	0.966	递减
吉林	0.679	0.687	0.988	递减	深圳	0.914	1.000	0.914	递减
哈尔滨	0.539	0.568	0.949	递减	珠海	0.444	0.595	0.745	递减
大庆	1.000	1.000	1.000	不变	惠州	1.000	1.000	1.000	不变
上海	0.456	1.000	0.456	递减	中山	1.000	1.000	1.000	不变
南京	0.667	0.915	0.729	递减	佛山	0.909	1.000	0.909	递减
常州	0.527	0.626	0.842	递减	南宁	0.848	0.863	0.983	递减
无锡	0.589	0.967	0.609	递减	桂林	0.660	0.735	0.897	递增
苏州	0.779	1.000	0.779	递减	海口	0.359	1.000	0.359	递增
泰州	1.000	1.000	1.000	不变	重庆	1.000	1.000	1.000	不变
杭州	0.892	0.966	0.923	递减	成都	1.000	1.000	1.000	不变
宁波	0.630	0.747	0.843	递减	绵阳	0.557	0.584	0.954	递增
合肥	0.928	0.949	0.978	递减	贵阳	1.000	1.000	1.000	不变
福州	0.833	0.897	0.928	递增	昆明	0.654	0.664	0.985	递增
厦门	1.000	1.000	1.000	不变	西安	0.439	1.000	0.439	递减
南昌	0.573	0.584	0.981	递减	宝鸡	0.539	0.541	0.996	递减
济南	0.659	0.823	0.801	递减	杨凌	1.000	1.000	1.000	不变
青岛	0.498	0.521	0.956	递减	兰州	0.325	0.328	0.992	递增
淄博	0.701	0.778	0.902	递减	乌鲁木齐	0.626	0.696	0.899	递增
					平均	0.732	0.820	0.898	—

（1）从全国各集群创新系统的总体看，全国的总效率平均值为 0.732，远没有达到数据包络有效；纯技术效率为 0.820，说明全国高技术企业集群创新系统的投入产出能力差，在一定的投入条件下并没有达到相应的产出；规模效率为 0.898，说明全国高技术企业集群创新系统投入产出规模较合理。

（2）从集群创新系统的技术转换效率看，鞍山、长春、大庆、泰州、厦门等 11 个高技术集群创新生态系统为数据包络分析有效单元，说明这 11 个集群创新系统技术转换效率高，企业的资源配置合理，投入产出规模合适，具有较强的协同发展和可持续发展能力。

（3）从集群创新系统的投入产出比例看，石家庄、上海、苏州、深圳、佛山、海口和西安 7 个创新系统虽不是数据包络分析有效单元，但纯技术效率为 1，反映了这 7 个创新系统的科技投入产出比例合适。

（4）从集群创新系统的规模经济看，处于规模经济递减阶段的集群创新生态系统有 31 个，占全部的 55.4%，说明这些高新区集群应该改变目前的追求规模道路，采用降低成本走内涵式发展道路来提升集群的技术转化水平，提高产出科技含量；处于规模经济递增阶段的高新区集群创新系统有 11 个，占全部的 19.6%，说明以保定、包头等为代表的高新区还应该继续加大招商引资力度，提高集群积聚度，提升园区企业获取规模效应的机会，当然也要强化企业自身适度增加投入来获得更大的产出。

结论：处于规模经济递增的集群创新系统比例较小，约有 69% 的高新区集群创新系统缺乏规模效率，需要调整其投入比例，改进系统的资源配置情况；有规模的高新区却缺乏技术效率。换句话说，我国绝大多数高新区集群创新系统都不具备创新生态的特征，还需要进一步了解各自产生问题的深层次原因，进行有针对性的建设，才能实现集群的协同可持续发展。

2.3　高新区高技术集群创新集成能力综合评价

2.3.1　高技术集群创新生态系统内涵

1. 集群创新生态系统概念界定

美国竞争力委员会在《创新美国：在挑战和变革的世界中繁荣昌盛》的研究报告中明确提出创新生态系统（innovation ecosystem）的概念。该报告从全社会这种宏观角度指出，企业、政府、教育家和工人这些社会构成要素主体之间需要建立起相互依存、相互协作的依存关系的创新生态系统[105]。对创新生态系统内涵的认识，Luoma-aho 和 Halonen 认为，创新生态系统是为系统内各种各样的创新主体营造一个起互动和交流作用的长久或临时性生态环境,通过环境的推动主体之间相互传授思想、共享知识,推动创新发展[106]。而 Zahra 和 Nambisan 指出,创新生态系统中的企业为了维持竞争力,需要通过集群企业中信息、人才、知识等要素的交流过程产生异质性,如此才能促进集群创新生态系统的不断演化,提高集群的创新能力,平衡集群的技术能力[107]。Hwang 和 Mabogunje 提出,信任是创新生态系统构建的基础。企业、高校、科研机构、中介结构等在信任的大环境中,通过彼此知识的流动、融合、创新、再流动,形成一个可持续发展的创新系统[108]。杨荣认为创新生态系统是由创新组织和创新环境等要素组成的一个动态性开放系统,为实现系统创新目标,系统内各要素相互依赖、相互交流、互动适应[109]。吕一博等通过对 ISO、Android 和 Symbian 三大智能终端操作系统的对比研究,发现企业创新生态系统是通过研发创新生态系统和商业生态系统的融合表现出来的,并按照运行机制—驱动因素相结合分析企业创新生态系统的形成与演化过程[110]。可见,国内外学者对集群创新生态系统概念的界定主要是从创新要素的协同演化,创新主体的协同发展或者系统的动态性、开放性等其中一个或几个方面进行研究的,并未结合集群作为一个具有特殊属性构成——以产业链和知识链交织形成的创新生态链网来进行契合本性的分析,并未通过创新主体和创新要素的协同演化的动态性和开放性进行整体界定。本书认为,高技术企业集群创新生态系统就是在特定地理区域和产业领域内的各种不同创新组织,相互之间以产业链和知识链为纽带进行创新合作而结成创新链网,通过知识传递形成具有稳定结构和强大创新功能的多主体集成协作的且与环境进行交互的动态平衡有机整体。

2. 集群创新生态系统结构层次

从生态观的角度看,高新区集群要想成为创新生态系统而存在,其可持续发展必须依靠集群成员之间的分工和合作。这种功能联系主要由两种技术关联关系构成:一是产业链内上下游企业之间的垂直技术关联,二是生产同类产品的产业同环节企业之间的水平模仿关联。这两种关联关系交织在一起构成了集群创新系统的创新主体框架。在高技术企业集群中,由科研机构和产业内企业构成的知识链内部的分工是明确细化的,分别承担技术研究和产业化、规模化的任务。通过这种基于产业链和知识链上主体的分工,促成了集群创新链的形成与发展,带动科技成果与科技产业化构成一个良性循环的有机系统,即创新生态系统。只有这种系统的结构合理,才可能实现高技术企业集群的演化发展。这种系统的演化过程,其内涵就是层次的展开,即层次性及其相互作用包容关系。基于上面的分析,把高新区企业集群生态系统界定为四个层次,即创新物种(企业)、创新种群(同类属性企业集合,即产业)、创新群落(多类创新种群的集合,即集群)和创新环境(图 2-2)。

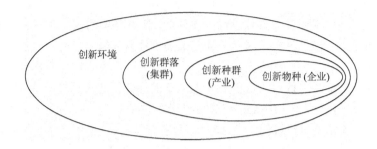

图 2-2　高技术集群创新生态系统主体层次结构

从创新生态系统的角度看，高技术集群是以企业（特指价值环节上具有核心凝聚力、创新导向型的企业）为创新物种，以具有相同资源能力、研发技术及同类产品的创新实体的产业内主体为创新种群，以各类创新主体结合成的集群为创新群落，在创新运行环境的支持下组成的有机统一体。其创新是各类主体在相互作用条件下进行交互学习的自发性行为和集体选择的过程，不断地有知识的溢出、转移和吸收。从高技术集群创新生态系统概念可以看出：①集群内的核心企业就是集群创新生态系统的物种，包括产业链中上下游的各环节中的核心企业，物种也是集群创新生态系统的基础层；②由各物种在一定的联系下形成创新种群，即产业链上下游的各企业在一定的联系下形成产业，构成集群创新系统的第二层；③由各创新种群通过复杂的群内联系组成一个有机的统一体即群落，构成集群创新生态系统的第三层；④第四层是集群内的各主体因创新而发生的交互作用，彼此建立的各种稳定的合作所形成的创新网络关系与外部资源环境，即构成集群创新环境。这是集群创新生态系统中不可或缺的一个层次，集群内部组织之间、内部与外部组织之间通过这个平台才能有效地进行物质循环、能量流动和信息交流，确保集群在动态的发展中不断强化竞争优势。

企业是高技术集群创新生态系统最基本的构成单位，其作为创新主体不仅是集群系统进行创新集成的主体，利用集群创新资源进行有效的集成创新；也是集群创新集成的客体，高技术集群创新生态系统的创新功能与能力取决于众多企业创新能力的集成，所以其质量是决定系统创新功能的基础。产业创新种群是同一产业内企业形成的集合，该产业的生态链是否完备、各个环节间是否匹配，以及每个环节内企业的"质"与"量"配置是否合理均对创新生态系统有重大影响。集群创新群落不仅包括由相关联产业组成的产业群落，还包括以知识创新为主的知识主体群落，如高校和科研机构，还包括对创新进行服务支持的中介机构群落。这些群落通过复杂的关系形成一个有机的统一整体，其合理的结构对高技术集群创新生态链（网）的形成与发展起着关键作用。创新环境是集群赖以生存的条件，和谐的信任关系是集群主体合作的前提，是内环境；丰富的创新资源是集群能力提升与演化的物质条件，是外环境。作为系统存在的集群时刻都在和外部环境进行各类资源的交流，良好的创新环境会促进高技术集群创新能力的发展，反过来，集群的发展又会进一步营造良好的创新环境。

综上所述，结合生态学的观点，高技术集群创新生态系统就是各类创新群落主体之间和各类创新群落内部主体相互作用与相互影响所构成的协作关系以及创新环境构成的有机整体。具体来说，就是区域内的各种不同创新组织，通过产业技术联系，或通过知识共享和互补，形成以产业链及知识链交互融合为纽带的具有结构稳定与强大创新功能的动态平衡有机整体。其核心是坚持完善创新链来优化产业链，坚持产业链与知识链协同，以此达成推动集群创新生态的目的。

2.3.2　高技术集群创新集成能力要素解析

作为存在自然和社会双重属性的集群，其创新本质上就是将集群内主体所拥有的异质性知识实现关联性结构的整合过程，这种结构化过程是以创新链为核心进行跨组织资源整合优化的。创新组织在创新中彼此相互依赖、相互补充，不断产生联系和资源交换，达成创新协同。在集群创新系统中，以产业链不同环节企业集合为价值创新种群，以知识创造机构的集合为知识创新种群，其他相关中介机构组成创新支持种群。这些种群和种群内部及相互之间形成的产业创新链与知识创新链交织在一起的复杂网络（群落），以及系统运行环境构成高技术集群创新生态系统（图 2-3）。高技术集群实现创新生态的必要条件是创新要素的协同创新。从创新链的角度看，这种协同不仅体现在纵向产业链中上下游企业和横向同类企业之间，还体现在企业与知识链上的高校、科研机构以及中介机构等知识要素之间。

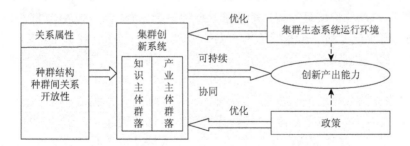

图 2-3　高技术集群创新集成能力生态演化逻辑框架图

基于高技术集群创新系统概念的内涵，将集群创新集成能力要素解析为以下几方面。

（1）高技术集群创新生态系统结构要素。依据高技术集群创新生态系统概念内涵可以看出，形成相对完善的创新链是集群走向创新生态的内核和前提条件。创新链生态结构在集群创新系统中体现在产业链和知识链结构上，具体包括产业创新组织结构、产业种群结构和知识群落结构。这种结构不仅要体现要素的质量，还要体现要素间的优化组合，从而使创新生态系统的整体能力发生质和量的飞跃，形成独特的创新能力和核心竞争优势，是集群创新生态能力的基础。

（2）高技术集群创新生态系统种群间关系与开放性。良好的创新能力离不开系统内部种群之间的协作关系。种群网络关系体现在企业与企业之间的关联、企业与科研院所之间的关联、企业与政府之间的关联等方面。集群开放性在于打破集群能力"锁定"困境，主要是用来衡量高新区内集群与外部环境之间的信息获取，学习、吸收外部知识情况的。在知识协同创新过程中，只有通过内外环境的有效协调，才能从各个方面促进产业集群知识的吸收、融合创造过程，实现创新发展走向良性轨道。

（3）创新产出。衡量高技术集群创新生态能力最直接的指标就是集群创新活动的产出成果数量与质量，这也是衡量高技术集群创新集成效率的根本指标。高技术集群的创新生态能力最终是由知识协同创新和技术创新体现出来的，只有把协同创新过程中产生的新构想、新流程、新技术和新知识等成功地运用到高技术产品的生产与实现中，才能表明集群协同创新活动的成功。本书从经济效益、知识产出和集群成长三方面来测度。

2.3.3　评价指标体系的建立

本节立足于前面对高技术集群创新生态系统的认识和对集群创新生态系统集成能力相关变量的解析，结合优势物种、多样性等生态系统的特性，从创新生态链的角度，以产业价值链和知识链为基础构建集群创新集成能力评价的指标体系，包括高技术集群创新生态系统结构和创新绩效2个一维指标。其中，创新生态系统结构包括产业组织创新结构、产业种群结构、集群群落结构、种群网络关系和开放性5个二维指标；创新绩效包括经济效益、知识产出和集群成长3个二维指标。初步设计第三个维度包含24个指标的集群创新生态系统结构特征指标体系和包含14个指标的创新绩效评价体系。为确保对指标的优选，考虑数据的可获取性，本书进行了三个层次的指标甄别筛选：①邀请区域经济方面的专家甄别；②为排除信息冗余，进行指标共线性分析；③信效度检测。经过筛选甄别和部分指标替换优化，最后保留了14个创新生态系统结构评价对象的实质即创新生态系统内在结构属性与创新绩效要求，具有较强的科学性和逻辑性衡量指标，以及9个创新绩效衡量指标（表2-5）。从剩余指标构成上看，基本契合了所要研究的方向。

表 2-5　高技术集群创新集成能力评价指标体系

一级指标	二级指标	三级指标
高技术企业集群创新生态系统结构	产业创新组织结构	高新区内企业数（V_1）
		高新技术企业认定比例（V_2）
		高新区内科技活动人员数（V_3）
	产业种群结构	产业关联度（V_4）
		同一产业企业密度（V_5）
	集群群落结构	各类高校总数（V_6）
		科技中介服务机构（V_7）
		科技中介机构从业人员数（V_8）
	种群网络关系	企业科技活动外部支出金额（V_9）
		企业科技活动经费来自政府资金（V_{10}）
		高新区 R&D 经费内部支出额中获得金融机构贷款额（V_{11}）
	开放性	技术市场成交金额（V_{12}）
		技术引进合同金额（V_{13}）
		外商直接投资占园区 GDP 比重（V_{14}）
创新绩效	经济效益	高新区工业总产值（W_1）
		高新区全年净利润（W_2）
		新产品销售收入（W_3）
		出口创汇额（W_4）
		高新区全年上缴税费（W_5）
	知识产出	专利授权数（W_6）
		高新区内高校和科研机构人员发表外文科技论文数（W_7）
	集群成长	技术性收入（W_8）
		研究与开发投入占销售收入比重（W_9）

2.3.4　评价因子分析过程

选取 56 个国家高新区为实证研究对象，收集统计数据，经过标准化处理后，采用 SPSS19.0 作为统计工具。经分析可知 KMO 值为 0.843，大于 0.6，说明样本指标体系内部信度比较好，适合做因子分析。Bartlett 球形度检验的 P 值为 0，可以否定指标之间的独立性，即各变量间存在较显著的相关性。由 KMO 检验和 Bartlett 球形度检验结果可知，原变量适合进行因子分析。

根据标准化后的相关系数矩阵，可以得到高技术集群创新集成能力评价变量的因子特征根和方差贡献率。由表 2-6 可知，存在 4 个大于 1 的特征根，共解释了变量标准方差的 81.711%，说明前 4 个因子能够反映出原始数据提供的大部分信息，因此使用主成分分析法提取前 4 个因子为综合因子。

表 2-6 因子特征根和累计方差贡献率

因子	初始特征值			旋转平方和载入		
	特征根	贡献率/%	累积贡献率/%	特征根	贡献率/%	累积贡献率/%
F_1	12.641	54.963	54.963	12.040	52.349	52.349
F_2	3.344	14.540	69.503	3.859	16.780	69.129
F_3	1.626	7.115	76.618	1.466	6.373	75.502
F_4	1.171	5.093	81.711	1.428	6.209	81.711

运用方差最大化正交旋转法对提取的 4 个主因子所建立的原始因子载荷矩阵进行因子旋转，以提高公共因子对问题的解释能力，得到旋转后的载荷矩阵和因子得分系数矩阵如表 2-7 所示。从旋转因子载荷矩阵可以看出，第一个主因子 F_1 在高新区内企业数（V_1）、高新区内科技活动人员数（V_3）、同一产业企业密度（V_5）、科技中介机构从业人员数（V_8）、企业科技活动经费来自政府资金（V_{10}）、技术市场成交金额（V_{12}）、技术引进合同金额（V_{13}）、高新区工业总产值（W_1）、高新区全年净利润（W_2）、新产品销售收入（W_3）、出口创汇额（W_4）、高新区全年上缴税费（W_5）、技术性收入（W_8）上具有较大载荷，这 13 个指标反映的是高技术产业集群创新生态系统中的创新投入和创新产出水平，衡量的是系统转换效能问题，因此将 F_1 命名为集群创新效能生态因子。第二个主因子 F_2 在各类高校总数（V_6）、企业科技活动外部支出金额（V_9）、高新区 R&D 经费内部支出额中获得金融机构贷款额（V_{11}）、专利授权数（W_6）、高新区内高校和科研机构人员发表外文科技论文数（W_7）上具有较大载荷，这 5 个指标反映了集群创新生态系统中产业创新主体与知识主体之间的合作关系，衡量的是知识群落支持产业主体的能力问题，因此将 F_2 命名为集群知识协同创新生态因子。第三个主因子 F_3 在高新技术企业认定比例（V_2）、产业关联度（V_4）上具有较大载荷，这 2 个指标反映了集群创新生态系统的产业创新种群质量问题，是衡量创新可持续性问题的，因此将 F_3 命名为集群创新可持续生态因子。第四个主因子 F_4 在科技中介服务机构（V_7）、高新区 R&D 经费内部支出额中获得金融机构贷款额（V_{11}）、研究与开发投入占销售收入比重（W_9）上具有较大载荷，这 3 个指标反映了集群创新生态系统的产学研合作程度，衡量的是种群间的协同性，因此将 F_4 命名为集群创新种群协同生态因子。

为考察变量对因子的重要程度以及进行综合评价，进行因子得分计算。根据

采用回归法得到的因子得分系数矩阵(表 2-7)和变量观察值可以计算出因子得分,
具体的计算公式为

$$\begin{cases} F_{11} = 0.093V_1 + 0.016V_2 + 0.084V_3 + \cdots + 0.091V_{22} + (-0.011)V_{23} \\ F_{12} = (-0.044)V_1 + 0.086V_2 + (-0.013)V_3 + \cdots + (-0.036)V_{22} + 0.102V_{23} \\ F_{13} = 0.108V_1 + (-0.534)V_2 + (-0.056)V_3 + \cdots + (-0.009)V_{22} + 0.311V_{23} \\ F_{14} = (-0.065)V_1 + (-0.036)V_2 + 0.003V_3 + \cdots + (-0.068)V_{22} + (-0.346)V_{23} \end{cases}$$

表 2-7　因子载荷矩阵和因子得分系数矩阵

	因子载荷矩阵					因子得分系数矩阵			
V_1	0.972	0.012	0.063	−0.022	V_1	0.093	−0.044	0.018	−0.065
V_2	0.178	0.313	−0.764	0.090	V_2	0.016	0.086	−0.534	−0.036
V_3	0.965	0.122	−0.058	0.089	V_3	0.084	−0.013	−0.056	0.003
V_4	0.427	0.233	0.670	0.343	V_4	−0.006	0.035	0.499	0.309
V_5	0.953	−0.016	0.177	0.079	V_5	0.084	−0.054	0.110	0.026
V_6	−0.093	0.768	−0.025	0.100	V_6	−0.052	0.224	−0.010	0.066
V_7	0.400	−0.058	0.109	0.570	V_7	0.006	−0.046	0.134	0.422
V_8	0.896	0.155	−0.040	0.223	V_8	0.067	−0.003	−0.026	0.110
V_9	0.152	0.853	−0.047	0.026	V_9	−0.028	0.238	−0.041	−0.008
V_{10}	0.934	0.215	0.094	−0.090	V_{10}	0.082	0.017	0.031	−0.114
V_{11}	0.040	0.906	−0.067	−0.024	V_{11}	−0.038	0.259	−0.058	−0.043
V_{12}	0.947	0.083	−0.076	−0.052	V_{12}	0.092	−0.021	−0.084	−0.103
V_{13}	0.836	0.287	0.147	−0.048	V_{13}	0.066	0.041	0.075	−0.072
V_{14}	0.477	−0.385	0.063	−0.593	V_{14}	0.097	−0.125	−0.033	−0.462
V_{15}	0.834	0.175	−0.054	0.319	V_{15}	0.055	0.005	−0.023	0.184
V_{16}	0.976	0.038	−0.028	0.060	V_{16}	0.090	−0.038	−0.037	−0.014
V_{17}	0.908	0.156	−0.057	0.246	V_{17}	0.067	−0.003	−0.035	0.125
V_{18}	0.677	0.409	−0.092	0.200	V_{18}	0.036	0.082	−0.062	0.095
V_{19}	0.945	−0.030	−0.093	0.037	V_{19}	0.093	−0.055	−0.084	−0.036
V_{20}	0.555	0.688	0.123	−0.076	V_{20}	0.021	0.170	0.058	−0.086
V_{21}	0.532	0.665	0.112	−0.167	V_{21}	0.026	0.167	0.041	−0.154
V_{22}	0.959	0.039	0.025	−0.021	V_{22}	0.091	−0.036	−0.009	−0.068
V_{23}	−0.138	0.316	0.531	−0.543	V_{23}	−0.011	0.102	0.311	−0.346

以旋转后的特征根方差贡献率为权重,综合因子得分计算公式为

$$F=0.52349F_{11}+0.1678F_{12}+0.06373F_{13}+0.06209F_{14}$$

根据以上因子得分和综合得分情况,对 56 个高技术企业集群进行因子和综合能力排名,如表 2-8 所示。

表 2-8　因子排名和综合得分排名

高新区	F_{11}	排名	F_{12}	排名	F_{13}	排名	F_{14}	排名	综合得分	排名
北京	6.258	1	−0.231	26	−0.557	39	−1.380	53	3.116	1
天津	0.619	6	−0.894	46	1.579	2	2.505	1	0.430	7
石家庄	−0.415	42	−0.173	24	1.046	9	0.157	26	−0.170	31
保定	−0.532	52	−0.451	32	−0.984	45	0.166	25	−0.407	51
太原	−0.303	32	−0.915	48	0.979	10	1.047	7	−0.185	34
包头	−0.289	29	−1.261	54	1.436	4	0.932	10	−0.214	36
沈阳	−0.222	26	−0.349	30	0.772	16	0.131	28	−0.118	25
大连	−0.026	14	0.021	20	1.344	5	−0.694	44	0.032	17
鞍山	−0.218	25	−0.646	40	0.965	11	0.369	18	−0.138	26
长春	0.241	9	−1.212	53	0.003	29	0.899	11	−0.021	20
吉林	−0.512	50	−0.786	43	1.257	6	−0.746	45	−0.366	44
哈尔滨	−0.139	21	−0.603	38	−1.090	49	−0.601	42	−0.281	41
大庆	−0.163	23	−0.741	42	0.255	24	−0.816	47	−0.244	38
上海	2.279	2	0.527	18	−0.503	35	1.202	4	1.324	2
南京	−0.051	15	1.865	5	−2.198	55	0.962	9	0.206	13
常州	−0.295	30	2.248	1	0.947	13	−0.601	40	0.246	12
无锡	0.020	12	1.972	4	1.118	8	−0.187	35	0.401	10
苏州	−0.081	16	1.984	3	0.956	12	0.269	21	0.368	11
泰州	−0.664	56	1.458	6	1.493	3	−0.777	46	−0.056	22
杭州	0.227	10	1.103	11	2.065	1	−0.548	39	0.402	9
宁波	−0.424	44	0.688	16	0.136	26	−1.565	54	−0.195	35
合肥	0.110	11	−0.255	27	−1.151	51	1.116	5	0.011	19
福州	−0.524	51	−0.033	22	−1.020	47	−0.826	48	−0.396	48
厦门	−0.273	28	−0.014	21	−1.186	52	1.081	6	−0.154	29
南昌	−0.437	46	−0.477	34	−0.530	37	0.763	14	−0.295	42
济南	−0.182	24	1.391	8	0.246	25	0.078	31	0.158	14
青岛	−0.440	47	0.887	13	−2.464	56	−0.352	37	−0.260	40
淄博	−0.421	43	1.173	9	0.518	20	0.210	24	0.022	18

续表

高新区	F_{11}	排名	F_{12}	排名	F_{13}	排名	F_{14}	排名	综合得分	排名
潍坊	−0.405	41	1.105	10	−0.614	40	−0.500	38	−0.097	24
威海	−0.618	55	0.973	12	−0.535	38	−0.601	41	−0.232	37
郑州	−0.004	13	−0.465	33	0.808	15	1.419	3	0.060	16
洛阳	−0.311	33	−0.549	37	0.859	14	0.814	13	−0.150	28
武汉	1.082	4	−0.127	23	0.455	21	1.623	2	0.675	3
襄阳	−0.260	27	−0.221	25	−0.141	30	0.054	32	−0.179	33
长沙	−0.094	18	−0.280	28	−0.202	31	1.025	8	−0.045	21
株洲	−0.461	48	−0.437	31	−1.090	50	0.155	27	−0.375	47
湘潭	−0.586	54	−0.489	35	−0.250	32	0.085	30	−0.399	50
广州	0.552	7	2.122	2	0.439	22	−0.065	34	0.669	4
深圳	0.477	8	1.395	7	−1.318	53	0.560	17	0.435	6
珠海	−0.312	34	0.716	15	−0.726	42	0.293	20	−0.071	23
惠州	−0.404	40	0.543	17	−1.019	46	0.116	29	−0.178	32
中山	−0.494	49	0.501	19	0.311	23	0.259	22	−0.139	27
佛山	−0.129	20	0.742	14	−0.504	36	0.698	15	0.068	15
南宁	−0.380	38	−0.904	47	0.705	19	0.870	12	−0.251	39
桂林	−0.538	53	−0.874	45	0.094	27	−0.029	33	−0.424	52
海口	−0.434	45	−1.299	56	−1.038	48	−1.108	51	−0.580	56
重庆	−0.111	19	−0.683	41	−0.289	34	0.366	19	−0.168	30
成都	0.808	5	−0.348	29	0.721	18	0.225	23	0.425	8
绵阳	−0.357	37	−0.528	36	−0.654	41	−1.302	52	−0.398	49
贵阳	−0.143	22	−1.270	55	−0.974	44	0.592	16	−0.313	43
昆明	−0.338	36	−0.813	44	−1.446	54	−0.913	50	−0.462	54
西安	1.427	3	−0.993	49	0.746	17	−0.844	49	0.575	5
宝鸡	−0.093	17	−1.059	50	−0.281	33	−2.073	55	−0.373	46
杨凌	−0.332	35	−0.644	39	1.246	7	−3.637	56	−0.428	53
兰州	−0.296	31	−1.210	52	0.018	28	−0.236	36	−0.372	45
乌鲁木齐	−0.390	39	−1.180	51	−0.758	43	−0.643	43	−0.491	55

2.3.5 结论与结果分析

从分析的结果总体来看，56 个高新区高技术集群创新集成能力综合得分普遍较低。这说明我国的高技术集群创新集成能力都不高，国家"创新驱动"战略落实还需深化与加强。必须深入分析挖掘造成目前高新区集群创新集成能力低下的原因，采取有针对性的差异化政策措施，突破能力演化发展困境，实现能力的可持续性演进升级。

（1）我国东南沿海地区以及省会城市的高技术集群创新集成能力相对较高，中部地区次之，西部地区最后，契合我国经济发展的基本情况。从综合排名情况看，排名前八的是北京、上海、武汉、广州、西安、深圳、天津、成都等地的高新区，说明这些高技术集群创新集成能力较强；排名靠后的主要是我国西部地区的高新区，说明这些高新区虽然是国家高新区，但是其创新集成能力仍较弱，有很大的提升空间。

（2）从公共因子来看，在集群创新效能生态因子上，排名前三的是北京、上海、西安，与综合排名基本一致，这是因为第一个主因子占总排名的比例较大。北京中关村、上海张江、紫竹高科技园区、西安高新区都是全国高新区发展的典范，在区域经济发展发挥着强劲的经济增长极效应和对外开放的窗口作用。它们一直坚持"创新"的灵魂，通过培育高新技术企业，发展新兴产业，驱动经济转型升级，使经济实现了又好又快的发展，创新集成能力相比是最强的。在集群知识协同创新生态因子上，排名前三的是常州、苏州、广州高新区，分别属于江苏省和广东省，这与其政府实施的自主创新、人才强省、可持续发展、经济国际化等重大战略离不开。在集群创新可持续生态因子上，排名前三的是杭州、泰州、天津高新区，反映出这些高技术集群创新生态系统中种群的成长具有可持续性，从而促进种群间知识的学习与协同，促进资源的优化配置。种群成长可持续性程度越高，种群的创新生态能力越高，对应的综合排名也会相对靠前。在集群创新种群协同生态因子上，排名前三的是天津、武汉、郑州，它们都有较好的经济发展背景，也离不开切实有效的政策措施，建成留学产业园、科技孵化平台，创建完善的科技创新金融体系，并与科研机构建立产学研战略联盟，为促进科技创新及成果转化提供强有力的环境协同支撑。

2.4　本章小结

本章首先对高新区高技术集群创新系统目前的发展状况进行了简单分析，指出其在区域经济发展中所起的增长极效应。其次，从系统运行效率角度采用数据包络分析法展开分析，从全国各集群创新生态系统的总体上看，全国的总效率平均值为 0.732，远没有达到数据包络分析有效；纯技术效率为 0.820，说明全国高技术集群创新生态系统的投入产出能力差，在一定的投入条件下并没有达到相应的产出；规模效率为 0.898，说明全国的集群创新生态系统投入产出规模较合理。

最后，通过界定高新区高技术集群创新生态系统的内涵，在厘清其系统生态层次结构的基础上，根据集群创新集成能力演化逻辑，设计出综合能力评价指标体系，结合各种途径获取的数据，采用因子分析法进行评价，得出目前大多数高新区高技术集群的创新集成能力不高的结论，并初步做了分类原因探析。通过两方面的分析，可以归纳出如下结论：我国高新区高技术集群创新集成能力不高，创新效率低下，远没有达到创新生态系统的境界。

第3章 高技术企业集群创新集成知识生态位叠加创新机理

3.1 基本概念界定

3.1.1 企业知识生态位的内涵

生态位的概念是指物种在生态系统中地位和状况的总和[111]。随着生态学理论与方法被引入集群创新研究中，企业生态位的概念被提出。所谓企业生态位是指企业在集群环境中所处的位置和状况，以及与其他企业的关系，决定了企业运用集群内资源与适应集群环境的总和[84]。企业生态位包含很多不同的资源维度，企业在每个资源维度上的利用能力和选择范围构成了一个具有复杂关系的集合，这就是企业生态位的结构。那么，企业在创新中所需的知识显然是其中一个维度上的资源。从集群的知识域上看，每个企业基于自身的价值环节和核心能力在集群中形成了不同的知识梯度，占据了适合自己不断吸取、利用、发展知识资源的位置，并在长期与环境的互动中改变这种位置，从而表现出成长能力和竞争能力的差异。其实，高技术集群作为创新生态系统，其核心是知识的协同创新，只有从知识管理和生态位结合的角度去审视这种创新能力的生成与演化才能理解知识生态位这一概念，而理解知识生态位的关键在于理解创新生态系统中知识类别的划分。

集群中企业创新和两种类型的知识有关：一类是互补型知识，一类是辅助型知识。这种知识的划分比较获得学者认可，例如，Knudsen 根据知识的冗余度和重合度以及对创新绩效的影响效果做了这种区分[85]。Rindfleisch 和 Moorman 认为辅助型知识主要是对其他知识起促进作用，具有高冗余性；而互补型知识能与其他知识良好整合，具有低冗余性[86]。Rothaermel 认为辅助型知识的重合度高，是以相似的产品开发知识和技能存在的，优点是易于吸收和转移；而互补型知识的重合度低，以不同的产品开发知识和技能存在，优点是能激发不同知识主体的学习潜力，对创新的长期绩效有促进作用[112]。本书在总结学者观点的基础上，认为辅助型知识具有高冗余性和高重合度，换句话说，企业获取的此类知识具有一般性，和其他企业获取的知识同质化较高并且以相似的产品开发知识和技能存在。互补型知识与其他知识有较低的冗余度和重合度，以不同的产品开发知识和技能存在，企业获取的此类知识与形成其核心能力的知识有关，能深化其专业程度。两类知识除了不同点，相同点在于都具有收益递增效应、关联性和差异性。

高技术集群的创新生态链网是以企业知识分工为基础，以知识创新为核心，不同知识主体相互作用的复杂系统[113]。从知识生态位的角度去研究不同知识主体以及整个系统的创新能力是非常必要的。本书认为知识生态位是企业所占有的辅助型知识和互补型知识的总和。企业在某一创新链上占有互补型知识的含量意味着它在链条上该环节核心知识的专业化程度，代表了企业知识生态位的深度；而辅助型知识由于具有一般性、高冗余性等特征，它被企业占有的多少，决定了企业能利用知识的边界，代表了企业知识生态位的宽度。知识生态位的深度和宽度形成了企业独特的知识空间。此外，在企业知识生态位的相互关系上，主要从知识生态位重叠度和知识生态位重叠密度进行度量。知识生态位重叠度反映了企业之间在知识生态位上的交集，显然，这取决于辅助型知识的宽度；而知识生态位重叠密度反映了某一环节内所有企业在知识生态位的重叠，它取决于各企业辅助型知识的宽度和同环节竞合企业的数量。图 3-1 示意了专业化企业和通用化企业的知识生态位。

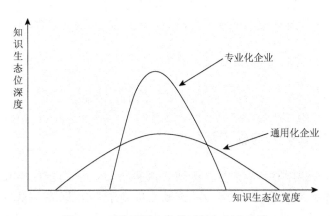

图 3-1　两种不同企业类型的知识生态位

3.1.2　知识生态位的重叠与分离

企业知识生态位是一直处于动态变化中的，进而企业间知识生态位的重叠和分离也随之处于动态演化中。若企业间进行创新时所需的辅助型知识含量越来越多，则企业间知识生态位相互重叠的部分越来越多，外在可能表现为相似的产品架构、技术创新路径、制度结构、需求空间等。重叠超过某一程度可能会造成产业链环节中同环节企业的激烈竞争，合作机会减少；产业链纵向结构上某些环节的企业被上下游环节吞并，生存空间遭到大量挤压。相反，当企业为了避免竞争，深化自身对某一知识资源的利用能力时，该企业知识生态位将与其他企业分离，并保护自身的知识生态位，甚至开辟潜在的知识生态位进行独占。但此时，企业的创新基本靠自身核心知识，很少考虑互补合作。所以，如果集群内企业想通过集成创新的方式在短时间内达到最大的创新效能，那么企业间就需保持合适的生态位重叠度，从而增加企业进行协同创新的机会，减少企业的创新成本，使企业寻找最合适的合作伙伴，采取互利共生的策略，通过整合扩大知识生态位，增强生存能力，达到双赢。当然，合适的生态位重叠度并非是固定的，而是时刻变化的。因为企业间知识生态位的重叠和分离随着外界环境不断改变，所以合适的生态位重叠度自然随着变化而调节。图 3-2 示意了在合适的知识生态位重叠度下，企业间通过协同整合扩大了共同的知识生态位。

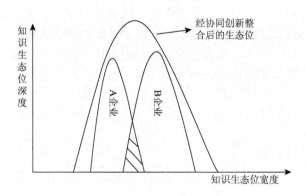

图 3-2　企业协同整合后的知识生态位

3.1.3　创新集成能力的界定及分类

在高技术集群创新系统里，从创新链来看，企业的创新不仅来自纵向产业链中上下游企业对创新的拉动、推动、相互合作，以及与横向同类企业的模仿竞争和互补企业合作；还包括企业与高校、科研机构等知识机构所构成的知识链上的协同创新。在集合国内外对创新集成能力研究的基础上，对高技术集群企业创新集成能力的界定为：以集群创新系统资源为基础，通过集成的手段来实现对产业链和知识链上主体资源的汇集、匹配与优化，通过整合实现协同创新，从而提升自身的创新能力。结合前面对知识生态位整合的内涵的阐释，企业创新集成的本质是企业间通过协同创新对知识生态位进行整合。但需注意的是，知识生态位整合的方式不同，所形成的创新能力也不同。每个企业作为不同的知识主体占据着不同的知识生态位。在协同创新的过程中，由知识生态位的相互作用产生的创新类型并不相同，根据创新分类的二元观点，可将创新集成能力分为渐进式创新能力和突破式创新能力。渐进式创新是在知识和技术的积累上产生局部性的、改良性的创新；而突破式创新则是由不同组织间优势知识的融合，对产品产生根本性改变的创新。在协同创新的过程中，当企业间的创新合作以改良性的创新为目的时，企业间知识的认知距离小，知识容易进行转移和理解，企业间交流的知识多以辅助型知识为主；当企业间的创新合作以突破式的创新为目的时，企业间的知识以有一定共同知识基础的互补型知识为主，虽然企业间知识的认知距离大，知识不容易理解和融合，但这样能激发各组织的学习潜力，通过知识的碰撞、融合、重构，往往能产生突破式创新。

3.1.4　集群演化生命周期阶段及特点

为洞悉高技术集群知识生态位整合创新机理，厘清其演化规律，还必须正确认识集群所处的生命周期阶段。集群生命周期可划分为产生、成长、成熟、衰退或再生，但并非所有集群都会经过这几个阶段。其中，产生和成长阶段基本是每个集群的必经阶段，但有的集群在成长阶段就出现夭折，不能进入后面的成熟阶段，而有的集群则通过成长阶段进入成熟阶段，经过成熟阶段的发展，一些集群因为某些原因进入衰退阶段甚至消失，另一些集群则通过及时的转型升级进入了下一个生命周期（图 3-3）。每个阶段的具体特点如下所述。

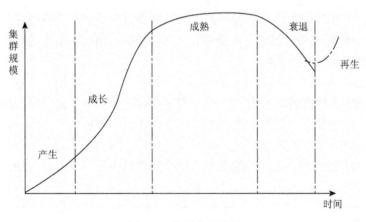

图 3-3　集群生命周期

（1）产生阶段特征。在集群产生阶段，可能由于某地区具有良好的资源禀赋，某些企业在区位选择后进入了该地区，并吸引其他的配套企业进入，形成集群萌芽；或者是某些历史偶然原因促进了某地产业发展，在这种机遇下一些企业应运而生，并形成初步的分工，形成集群；甚至有时是政府主导的招商引资促进了集群的发生。在这个发展阶段的集群，企业数量少、规模小、分工程度低，专业拥有数少，创新意识薄弱，集群内外部网络还未形成或刚刚形成内部结构。但往往由于集群的发生都具备一些良好的初始条件，如资源禀赋、首先占据还未开发的潜力市场、政策大力扶持等，所以集群在产生阶段的发展速度较快。

（2）成长阶段特征。此阶段集群的规模、区域范围、影响力、专业化程度逐渐增大，产品从量和质上迅速提高，集群有了一定的知名度，在人力、物力、财力的不断投入下，有更多的组织加入集群的经济活动中。此时集群产业链上下游开始延伸，企业间有了更多上下游的合作，企业间的社会网络迅速发展，企业间逐步进行知识的共享和学习，知识溢出效应显现，为提高核心竞争力，创新的意识也开始逐渐增强，创新的成果层出不穷。由于此阶段的快速发展，集群的集聚效应越来越强烈，吸引到很多资源进入，包括高校、科研机构、中介机构等，这些组织成为集群发展的催化剂，创新的助推器，产学研平台逐渐形成。资源在此阶段得到了良好的配置，集群因此获得了更好的产品和更大的市场。

（3）成熟阶段特征。当集群发展到这个阶段时，集群的规模、区域范围已经很大，集群内企业的产值、专利数量、知名度、市场占有率均处于最高水平并处于稳定状态，产业结构基本完善，上下游分工明确，合作效率高，集群内外部网络完善，集群与高校、科研机构以及其他中介机构联系密切，企业嵌入在网络中形成了紧密的资源共享渠道、相互的信任、共同的价值观、良好的创新氛围，创新能力凸显。某些企业成为了国内甚至国际的龙头企业，不仅在行业中成为引领者，在集群内也发挥着至关重要的作用。当集群在成熟期不断演进时，其扩张速度却越来越慢，而且随着网络嵌入度不断增大，过度的冗余联系使集聚的效应边际递减，达到某一程度后，开始抑制集群的创新资源，同时由于成熟产品的高度标准化，创新的难度越来越大。这一过程中，有些企业因为竞争离开集群，而有些则带着成熟的技术来到了集群，流出和进入处于平衡状态。

（4）衰退阶段特征。集群进入衰退期有着内外两部分的原因。外部原因如产业发展规律发生重大改变、集群所在的资源禀赋优势丧失、消费者的消费方式发生改变，在外部因素变化时，集群由于缺乏灵活性没能及时转型。内部原因如集群中的企业过度嵌入网路、很多企业依靠集群的成熟产品，此时由于技术路线被锁定，创新停滞，再加之很多企业在集群稳定期的安逸，增加了创新的惰性。此时，若新兴产业崛起，则集群原有的竞争优势会很快被打破，其产品也逐渐被替代，甚至淘汰。此时集群出现明显的衰退，规模缩小，竞争力、知名度越来越小，由于资本逐利，很多资源流出，企业离开，集群内外部网络逐步瓦解。但若集群在此之前及时避开外部威胁，利用内部优势，及时转型，将使集群升级，进入下一个生命周期。

3.2　高技术集群创新集成知识生态位整合创新机理模型

高技术集群创新生态系统和自然生态系统具有相似的特征，集群成员基于分工与合作形成了技术创新链、技术创新网以及技术创新群落，这类似生态系统中的食物链、食物网以及群落。集群创新体系主要由两种技术关联关系构成：一是由垂直技术关联的产业链上的企业构成；二是基于水平关联的生产同类产品企业之间的模仿创新形成。那么，这样的创新系统，其基本结构应该是具有层次性和模块化的（图 3-4）。从图中可以看出，层次性表现在随着产业链的延伸，企业处在不同环节中，形成纵向的分工，而且每个环节中不是一个企业而是多个企业，这些企业在相同环节中会继续形成衍生链；可能是互补关系、配套关系等。模块化表现在，当核心企业带动配套企业合作时，需要形成一致的技术标准和技术接口，此时每个企业作为一个技术模块在相同的标准下进行良好的耦合。因此，对高技术集群知识生态位整合机理的分析需从两个方面入手：一方面是对占据知识生态链不同环节的企业进行创新集成时知识生态位整合的分析，另一方面是对处在同一知识生态链环节的企业进行创新集成时知识生态位整合的分析。

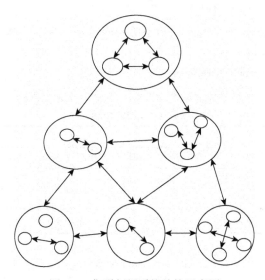

图 3-4　集群创新系统结构示意图

注：大圆圈及之间箭头表示产业链环节，小圆圈及箭头表示产业环节内企业及其相互关系。

虽然高技术集群企业知识生态位的整合在知识生态链的同环节和不同环节的机理并不相同，但其本质是企业在创新中由于其知识生态位随环境不断改变，为追求创新效能的最大化，企业将选择独自创新（不合作）或进行协同创新（合作）

的策略，而不同的选择组合将会改变企业间的知识生态位，从而让企业间进行下一轮策略的选择。其实，该过程是一个动态博弈的过程。只有企业间知识生态位有一个合适的重叠度，即合适的辅助型知识与互补型知识的比例，才能促进企业间进行创新集成，并达到最大的创新效能。那么在这个动态的过程中，知识生态位之间达到何种程度才能促进企业进行创新的协同，这种"合适的程度"又如何变化？企业通过创新集成的方式达到最大的创新效能是否是稳定的策略？这些问题将通过构造博弈模型进行推理。

1. 模型假设

（1）集群中两个创新组织 A 和 B，且两个组织的知识是可以互补的（有合作的可能）。假定两个组织知识生态位的重叠度为 $p(0<p<1)$，两个组织知识互补产生的创新收益函数分别为 $\alpha_1(p)$、$\alpha_2(p)$，且 $\alpha'(p)<0$，说明两个组织知识生态位重叠度越大，互补型知识对两个组织产生的创新收益越小。

（2）两个组织知识生态位的重叠部分为辅助型知识，具有高冗余性，随着重叠度的增大，筛去冗余知识的成本增大，故假设两个组织在创新时因此付出的成本函数为 $C_1(p)$、$C_2(p)$，且 $C'(p)>0$，说明两个组织知识生态位重叠度越大，由高冗余性知识带来的成本也越大。

（3）假设两个组织均有协同的和不协同的策略，且双方满足有限理性假设。当不进行协同创新时，两组织通过自身创新达到的最大收益为 R_1、R_2。

根据假设，建立博弈矩阵如表 3-1。

表 3-1 博弈矩阵

		组织 B	
		协同	不协同
组织 A	协同	$R_1+\alpha_1(p)-C_1(p)$ $R_2+\alpha_2(p)-C_2(p)$	$R_1-C_1(p), R_2$
	不协同	$R_1, R_2-C_2(p)$	R_1, R_2

设 x，$1-x$ 为组织 A 选择协同和不协同策略的概率；y，$1-y$ 为组织 B 选择协同和不协同策略的概率。故组织 A 选择协同时的期望值

$$E_{协同} = y\{R_1+\alpha_1(p)-C_1(p)\}+(1-y)\{R_1-C_1(p)\} = y\alpha_1(p)+R_1-C_1(p) \quad (3-1)$$

不进行协同时的收益为

$$E_{不协同} = yR_1+(1-y)R_1 = R_1 \quad (3-2)$$

则平均收益

$$\overline{E} = xE_{协同} + (1-x)E_{不协同} = R_1 - xC_1(p) + xy\alpha_1(p) \tag{3-3}$$

同理，根据公式求得组织 B 的

$$E_{协同} = x\alpha_2(p) + R_2 - C_2(p)；\quad E_{不协同} = R_2；\quad \overline{E} = R_2 - yC_2(p) + xy\alpha_2(p) \tag{3-4}$$

故，组织 A 和组织 B 的复制动态方程为

$$\frac{\mathrm{d}x}{\mathrm{d}t} = x(E_{协同} - \overline{E}) = x(1-x)\{y\alpha_1(p) - C_1(p)\} \tag{3-5}$$

$$\frac{\mathrm{d}y}{\mathrm{d}t} = y(E_{协同} - \overline{E}) = y(1-y)x\alpha_2(p) - C_2(p)\} \tag{3-6}$$

2. 求解分析

对组织 A 的方程进行求解，令 $\frac{\mathrm{d}x}{\mathrm{d}t} = 0$，当 $y = \frac{C_1(p)}{\alpha_1(p)}$ 时，所有 x 的值都是稳定状态；当 $y \neq \frac{C_1(p)}{\alpha_1(p)}$ 时，$x=0$ 和 1 是稳定状态；同理，对组织 B 的方程进行求解，令 $\frac{\mathrm{d}y}{\mathrm{d}t} = 0$，当 $x = \frac{C_2(p)}{\alpha_2(p)}$ 时，所有 y 的值都是稳定状态；当 $x \neq \frac{C_2(p)}{\alpha_2(p)}$ 时，$y = 0$ 和 1 是稳定状态。所以，根据求解情况，该动态系统中共有 5 个局部均衡点。

对于局部均衡点，应用雅可比矩阵进行稳定性分析，矩阵如下

$$J = \begin{bmatrix} (1-2x)\{y\alpha_1(p) - C_1(p)\} & xy\alpha_1(p)(1-x) \\ xy\alpha_2(p)(1-y) & (1-2y)\{x\alpha_2(p) - C_2(p)\} \end{bmatrix}$$

由表 3-2 的计算结果可知，该动态博弈中，在长期将形成两个可能的均衡状态，一个是 $x,y(0,0)$，另一个是 $x,y(1,1)$。这意味着在出现创新组织要么长期都进行协同创新，要么都不协同创新。这取决于鞍点 $x = \frac{C_2(p)}{\alpha_2(p)}, y = \frac{C_1(p)}{\alpha_1(p)}$ 的变化，由于 x 和 y 的范围大于 0，若鞍点向着第一象限斜上方向进行变动，则该动态过程最终会收敛于 $x,y(0,0)$；反之，若鞍点向着第一象限斜下方向进行变动，则该动态过程最终会收敛于 $x,y(1,1)$。而鞍点的变化又源于 $\alpha(p)$、$C(p)$ 的大小变化，由于 $\alpha'(p) < 0$，$C'(p) > 0$，随着重叠度 p 的增大，鞍点 (x,y) 的值将增大，组织进行合作策略的概率越来越小，最终收敛于组织都不进行协同创新的稳定状态。所以重叠度不能一直增大，而是应该适当减小，增大组织进行合作策略的概率，最终让该动态博弈收敛于协同创新。也就是说，存在一个临界点 $p_{临}$，当 $p > p_{临}$ 时，收敛于不进行合作；当 $p < p_{临}$ 时，收敛于合作。此时 $p_{临} = f^{-1}\left\{\dfrac{C(p)}{\alpha(p)}\right\}$。

当然，在实际情况中，并不会出现两种极端的情况——都合作和都不合作。

其现实意义在于，集群中的企业在整个创新生态链上存在合适的知识生态位，企业间的知识生态位包含适宜的重叠度，知识生态位重叠的部分除了冗余的知识，还应包含共同创新的基础知识和共同认可的技术接口标准。同时，知识生态位随其他因素的变化而变化，这个过程将促进更多的企业进行协同创新。

表 3-2　计算结果

均衡点	行列式 J 的符号	J 的迹的符号	结果
$x=0, y=1$	+	+	不稳定
$x=0, y=0$	+	+	不稳定
$x=0, y=0$	+	−	ESS
$x=1, y=1$	+	−	ESS
$x=\dfrac{C_2(p)}{\alpha_2(p)}, y=\dfrac{C_1(p)}{\alpha_1(p)}$	−	0	鞍点

3.3　高技术企业集群创新集成知识生态位整合机理案例解析

3.3.1　东湖高新区基本情况

东湖国家级高新开发区于 1991 年被国务院批准为首批国家级高技术产业开发区，现如今已经形成了以光电子信息产业为主导，新能源环保、生物医药、高端装备制造和高技术服务业协同发展的产业格局。整个高新区包含 2.4 万家注册企业，其中高新技术企业 672 家，产业技术联盟 39 个，产业技术研究院 8 家，各种创新平台 466 家，并聚集了 42 所高校以及 56 个国家级、省部级研究院。光电子信息产业集群、现代装备制造业集群、生物工程与新医药产业集群作为高新区内较为突出的高技术产业集群，形成了较为完整的创新生态系统。

1. 光电子信息产业集群

光电子信息产业集群作为武汉光谷的名片，在十几年的发展中已经成为中国著名的光电子信息产业基地，光纤光缆、光器件等产品在国内市场上的份额大于 50%，并且在国际市场的竞争中形成了自己标志性的品牌。作为东湖高新区最核心的产业，2014 年实现总收入 3678.6 亿元，同比增长 31%，已连续 5 年保持增长速度在 30% 以上。随着光电子信息产业的迅猛发展，武汉光电子信息产业园区内不仅出现了一批具有较好自主创新能力的龙头企业，如长飞光纤、武汉邮科院、烽火通信、华工科技、天喻信息等，还吸引越来越多的国内外知名企业落户武汉光谷，如联想集团、德国电信、法国电信、武汉天马等。这使得光电子信息产业集群的网络化更加成熟，逐渐形成了企业间的良好互动；产业链分工不断完善，形成了在光通信、激光、集成电路、新型显示、软件、移动互联几个重点领域的产业体系建设。

2. 现代装备制造业集群

武汉光谷现代装备制造业作为另一个年收入超千亿元的产业，是东湖高新区具有良好发展前景的产业集群，依托武汉良好的工业基础（具有一批在国内实力突出的机械制造企业，如武船、武桥、武重等），定位成为中国先进制造业的中心。如今，武汉光谷现代装备制造业集群在海洋工程装备、数控机床、冶金设备、轨道交通装备等领域形成了集聚度较高的园区，一些高端设备的产品具有良好的竞争力。同时，武汉政府为支持高端装备制造业的发展，加大了对这些重点领域的投入，帮助企业提高自主创新能力，成立了制造装备数字化、激光加工、光纤通信技术三个国家工程研究中心，以及数控系统、工业烟气除尘、微型定位系统三个国家工程技术研究中心。

3. 生物工程与新医药产业集群

生物工程与新医药产业作为湖北省和国家发展规划中的战略新兴产业，发展潜力大，市场空间足。在短短的 4 年时间里，不仅湖北省生物医药产业从零步入千亿元收入的大关，光谷生物城的综合实力也跃居第二。近几年武汉生物医药产业的增长速度一直在 20%左右，集群的规模不断增大，共有 488 家企业，占整个湖北省生物医药企业的 60%左右。并且，在武汉生物医药产业集群的带动下，湖北省又先后成立了鄂州、天门、武穴等生物医药产业集群，充分利用湖北省内丰富的医药资源，发挥辐射带动作用，集聚效果更加明显。现在光谷生物城已经形成一批具有较高知名度的骨干企业，如马应龙、武汉建民、人福药业等。同时在政府的大力支持下，武汉光谷生物城与世界上 40 多个国家和地区生物领域的行业协会、科技园区、科研机构签署了合作协议，快速抢占生物技术产业发展的制高点，融入全球产业链，参与国际竞争。光谷生物城从无到有，从弱变强，已成为湖北、武汉在战略性新兴产业发展中的一个响亮品牌，成为生物领域的国际知名品牌，在全球生物产业分工中占有一席之地。

由知识生态位的整合机理可知，基于产业链不同环节企业知识生态位的整合与基于同环节内企业知识生态位的整合程度、知识生态位的重叠度并不相同，而且在不同环节知识生态位的整合中，技术专业化和技术通用化企业与其上下游企业进行协同时，知识生态位的整合程度也不尽相同。高技术产业集群创新生态系统具有复杂性、动态性和不确定性等特征，采取案例研究可对某些具体且复杂的问题进行全面的考察，针对出现的现象和问题进行研究归纳，并辅以定量化的方法进行深入剖析，这样可获得丰富且深入的信息，有助于新理论的构建或对现有理论的改进。为对上面所叙述的机理进行验证，并根据上述的模型计算出不同情况下企业间知识生态位适宜的重叠度，故以武汉光谷东湖高新技术开发区为背景，选取三个最具代表性的高技术集群，包括光电子信息产业创新集群、现代装备制造业创新集群、生物工程与新医药产业集群，通过研究三个集群的共同特质找出高技术产业集群知识生态位整合的一般规律。

3.3.2 知识生态链不同环节企业知识生态位整合创新机理分析

知识生态位的整合产生新的知识，形成创新，而纵向知识生态链间的协同与这种创新是息息相关的。企业在纵向知识生态链上所处的环节是不同的，所占据的知识生态位也是不同的。一般来说，在这种纵向关系中，处在不同环节企业间的集成创新是基于产业链上的模块化结构。两类处在不同技术知识环节的企业，其占据的知识位形态显著不同，进而产生的创新类型也不同。为了阐述这个内涵，在方便分析的前提下，假设 A 企业掌握上游技术核心知识，而 B 企业掌握下游技术核心知识，且 A 企业为核心企业，B 企业为配套企业。此时 B 企业分两种情况，第一种情况为 B 企业在技术环节上作为通用技术模块（图 3-5（a）），这意味着 B 企业不仅在 A 企业的技术创新链上也在上游环节中其他企业的创新链上，这说明 B 企业所占有的知识具有一般性的特征且适用范围广。从知识生态位的角度来说，当 A 企业和 B 企业进行协同创新时，双方知识生态位更加贴近，辅助型知识在双方进行知识融合时所占的比例更大，并且易于转移和融合，这样的特点也使 A 和 B 企业间的协同创新体现为渐进式创新。也就是说 A 企业和 B 企业基于相似领域的知识对产品进行了局部性的、改良性的创新。另外，因为 B 企业作为通用技术模块，所以 A 企业和 B 企业创新链上的协同创新需要兼顾其他创新链上的情况，否则当 B 企业环节出现根本性的变化时，将影响整个创新链网的协同创新能力，破坏整体最优原则，因此这也奠定了有关 B 企业环节上的创新主要表现为渐进式创新。第二种情况为 B 企业在技术环节上为特定技术模块，在这里指的是 A 企业的特定技术配套（图 3-5（b）），在这种情况下，B 企业所占有的知识对 A 企业来说是重要的且可代替性小，这说明此时 B 企业的知识更具专一性和深度。从知识生态位的角度上说，A 企业和 B 企业进行协同创新时，需要同时发挥各自核心知识的优势，双方的知识生态位相对前面的情况更加分离，知识创新中互补型知识发挥主要作用。此时，虽然双方知识认知距离大，但经过双方反复地学习和沟通，一旦互补型知识得到良好整合，将表现出突破式创新。

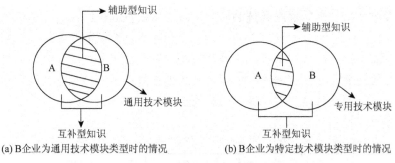

(a) B企业为通用技术模块类型时的情况　　　(b) B企业为特定技术模块类型时的情况

图 3-5　不同环节企业间协同创新知识生态位形态

为了通过案例对上述机理进行验证，首先需要对产业链上不同环节企业知识互补度与不同类型的创新形式进行研究。关于测度互补度和不同类型的创新能力，本书设计了测度互补度及创新能力的题目。问题来自已有的成熟研究并根据实际情况加以修改，每个问题利用李克特 5 级量表进行打分。如表 3-3 和表 3-4 所示。

表 3-3　企业知识互补度

企业间协同程度	测度题项
企业间创新协同度 （α 系数 0.825）	企业所在产业的产业专业化分工程度
	企业的创新产出对其他价值环节企业产生的创新压力
	企业与上下游企业合作创新中能改变创新水平的程度

表 3-4　企业创新集成能力

创新集成能力类别	测度题项
渐进式创新能力 （α 系数 0.872）	企业经常开发出新的产品型号
	企业经常改进现有主导产品、服务流程、工艺
	企业提升了现有主导产品、服务的专业技术水平
	企业经常更新生产、服务工具、设备等生产手段
突破式创新能力 （α 系数 0.866）	企业开发出全新的主导产品或服务
	企业开发出行业内的全新技术
	企业的产品或者服务包含了全新的技术知识
	企业通过创新实现了重大突破，淘汰了原先的主导产品或者服务

通过对三个集群中所选取的 104 家企业的调查访问，整理数据并进行积差相关分析，得出如下相关关系：产业链上不同环节企业知识互补度与企业渐进式创新能力间的相关系数为 0.812（$P=0.000<0.05$），互补度与企业突破式创新能力间的相关系数为 0.670（$P=0.000<0.05$）。可见，在纵向产业链上，企业与其他环节企业的知识互补度与自身发挥出的两种不同类型的创新都有较强的正相关关系。

研究中在对三个集群产业链的详细了解下，根据高新区内企业管理人员以及专家的建议，将之前的三个集群中的 104 家企业进行了筛选和分类，其中 45 家企业可归为通用技术模块类企业，21 家可归类为特定技术模块类企业。通过两个独立样本检验来验证在协同创新的过程中，所处不同技术环节的企业发挥每一类创新能力时，是否具有显著的差别。详见表 3-5、表 3-6。

表 3-5　样本描述性统计

		企业个数	均值	标准差
渐进式创新	通用技术模块	45	14.3	1.46
	特定技术模块	21	12.52	1.28
突破式创新	通用技术模块	45	9.25	2.00
	特定技术模块	21	12.74	1.68

表 3-6　独立样本检验

		F 检验	显著性	T 检验	显著性	平均差异
渐进式创新	假设方差相等	0.001	0.976	2.450	0.025	1.220
	不假设方差相等	—	—	2.368	0.019	1.220
突破式创新	假设方差相等	6.452	0.015	−3.848	0.000	1.790
	不假设方差相等	—	—	−3.780	0.000	1.790

从表 3-6 中可以看出，两类不同环节企业在渐进式创新能力的表现上，根据 F 检验的显著性显示方差相等的假设成立，继而查看 T 检验结果，显示通用技术模块和特定技术模块在渐进式创新能力的表现上有显著差别（$P=0.025<0.05$），相比特定技术模块，通用技术模块企业更多地在产业链协同创新的过程中表现为渐进式创新；同理，观察突破式创新的表现，F 值的显著性检验显示应查看不假设方差相等下的 T 检验，T 检验显著性显示通用技术模块和特定技术模块在突破式创新能力的表现上有显著差别（$P=0.000<0.05$），特定技术模块相比通用技术模块更多地表现为突破式创新。

进一步探析产业链不同环节企业知识生态位间合适的叠合关系。由上面推导的公式 $p_{临} = f^{-1}\left\{\dfrac{C(p)}{\alpha(p)}\right\}$，说明存在一个合适的生态位临界值，当重叠度 $p < p_{临}$ 时，有利于知识生态位的整合。根据调研所收集的数据，对 $\alpha(p)$、$C(p)$ 进行间接测度，用渐进式创新能力和突破式创新能力的题项平均值分别代表两种情况下创新收益的程度值；对企业间知识互补度进行反向计分，代表不同情况下进行创新时因克

服知识生态位重叠带来的冗余知识所付出成本的程度值，因为互补度和重叠度存在反向关系。运用公式进行计算，得出经验值，具体结果见表 3-7。

表 3-7　不同环节企业间知识生态位重叠度临界值

		$C(p)$	$\alpha(p)$	$\dfrac{C(p)}{\alpha(p)}$
渐进式创新	通用技术模块	2.43	3.58	0.68
	特定技术模块	2.04	3.13	0.65
突破式创新	通用技术模块	2.43	2.31	1.05
	特定技术模块	2.04	3.18	0.64

从表 3-7 的计算结果可知，一方面，当不同环节企业进行协同合作并表现出渐进式创新时，通用技术模块类型的企业与上游或下游伙伴间合适的知识生态位重叠度应该使冗余知识的成本与知识整合收益之比的临界值为 0.68，而特定技术模块类型的企业与上游或下游伙伴间合适的知识生态位重叠度应该使冗余知识的成本与知识整合收益之比的临界值为 0.65。但同时需注意，在以渐进式创新为目标时，尤其在环境不确定的情况下，应更多地发挥通用技术模块的作用，扩大知识生态位宽度，增加适应能力。另一方面，当表现为突破式创新时，通用技术模块对上下游伙伴的知识整合度贡献较弱，冗余知识的成本过大，而特定技术模块企业对知识整合创新的贡献较大，其合适的知识生态位重叠度应该使冗余知识的成本与知识整合收益之比的临界值为 0.64。

3.3.3　知识生态链同环节内企业知识生态位整合创新机理分析

在知识生态链的同一环节内，知识生态链上不断进行分工和延长，这让处于同一环节的企业衍生出更多的分支链条，这些链条表示着相互协作或者多级配套的关系，同环节的企业为了更大的利益采取协同创新的模式提升核心竞争力，从而优化本环节的创新能力。为了阐述这种内涵，同样假设同环节 A、B 两个企业（图 3-6（a），图 3-6（b）），根据知识生态位理论，A 企业与 B 企业进行协同创新时，不同类别的创新所对应的两者知识生态位的相互关系是不一样的。当 A 企业与 B 企业的协同创新表现为渐进式创新时，A 企业、B 企业两者知识生态位中所重叠的辅助型知识的比例更多，因为渐进式创新是双方企业在相似或者相同技术知识上的优化和提升，这要求合作各方对这部分知识有充分的了解和沟通，以便快速开展工作。基于这样的基础，双方在知识上的融合、提高带来了改良性的创新成果，并在短期创新绩效上表现明显。反观另一种情况，在双方进行突破式的协同创新时，需要双方发挥自己核心知识的深度，优势互补，形成多样化的思维，进行创造性的融合，当然这也要建立在一定的共同基础上，但此时 A 企业、B 企业在知识生态位的关系上表现为互补型知识在双方知识协同中所占比例更大。该情况下双方需要更多的时间将互补型知识融合并重构，最终形成突破式创新，这将对长期性的创新绩效更加有益。

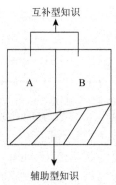
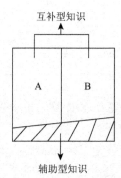

(a) 渐进式创新时同环节企业知识生态位整合情况   (b) 突破式创新时同环节企业知识生态位整合情况

图 3-6   同环节企业间协同创新知识生态位形态

为了对这种机理进行验证，共在三个集群中选取了 46 家企业，针对企业在同环节内协同创新的问题进行了调查，通过设计的三个题目对同环节内企业互补型知识整合的程度进行了度量（表 3-8）。并将 46 家企业分成了两类，一类企业以渐进式创新为主，另一类以突破式创新为主，探讨在同环节企业协同创新的行为下，互补型知识的整合程度与不同创新能力表现出的关系（表 3-9、表 3-10）。

表 3-8   同环节内企业互补型知识整合的程度

同环节内企业互补型知识整合 （α 系数 0.731）	创新合作中，伙伴企业产品与本企业产品之间的相似程度
	创新合作中，伙伴企业提供的知识资源的稀缺程度
	创新合作中，伙伴企业提供的知识资源的可替代程度

表 3-9   样本描述性统计

	企业个数	均值	标准差
突破式创新	19	11.12	1.77
渐进式创新	27	9.18	1.65

表 3-10　独立样本检验

		F 检验	显著性	T 检验	显著性	平均差异
互补型知识含量	假设方差相等	0.003	0.704	3.467	0.000	1.63
	不假设方差相等	—	—	3.328	0.000	1.63

从表 3-10 可以看出，F 值的显著性（$P=0.704 > 0.05$）表明在方差相等的前提下查看 T 检验的结果，结果显示两种创新类型的形态下，企业间互补型知识整合的程度是有显著差别的，即当同环节企业间的协同表现出突破式创新时，互补型知识整合的程度大于企业间进行渐进式创新时互补型知识整合的程度。

与前述同理，进一步探究产业链上同环节内企业知识生态位间合适的叠合关系，由上面推导的公式 $p_{临} = f^{-1} \left\{ \dfrac{C(p)}{\alpha(p)} \right\}$，根据调研所收集的数据，对 $\alpha(p)$、$C(p)$ 进行间接测度，用渐进式创新能力和突破式创新能力的题项平均值分别代表两种情况下创新收益的程度值；对同环节企业间知识互补度进行反向计分，代表不同情况下进行创新时因克服知识生态位重叠带来的冗余知识所付出成本的程度值，具体计算结果见表 3-11。

表 3-11　同环节内企业知识生态位重叠度临界值

	$C(p)$	$\alpha(p)$	$\dfrac{C(p)}{\alpha(p)}$
突破式创新	2.29	3.15	0.73
渐进式创新	2.94	3.27	0.90

由于同环节的企业内，知识较为相似，所以知识冗余度更高，知识生态位重叠度也更大，通过创新合作达到良好的创新效能也更困难。从表 3-11 的计算结果可知，同环节内企业进行协同合作并表现出渐进式创新时，合适的知识生态位重叠度应该使冗余知识的成本与知识整合收益之比的临界值为 0.90；同环节内企业进行协同合作并表现出突破式创新时，合适的知识生态位重叠度应该使冗余知识的成本与知识整合收益之比的临界值为 0.73。需注意的是，同环节内如果总是以渐进式创新为主，技术竞争力将逐渐失去，并造成"搭便车"的行为，导致同环节企业间的知识生态位重叠度越来越高，创新收益越来越小，并产生激烈竞争引起内耗。所以对于产业链上单独某一环节，要重视突破式创新，注重对同环节企业内的整合优化。

3.3.4　集群生命周期下知识生态位整合演化分析

上面已经从微观角度分析了产业链不同环节和同环节内企业间知识生态位整合创新的机理。那么从宏观的角度——集群层面观察，集群整体知识生态位的整合体系是何种表现，而且，随着集群不断发展，知识生态位整合的演化规律是怎样的，本小节将结合该章节的案例背景和所得公式从集群发展的每个阶段探讨这些问题。

（1）集群发生阶段知识生态位的整合。从集群产生阶段的特征可知，由于良好的市场潜力、外部环境、资源禀赋等，某些企业开始在某一地区小规模集聚，集群出现雏形，往往此时进驻的企业同质性较高，所占据的知识生态位也很小，整个集群的知识体系才刚刚开始建立。虽然企业的同质性较高，但由于拥有良好的市场和丰富的生产资源，即便企业间提供相似的产品也能获得较好的利润，所以企业间并没有太强的意愿进行合作，也没有太强的意愿通过合作创新建立竞争优势获得利润。随着集群在发生阶段的发展，企业间也会因为生产关系逐渐形成初步的分工，新型的组织关系提高了集群产品的生产效率，降低了成本，也带给了集群一定的新知识，但从集群整个知识体系上看并无明显的扩张，知识生态位整合的作用并未开始在集群显现，或者仅仅出现萌芽。从上面推导的公式来看，此阶段集群内企业间的冗余知识成本 $C(p)$ 较大，创新收益 $\alpha(p)$ 很小，很少的企业会进行合作创新。

（2）集群成长阶段知识生态位的整合。在有利因素的作用下，集群经过短暂的发展阶段进入成长阶段。由该阶段的特征可知，随着资源不断向集群输入，更多的企业进入集群，集群的异质性提高，产业链开始延伸，集群社会网络开始形成，在产业链分工和网络化交流的双重作用下，集群系统内产生大量的正向外部性。例如，案例中的生物工程与新医药产业集群，作为新兴产业，依靠湖北丰富的药材资源在短短的 4 年内规模从无到千亿大关，集聚效应更加明显，集群产品从量和质上有明显提升。究其本质，是此阶段集群创新系统进入正循环路径，集群知识生态位的整合作用开始凸显。一方面，从产业链上来说，随着产业链延伸，更多高附加值的环节产生，整个集群的知识体系明显丰富起来，知识生态位的深度也不断加深，产业链的上下游企业通过模块化合作，竞争力得到加强，渐进式的创新层出不穷，企业在这段高速发展期得到丰厚的创新回报。另一方面，网络化的交流产生了知识共享、知识溢出等行为，使企业能更轻易地整合到知识资源，通过模仿、改进等行为获得创新回报。总的来说，该阶段集群内企业冗余知识成本 $C(p)$ 相对减小，创新收益 $\alpha(p)$ 迅速增大，集群创新生态系统向更多企业合作创新的路径收敛，适宜的知识生态位体系形成，知识生态位整合作用凸显。

（3）集群成熟阶段的知识生态位整合。此阶段集群创新生态系统走向完善，集群内企业的产值、专利数量、知名度、市场占有率均处于最高水平并处于稳定状态。例如，光电子信息产业集群经过十年的发展，形成了一批具有较好自主创新能力的龙头企业，并且在国际市场的竞争中形成了自己标志性的品牌，集群的网络化更加成熟，产业链结构完善。该阶段集群企业间知识生态位重叠度在创新生态系统自适应能力的调解下处于动态平衡中。一方面，随着企业的增多，竞争加剧，一些企业的知识生态位与其他企业过度重合，创新成本加大，回报减小，竞争中失利的企业退出合作网络；而有些企业占据了合适的知识生态位并参与到网络中获得较高的回报。另一方面，相较前一阶段以渐进式创新为主的创新形式，此阶段在集群内领先企业的带动下，突破式创新的比例增加，这对创新网络中企业自身能力的要求更高，企业也需根据要求进一步加强自身知识生态位上的宽度和深度以便得到更高的创新收益。总的来说，该阶段集群企业间在知识生态位整合时，冗余知识成本 $C(p)$ 和创新收益 $\alpha(p)$ 一直处于动态变化中，该过程中集群创新系统由于具有自适应能力而不断寻找合适的知识生态位体系并保持动态平衡，以此推动集群在此阶段创新集成能力的成熟和稳定。

（4）集群衰退（或再生）阶段知识生态位整合。集群衰退的发生有着内外两部分原因，内部原因是集群系统内部的风险没有及时发现并处理，外部原因是集群外部环境发生较大改变。由前面对衰退阶段的描述可知，此时集群内企业由于过度嵌入集群网络，同质性现象严重，内部竞争加剧，越来越多的企业开始退出集群。同时，由于对原来的技术路径依赖，创新遭到抑制，创新风险加大，在这种状况下，越来越多的企业不愿意进行创新，创新网络开始瓦解。从集群知识生态位整合来看，此阶段集群企业间冗余知识成本 $C(p)$ 不断增大，创新收益 $\alpha(p)$ 不断减少，创新生态系统开始向不合作创新的路径收敛，集群知识生态位体系遭到破坏，集群创新集成能力日益衰退。若集群并未走向衰退，而是在各种有利因素的促进下进入再生阶段，进入下一个生命周期，则情况与前面叙述的相反。集群在成熟阶段后期，创新生态网络更加开放，不断有新的资源输入网络，旧的创新路径开始被淘汰，新的技术革命开始发生，集群进入转型期，知识体系开始重构，企业也开始同步调整自身的知识生态位，在良好的创新氛围的带动下，新的集群知识生态位体系逐渐形成，知识生态位整合能力得到升级，并将随着集群新的生命周期继续演化。

综上所述，在微观层面，集群企业间存在知识生态位整合机理，促使企业进行创新合作。这种机理在宏观的集群层次上表现为集群创新生态系统形成合适的知识生态位体系，在集群长期的发展周期中和企业形成相互的反馈，使之处于动态演化中并推动着集群在每个阶段创新集成能力的发展。

3.4 本章小结

高技术企业集群作为复杂的动态生态系统，创新是推动其不断演化的动力。本章在剖析企业生态位内涵的基础上，界定了企业知识生态位的内涵，并对企业知识生态位的重叠、分离的行为以企业间知识生态位重叠度等概念进行了详细剖析。同时，为进一步研究知识生态位的动态变化与创新集成能力之间的关联关系，通过对企业知识生态位重叠、分离的动态研究，在博弈论的理论基础上，建立了两企业间协同合作（或不合作）行动策略时的收益矩阵，利用复制动态方程求解，得出了在此博弈中，该动态系统收敛的两条路径，说明了存在一个合适的生态位临界值，当重叠度 $p < p_{临}$ 时，有利于知识生态位的整合，而当得 $p > p_{临}$ 时，企业间将不愿意进行协同合作，进而整合彼此知识生态位。同时，企业间的知识生态位的良好整合应包含适宜的重叠度，知识生态位重叠的部分除了冗余的知识，还应包含共同创新的基础知识和共同认可的技术接口标准。本章最后，以湖北武汉东湖高新区为案例，通过案例研究对高技术集群创新集成知识生态位整合机理进行研究，针对出现的现象和问题进行归纳，详细阐述了知识生态链上不同环节/同环节间企业知识生态位整合的机理，并通过所收集的数据进行了验证，同时根据此前推导出的公式 $p_{临} = f^{-1} \left\{ \dfrac{C(p)}{\alpha(p)} \right\}$，计算出了适宜知识生态位的经验值。对微观的机理进行了详细阐述后，本章还将视角上升到集群层面，从集群的生命周期角度详细讨论了微观的企业间知识生态位整合在集群层面上是如何体现的以及其演化规律。

第4章　高技术企业集群创新集成能力生态整合路径

在对知识生态位整合创新机理的剖析基础上，为进一步认识高技术集群创新集成能力生态生成问题，本章将深入探讨创新生态网络、知识生态位整合、创新集成能力各自的重要组成要素是什么，它们之间的关系如何，创新集成能力到底受哪些重要因素影响，提升集群企业创新集成能力的路径是什么，这些问题的解决将有助于深入探究我国高技术集群整合创新发展模式，为创新型集群建设提供切实有效的政策建议和行动指南。本章采用社会学常用的分析方法——结构方程模型来构筑创新生态网络、知识生态位整合、创新集成能力之间的关系路径模型。

4.1　高技术企业集群创新集成能力生态影响因素构成

高技术企业集群创新集成能力是以集群创新系统资源为基础，通过集成的手段实现对产业链和知识链上主体资源的汇集、匹配与优化以实现协同创新，从而提升自身的创新能力。可见，要达成这一目标，还需要企业具有相匹配的内生条件与管理能力及手段。由此将集群创新集成能力的实现解析为以下几个方面。

（1）企业内生基础条件。企业作为创新的主体，其竞争优势不只来源于所拥有的（人、财、物）资源，更重要的是自身对知识的创造、储存和应用。从创新生态观来看，企业这种内生能力就是企业在自己生态位上对知识资源的利用能力。从集群的知识域上说，就是企业在其知识生态位上的整合能力。它关系到每个企业在所占据的知识生态位上是否能不断吸取、利用、发展知识资源，从而表现出成长能力和竞争能力的差异。显然，这种能力是企业创新集成能力的重要基础。

（2）丰富的外部资源和合理的资源配置。高技术集群作为创新生态系统，其资源的质量和数量直接决定着系统中物种（各类组织）的生存情况。具体来说，一方面以物质形态存在的产业链属性如何、产业链是否完备、产业间关联性的程度及产业资源分布的合理性是企业进行创新的有形资源保障；另一方面以无形形态存在的知识链是否健全，可否与产业链知识需求相匹配、契合，是企业获得必要知识进行创新的智力保障。只有两方面形成恰当合理的系统结构，企业才能在特定完善的生态链中实现生态发展。

（3）完善的资源整合渠道。集群中社会网络为企业主体和资源客体提供了连接渠道，所以高技术集群嵌入社会网络为企业间提供了一个高度集成的界面。在这个界面内企业通过正式和非正式的交流进行资源、知识、认知的流动，企业如何利用和管理创新资源是创新的关键，而这种能力又有赖于企业所在网络中特定的网络结构、网络关系以及开放性。

因此，高技术企业集群创新集成能力的影响因素可从产业创新种群主体（企业和作为企业依存的主体对象）、集群系统客体两个维度来分析。同时，为了研究的可操作性，考虑到研究对象是创新能力，而创新实质是知识的运用和创造，在分析影响因素时，暂时不考虑创新环境问题（在第6章分析时将考虑到），只从主体与客体两个维度围绕对知识创新影响重要的因素进行讨论。

（1）企业内生能力维度。企业内生能力维度中主要讨论知识生态位整合能力，这种能力反映的是企业对知识资源的吸取、利用和创造发展。那么它是由哪些重要影响因素构成的？在对文献回顾中，多数学者是从知识管理的角度进行研究的，并普遍认为知识融合能力、知识吸收能力是两个重要的影响因素，它们是企业创新生态能力形成的基础条件，是企业能否将周围知识为我所用并形成创新成果的关键。知识创新欲望是形成知识融合能力、知识吸收能力的前因和必要条件，决定了企业关注知识的频率、强度以及知识搜索的策略。故从要素构成观的角度，我们认为知识生态位整合能力主要由知识吸收能力、知识融合能力、知识创新欲望三个重要因素构成。

（2）创新生态系统属性维度。集群中的企业作为整个创新生态系统的一员，必定受到系统属性的影响。创新生态系统属性分为系统自然属性和系统社会属性，自然属性指该创新生态系统的状态如何，具体反映在产业链完备性、产业间关联性及产业资源分布的合理性上。从文献回顾上看，学者主要从产业结构属性进行研究，例如，产业内创新资源的质量和产业链内的合作程度，产业链上的企业如何形成协同创新等。产业生态结构决定了创新生态系统能否可持续地健康发展。系统社会属性指的是集群创新生态系统中社会网络属性，企业会嵌入集群中的社会网络，与其他主体产生联系，每个企业作为企业的一个节点，其行动受到其他主体的影响，所以这种社会网络的结构、关系等均对网络中的成员资源的获取有巨大的影响。很多学者根据能力网络观，从网络的结构维度、关系维度及网络中的知识行为展开，认为网络结构、网络关系、网络开放性均是生成创新能力的关键影响因素。综上，本章在创新系统自然属性中，选取产业生态结构属性为重要影响因素，在系统社会属性中选取网络特征（结构、关系）和网络开放性为重要影响因素进行研究。

4.2　高技术企业集群创新集成能力生态影响因素间关系

1. 知识生态位整合能力与创新集成能力的关系

根据前述，企业知识生态位整合能力是由知识吸收能力、知识融合能力、知识创新欲望三个重要因素构成的复合能力，创新集成能力的核心在于企业主体间的知识匹配、优化、协同、创新。按照前面的创新二元观，创新集成能力由渐进式创新能力和突破式创新能力两个维度组成，那么，构成知识生态位整合能力的这些要素与创新集成能力间的具体关系如何？从文献回顾来看，很多学者基于知识管理理论从企业的微观层面研究企业知识行为与创新能力的关系。知识是创新的重要资源，企业的创新来自于所获的异质性资源，创新动机决定了企业关注知识的频率、强度以及知识搜索的策略。知识吸收是企业将外部知识内化的第一个层次，只有足够的知识存量才能产生创新，尤其在不确定的环境下，更多的企业知识吸收量能帮助企业适应不确定的环境，更有机会将知识技术化、商业化[114]。知识融合作为提升创新能力的核心被很多学者研究，国外学者 Kodama[115]和Michael[116]分别通过实证研究指出，知识融合是大多数企业提高创新能力的关键。Mahmood 和 Singh 研究了不同的 R&D 投入、跨区域的知识集成和创新产出之间的关系，指出知识融合提高了企业集成创新[117]。Tsai 指出，知识融合使得企业技术创新的质量和效率得以提高[118]。国内学者梅述恩等研究了基于全球价值链中企业集群的升级路径，指出，知识集成是集成创新的本质[119]。汤长安分析指出，知识的扩散与转移是整合的前提，知识融合是知识集成的关键[120]。林向义等通过实证分析得出，组织学习对企业创新集能力的影响程度最大，组织内通过长期的知识共享和积累，不断将新知识运用到技术创新中，提高了创新绩效[81]。故可以认为，知识创新欲望、知识吸收能力、知识融合能力对创新集成能力有直接的影响，提出以下假设。

H1：知识生态位整合能力对创新集成能力有正向影响。

H1a：知识创新欲望对创新集成能力中的渐进式创新能力有正向影响。

H1b：知识融合能力对创新集成能力中的渐进式创新能力有正向影响。

H1c：知识吸收能力对创新集成能力中的渐进式创新能力有正向影响。

H1d：知识创新欲望对创新集成能力中的突破式创新能力有正向影响。

H1e：知识融合能力对创新集成能力中的突破式创新能力有正向影响。

H1f：知识吸收能力对创新集成能力中的突破式创新能力有正向影响。

H1g：知识创新欲望对知识融合能力有正向影响。

H1h：知识创新欲望对知识吸收能力有正向影响。

2. 创新生态系统属性与创新集成能力的关系

创新生态系统属性包括自然属性和社会属性，自然属性主要指产业结构生态属性，它是决定集群创新生态系统持续运行的基础，社会属性指高技术集群中嵌入的社会网络属性，包括企业间形成的网络特征（结构和关系）以及网络开放性，它为企业间集成的界面提供了资源整合的渠道。并且产业生态结构与社会网络两者间也存在相互依存的关系，高技术集群中形成的网络拓扑结构应以良好的产业链结构为依托，而集群产业链的演化升级应以相适应的网络拓扑结构为保障，两者相辅相成，缺一不可。

在社会网络方面，很多学者基于网络理论对创新能力进行了研究，其本质是网络中的行动者与其他主体之间形成的关系、结构特征影响行动者整合、配置创新资源的能力。Granovetter 提出嵌入性概念，包括网络结构特征和关系质量，并提出网络强弱连接优势理论[121]。Burt 将此理论应用到市场竞争行为中，提出"结构洞"理论[37]。其后大部分学者延续这个思路开展了大量研究，其中很多实证研究将网络关系作为变量进行测量并研究其与创新能力的关系。Aktamov 和 Zhao 通过构建邻接矩阵得到网络指数，分析三种不同网络中心度与创新绩效的关系，得出当企业有更多连接或者能连接拥有良好网络连接的企业会表现出更好的创新绩效，但当企业有很强的信息获取能力时，网络中心度的影响不显著[122]。Corso 等通过经验研究表明，集群网络中企业的专业知识通过转移和共享对现有的技术知识加深认知并加以改造，并随着新知识的不断积累促进渐进式创新[123]。同时，企业在更大的网络范围进行探索式学习，将有助于突破式创新。除了从网络结构层面剖析，一些学者还注意到网络开放性对创新集成能力的影响。Bresnahan 等的研究指出，很多集群的成功来自于外部大量的异质性联系，集群的开放性和高异质性对提高企业创新集成能力显得日益重要[124]。Kratke 指出集群保持良好的开放性使企业可嵌入到外界的知识网络中并弥补自身知识的不足[125]。所以，网络良好的开放性可以使企业广泛地整合知识并适应外界变化，促进企业的渐进式创新提高突破式创新能力。

在产业生态结构属性方面，学者多数从产业链入手。Isaksen 通过对欧洲高技术产业集群的实证分析指出，企业创新能力实现的基本因素是产业内创新资源的质量和产业链内的合作程度[126]。Filippetti 等则通过宏观和微观数据分析得出，影响创新系统能力的关键因素包括人力资源质量、高技术集群产业专业化程度以及完善的金融系统支持[17]。Tavani 和 Sharifi 通过对英国 1200 家企业进行调查，研究了节点企业的知识吸收能力、供应链关系对产品渐进式和激进式创新的作用[127]。国内学者单虎等指出，产业链纵向结构创新促进范围经济，产业链横向结构创新促进规模经济，兼顾纵向和横向创新是创新之本[128]。蔡小军通过研究工业园区内的共生产业链形成机理认为，产业链共生体会通过企业集群特性产生集聚经济效益，获得竞争优势，推动技术创新[129]。据此，本书提出以下假设。

H2：创新生态系统属性对创新集成能力有正向影响。

H2a：创新生态系统自然属性（产业生态结构）对创新集成能力中的渐进式创新能力有正向影响。

H2b：创新生态系统自然属性（产业生态结构）对创新集成能力中的突破式创新能力有正向影响。

　　H2c：创新生态系统社会属性（网络特征、网络开放性）对创新集成能力中的渐进式创新能力有正向影响。

　　H2d：创新生态系统社会属性（网络特征、网络开放性）对创新集成能力中的突破式创新能力有正向影响。

3. 知识生态位整合能力与创新生态系统属性的关系

　　知识生态位整合能力虽然看起来是企业的一种个人能力，但是企业嵌入在集群内，这种能力的形成与发挥必定受到整个创新系统的影响。产业生态结构不仅意味着产业链是否完善、结构是否合理，其无形的一面还表现为知识链是否匹配和完整，而知识生态位整合能力中的知识吸收、知识融合是知识链中的行为，产业生态结构对创新集成能力的影响必定也会通过知识链行为进行传递。例如，芮明杰等在 SECI 模型的基础上对知识价值链进行了分析，认为产业链是知识体系紧密的集合体，并对产业链上的知识整合机制进行了深层的探讨[130]。曾德明等在讨论供应链知识整合的机制上，研究了多元化的供应商知识体系对产品突破式创新的影响[131]。另外，集群中的社会网络也会影响知识生态位整合能力。社会网络的紧密联系，不仅提供了知识资源整合的渠道，还建立了长久的信任关系，形成了相似的认知，这也是知识生态位整合的关键因素。众多学者对此进行了分析，他们往往将知识吸收、知识整合作为网络关系、结构等变量和创新能力间的中介变量。例如，Nieto 和 Quevedo 通过研究指出，吸收能力在企业的创新努力和企业的技术创新中起着中介作用[132]。知识整合指集群内企业利用集群网络渠道将所获取知识进行结构融合，是实现创新能力的核心过程。Iansiti 和 Clark 从跨组织边界的角度将知识整合区分为内、外部知识整合，并指出，企业在跨组织的联系中，知识整合对于创新能力是不可或缺的能力[133]。国内学者魏江和徐蕾采用知识整合作为中介变量实证研究了网络双重嵌入与企业创新能力的关系，指出，知识整合是促进集群企业创新能力跃迁的必要条件[134]。据此，本书提出以下假设。

　　H3a：产业生态结构对知识融合能力有正向影响。

　　H3b：产业生态结构对知识吸收能力有正向影响。

　　H3c：网络特征、网络开放性对知识融合能力有正向影响。

　　H3d：网络特征、网络开放性对知识吸收能力有正向影响。

4.3　高技术企业集群创新集成能力知识生态位整合模型搭建

　　上面从创新生态系统的角度对知识生态位整合能力的组成要素、创新生态系统属性的组成要素以及它们之间、它们与创新集成能力间的关系进行了分析，并根据文献回顾建立了研究假设。下面将根据假设提出高技术产业集群企业创新集成能力生态整合的假设模型，并采用问卷调查搜集数据，运用结构方程模型中模型发展策略，验证一阶和二阶因素模型并修正，最终得到创新集成能力生成的路径模型。

1. 研究方法与数据收集

研究方法包括问卷调查及访谈、问卷的信度及效度检验、探索性分析、结构方程模型检验及修正。采用 SPSS19.0 进行问卷的信度及效度检验、探索性分析，采用 AMOS19.0 进行结构方程模型检验。其中结构方程模型验证采取模型发展策略，检验假设模型后，经过模型修正达到一个与样本数据良好契合且具有实质意义的模型，从而分析问题。

实证研究以武汉东湖国家级高新区的企业为对象，深入企业与中层以上管理人员进行交流并进行问卷调查，完成对原始数据的整理和收集。问卷调查从 2014年 11 月至 2014 年 12 月，历时两个月。回收问卷后剔除无效和不合理问卷，用于探索性因素分析的有效问卷总计为 204 份，用于结构方程模型检验的问卷为 291份，达到了进行分析所需的样本数量标准。样本分布在高新区中光电子信息、激光、生物医药、装备制造、信息技术产业，具有较好的代表性。

2. 问卷设计与优化

合理完善的问卷设计是变量测量的基础。本书所需要测量的变量包括知识生态位整合能力（知识融合能力、知识吸收能力、知识创新欲望）、创新生态系统属性（网络特征、网络开放性、产业生态结构）、创新集成能力（渐进式创新能力、突破式创新能力）。①因变量：本书研究的因变量为创新集成能力，主要采用 Govindarajan 和 Kopalle 的测量方式，分为突破式创新和渐进式创新两个维度，每个维度下均有四个测量题项，用李克特 5 点量表进行测量[135]。②自变量：网络特征变量测量综合国外学者 Moorman[136]、Rowley[137]的测量题项，从关系数量、强度、频率、中心度等方面进行测量；网络开放性综合 Eisingerich 等[138]的测量题项进行测量；知识吸收能力参考 Mariano 和 Pilar[139]、Lin[140]的测量题目进行测量并根据实际情况加以修改；知识融合能力的测量题目来自于 Iansiti 和 Clark[133]、Wong 等[141]采用过问卷的部分题目；知识创新欲望和产业生态结构变量测度是在对概念的理解上针对实际情况开发的测量题目。以上变量中网络特征、网络开放性、产业生态结构、创新动机作为研究中的外潜变量，知识吸收能力和知识融合能力作为中介变量。以上变量均采用李克特 5 点量表进行测量。

由于创新集成能力及创新集成能力影响因素变量量表的测量题项一部分来自于国外成熟问卷，另一部分则是新开发构思形成的，所以需对量表进行探索性分析，优化量表因素结构，以达到良好的问卷信度和效度，为后续分析打好基础。

同时，从三个层次对量表题项进行甄别筛选。①请产业集群创新和知识管理方面的专家、教授进行甄别从而达到专家效度；②通过探索性分析，排除冗余题目，提高量表的建构效度；③通过信度检测，保证量表的可靠性与稳定性。集群创新集成能力影响因素量表经探索性分析显示，KMO 值为 0.832，Bartlett 球形度检验的 P 值为 0，对量表进行可靠性分析得 Cronbach's α 值为 0.873，表明量表信度良好。通过对因素的萃取，6 个影响因素一起解释了变量标准方差的 81.7%，表示因素结构是可靠的。创新集成能力测量量表是对学术界普遍认可的成熟问卷进行整理而得的，其中创新集成能力分为两个维度——渐进式创新和突破式创新，探索性分析显示 KMO 值为 0.855，量表信度值 0.836，量表信度两个主因子（渐进式创新和突破式创新）累计解释了 77% 的变异量，情况理想。形成的最终量表和分析过程见表 4-1 和表 4-2。

表 4-1　集群创新集成能力影响因素量表

因素构成	测度题项
知识创新动机 （α 系数 0.817）	Q1 对企业产品、市场、技术的信息变化关注程度
	Q2 搜索超越企业当前经验的技术知识的强度
	Q3 企业通过各种措施提高自己获取外部知识的能力
知识吸收能力 （α 系数 0.898）	Q4 从外部获取的知识能够在企业内部广泛传播
	Q5 企业能够迅速掌握从外部获取的知识
	Q6 企业能把学习到的新知识迅速应用到实践中
知识融合能力 （α 系数 0.855）	Q9 企业能将获得的新知识及时替代相应的老知识
	Q10 企业能利用获得的知识不断提升和完备知识体系
	Q11 获得的新知识能促使企业原有知识发挥更大作用
网络特征 （α 系数 0.863）	Q18 与本企业经常联系的合作伙伴数量占所有联系伙伴数量的比例
	Q19 与其他企业相比，本企业在技术合作创新过程中，在信息技术等关键资源方面具有的优势
	Q20 与合作创新伙伴的互动频率
	Q21 与合作创新伙伴的合作范围
	Q22 与合作创新伙伴知识共享的程度
网络开放性 （α 系数 0.837）	Q24 企业对新成员加入到创新网络中表示支持的程度
	Q25 企业与集群外企业、组织保持良好的关系，这种关系有利于创新
	Q26 企业创新网络内的组织关系不是一成不变的，而是出于需要经常出现新变化
产业生态结构 （α 系数 0.805）	Q32 企业与上下游企业间在创新方面合作的程度
	Q33 企业所在集群内主导地位的程度
	Q34 本地（园区）为企业配套的其他产业满足企业需求的程度
	Q35 企业所在集群内产业之间的关联程度

表 4-2　　企业创新集成能力量表

创新集成类别	测度题项
渐进式创新能力 （α 系数 0.872）	Q53 企业经常开发出新的产品型号
	Q54 企业经常改进现有主导产品、服务流程、工艺
	Q55 企业提升了现有主导产品、服务的专业技术水平
	Q56 企业经常更新生产、服务工具、设备等生产手段
突破式创新能力 （α 系数 0.866）	Q57 企业开发出全新的主导产品或服务
	Q58 企业开发出行业内的全新技术
	Q59 企业的产品或者服务包含了全新的技术知识
	Q60 企业通过创新实现了重大突破淘汰了原先主导的产品或者服务

3. 结构方程模型的一阶因素验证

前面明确了知识生态位整合能力、创新生态系统属性、创新集成能力的组成要素，并根据假设建立了初始概念模型（图 4-1）。首先要对一阶因素间的路径假设进行验证（细箭头路径）。

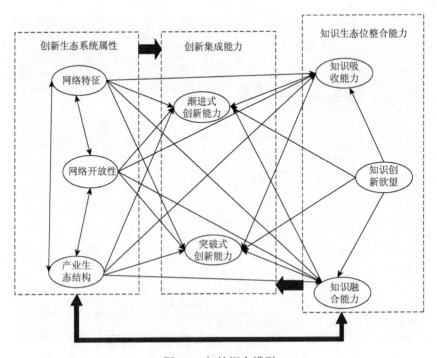

图 4-1　　初始概念模型

　　首次计算模型的估计值后，显示模型不能契合现实数据，模型被拒绝。在结合模型修正指标和理论的基础上，通过删除模型中不显著的路径和增加新的路径关系的方式，把握每次修改只改一处的原则（以免引起一次大规模改动后，模型失真），经过几轮修改，得出与实际数据匹配良好的修改后模型（图 4-2）。修改后模型质量的好坏从模型的测量模型和结构模型中一些重要的适配度指标加以综合考虑。AMOS19.0 的处理结果显示，经修改后模型的测量模型方面各题项因素负荷量基本都在 0.5～0.95，且标准误很小，所估计的参数均达到显著水平（$P<0.001$），说明模型内结构适配度良好；在初始模型整体适配度方面，χ^2 为 353.818，自由度为 316，卡方自由度比为 1.120（介于 1～2），显著性检验的 P 为 0.07，未达到显著水平，表示初始模型与实际样本能契合。其他重要适配度指标见表 4-3 和表 4-4。

表 4-3　修正后模型中测量模型质量参数

名称	题项	荷载	显著水平
知识创新欲望	Q1	0.762	*** （$P<0.001$）
	Q2	0.854	*** （$P<0.001$）
	Q3	0.577	*** （$P<0.001$）
知识吸收能力	Q4	0.722	*** （$P<0.001$）
	Q5	0.530	*** （$P<0.001$）
	Q6	0.558	*** （$P<0.001$）
知识融合能力	Q9	0.710	*** （$P<0.001$）
	Q10	0.502	*** （$P<0.001$）
	Q11	0.516	*** （$P<0.001$）
网络特征	Q18	0.534	*** （$P<0.001$）
	Q19	0.564	*** （$P<0.001$）
	Q20	0.701	*** （$P<0.001$）
	Q21	0.585	*** （$P<0.001$）
	Q22	0.594	*** （$P<0.001$）
网络开放性	Q24	0.507	*** （$P<0.001$）
	Q25	0.580	*** （$P<0.001$）
	Q26	0.570	*** （$P<0.001$）

续表

名称	题项	荷载	显著水平
产业生态结构	Q32	0.631	*** (P<0.001)
	Q33	0.632	*** (P<0.001)
	Q34	0.682	*** (P<0.001)
	Q35	0.536	*** (P<0.001)
渐进式创新能力	Q53	0.884	*** (P<0.001)
	Q54	0.630	*** (P<0.001)
	Q55	0.918	*** (P<0.001)
	Q56	0.654	*** (P<0.001)
突破式创新能力	Q57	0.790	*** (P<0.001)
	Q58	0.678	*** (P<0.001)
	Q59	0.815	*** (P<0.001)
	Q60	0.848	*** (P<0.001)

表 4-4　修正后模型整体适配度指标

χ^2	χ^2/df	RMR	RMSEA	GFI	CFI	NFI	IFI
	1-3	<0.05	<0.08	>0.9	>0.9	>0.9	>0.9
241.868	1.120	0.021	0.021	0.921	0.983	0.962	0.983

从修正后模型可以看出直接效应具体包括以下内容。①网络特征对渐进式创新能力和突破式创新能力均有显著的正向影响，说明集群企业在集群创新网络中的中心度以及与其他组织进行互动的强度和频率对企业进行创新有较大的影响，且从路径系数看，网络特征对企业渐进式创新能力有更强的促进作用。②网络开放性对突破式创新能力有显著的正向影响。集群生态系统需要保持对外部的开放性，避免因封闭造成的系统风险甚至系统崩溃，开放性使得系统不断吸收新的信息和资源，进而对集群中企业的创新能力起到推动作用，同时开放性对创新能力的影响程度也与集群发展所处的生命周期有关。③企业知识融合能力对渐进式创新能力有显著的正向影响。企业的知识融合能力意味着企业是否能将吸收的知识融入自身的知识结构中并转化成对创新有用的知识，这是企业知识生态位整合能力中的核心能力，但同时需注意到，在调查的区域内，这种能力往往对创新集成能力中的渐进式创新能力有显著正向作用，对突破式创新能力并无显著作用。

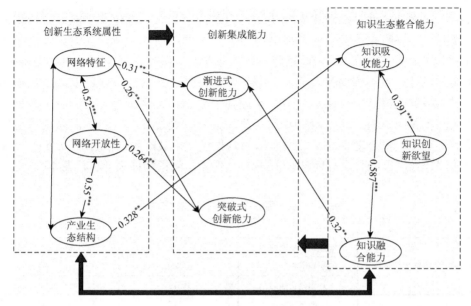

图 4-2　修正后的一阶模型

修正后模型中的间接效应具体包括以下内容。①产业生态结构对企业渐进式创新能力的间接影响。以往研究中鲜有讨论产业生态结构对企业创新能力的具体影响路径。从上述模型发现，产业生态结构作为集群创新系统的基础，会直接影响集群知识生态位的结构，进而影响知识链上企业的知识管理行为如企业知识吸收能力。产业生态结构奠定了集群知识生态体系，若这种基础体系良好，则企业自然能在创新中高效地吸收到所需知识资源。当企业拥有很高的知识吸收能力时，这种能力通过影响企业知识融合能力，最终对渐进式创新起到间接的影响作用。②知识创新欲望对企业渐进式创新能力的间接影响。知识创新欲望是企业知识生态位整合的内在动力，这种欲望通过影响知识生态位整合能力的其他要素促进企业创新能力的提升。模型中显示，企业知识创新欲望以企业知识吸收能力和知识融合能力为中介变量，主要影响企业渐进式创新能力。

4. 结构方程模型的二阶因素验证

对一阶因素模型进行检验和修正后，需对二阶因素模型，即知识生态位整合能力、创新生态系统属性、创新集成能力三大部分进行关系验证，得到更加有力、简洁的模型，从稍微宏观的角度去审视所研究的问题。从系统观的角度看，创新生态系统属性属于企业的外部因素，另外企业知识创新欲望、知识吸收能力、知识融合能力三者体现的是企业自身能力，三者构成知识生态位整合能力。以企业边界分内外两部分因素来看，外部因素创新生态系统属性（网络特征、网络开放性、产业生态结构）与内部因素知识生态位整合能力（知识创新欲望、知识吸收能力、知识融合能力）对企业创新集成能力（渐进式创新能力、突破式创新能力）的影响路径不同，且两部分间存在相互推动和共同演化。因此，为进一步将模型概念化，以最简洁的模型结构表达主要问题，便在前面模型的基础上建立二阶因素模型，验证知识生态位整合能力、创新生态系统属性、创新集成能力三个二阶因素间的路径关系。经过计算，二阶因素模型与实际数据契合，拟合度良好。数据显示创新集成能力被解释的变异量为 67%，模型的解释力度很好且十分简洁（图 4-3）。具体匹配指标如表 4-5 和表 4-6。

表 4-5　二阶因素模型测量模型质量参数

二阶因子名称	一阶因子	荷载	显著水平
知识生态位整合能力	知识创新欲望	0.573	*** （$P<0.001$）
	知识吸收能力	0.869	*** （$P<0.001$）
	知识融合能力	0.575	*** （$P<0.001$）
创新生态系统属性	网络特征	0.722	*** （$P<0.001$）
	网络开放性	0.489	*** （$P<0.001$）
	产业生态结构	0.612	*** （$P<0.001$）
创新集成能力	渐进式创新能力	0.732	*** （$P<0.001$）
	突破式创新能力	0.633	*** （$P<0.001$）

表 4-6　二阶因素模型整体适配度指标

χ^2	χ^2/df	RMR	RMSEA	GFI	CFI	NFI	IFI
	1-3	<0.05	<0.08	>0.9	>0.9	>0.9	>0.9
95.0	1.524	0.036	0.013	0.922	0.914	0.877	0.917

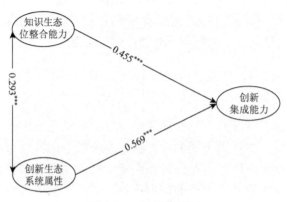

图 4-3　二阶因素模型

　　二阶因素模型清晰地显示了企业知识生态位整合能力与创新生态系统属性对企业创新集成能力的影响，且基于调研集群所处的集群发展生命周期，创新生态系统属性对企业创新集成能力的促进作用更大。二阶因素模型和一阶因素模型完整地呈现了集群创新生态系统中两个不同层次上影响因素的相互作用以及不同层次变量间的从属关系。至此整个概念模型得到验证和修正，最终的概念模型——高技术集群企业创新集成能力生成模型如图 4-4。

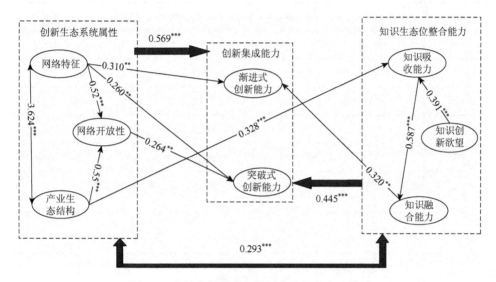

图 4-4　高技术集群企业创新集成能力生成模型

4.4　高技术企业集群创新集成能力生态整合路径探讨

　　上面基于创新生态观，构建了高技术集群创新集成能力的生成模型，验证了创新生态系统属性（网络特征、网络开放性、产业生态结构）、知识生态位整合能力（知识吸收能力、知识融合能力、知识创新欲望）、创新集成能力（渐进式创新能力、突破式创新能力）三部分间的关系。其中，创新生态系统属性和知识生态位整合能力对创新集成能力的解释力度达到了 67%，说明此处从内外两个维度对创新集成能力进行分析覆盖了影响其创新能力提升的绝大部分重要因素，具有良好的现实意义。同时也验证了创新生态属性与知识生态位整合能力间的相互关系，结果显示，两者相互关系显著，说明两者相互影响，互相依存，具有共同演化的特性。从前面的假设关系看，一部分假设被认证通过，另一部分研究结论与假设不符（表 4-7）。下面将在此基础上进一步讨论集群创新集成能力生态整合路径。

表 4-7 假设内容及验证结果

假设序号	假设内容	结果
H1	知识生态位整合能力对创新集成能力有正向影响	显著
H1a	知识创新欲望对创新集成能力中的渐进式创新能力有正向影响	不显著
H1b	知识融合能力对创新集成能力中的渐进式创新能力有正向影响	显著
H1c	知识吸收能力对创新集成能力中的渐进式创新能力有正向影响	不显著
H1d	知识创新欲望对创新集成能力中的突破式创新能力有正向影响	不显著
H1e	知识融合能力对创新集成能力中的突破式创新能力有正向影响	不显著
H1f	知识吸收能力对创新集成能力中的突破式创新能力有正向影响	不显著
H1g	知识创新欲望对知识融合能力有正向影响	不显著
H1h	知识创新欲望对知识吸收能力有正向影响	显著
H2a	创新生态系统自然属性（产业生态结构）对创新集成能力中的渐进式创新能力有正向影响	不显著
H2b	创新生态系统自然属性（产业生态结构）对创新集成能力中的突破式创新能力有正向影响	不显著
H2c	创新生态系统社会属性（网络特征、网络开放性）对创新集成能力中的渐进式创新能力有正向影响	显著
H2d	创新生态系统社会属性（网络特征、网络开放性）对创新集成能力中的突破式创新能力有正向影响	显著
H3a	产业生态结构对知识融合能力有正向影响	不显著
H3b	产业生态结构对知识吸收能力有正向影响	显著
H3c	网络特征、网络开放性对知识融合能力有正向影响	不显著
H3d	网络特征、网络开放性对知识吸收能力有正向影响	不显著
H（模型修正时新增）	知识吸收能力对知识融合能力有正向影响	显著

4.4.1 知识生态位整合能力对创新集成能力的促进作用

结果显示，从整体上看，知识生态位整合能力对创新集成能力的正向影响作用显著，且影响系数较大，这验证了本书的假设，显示了知识生态位整合能力作为集群创新的内生动力的重要性。从每个部分的组成要素及之间关系来看，具体如下。

（1）从知识生态位整合能力的组成要素看。本书最初的假设是知识创新欲望作为前提对知识吸收能力和知识融合能力有正向的影响，而且在知识吸收能力和知识融合能力之间并未假设有任何关系，而实证结果显示，三者间的路径应为知识创新欲望→（+）知识吸收能力→（+）知识融合能力。这个路径清晰地展示了三者间的关系，知识创新欲望是源头，知识吸收能力是保障，而知识融合能力则是最终发挥出创新能力的核心。就企业而言，足够强烈的知识创新欲望能使企业采取更多的积极的知识搜索策略，储存更多的相关知识，丰富自身的知识体系。只有自身知识体系不断完善，知识储存量达到一定的积累值，才能促进知识融合能力，最终从整体上提高企业知识生态位整合创新能力以及企业在整个知识链上的生存能力。

（2）从知识生态位内部因素与创新集成能力内部因素间的关系看。一方面，模型显示，知识融合能力是知识生态位整合能力中对创新集成能力起主要作用的因素，因为，只有发挥这种能力才能将企业从外部吸收来的知识与原有知识进行融合，并形成新知识，所以不难理解知识融合能力是激发创新的核心能力。但另一方面，模型显示，知识融合能力对渐进式创新能力的作用效果显著，而对突破式创新能力的影响效果不显著。这和假设不同，也和先前的研究有出入，这主要和两个方面的原因有关。一方面，所调查的样本企业的创新大多是渐进式创新，即对行业的主导产品或技术有过改良性的改进。另一方面，由于突破式创新的效能大，需要更强的企业自身能力，而调查的时间段相对于整个集群发展周期是一个静态的时间点，而企业能力的积累爆发需要较长一段时间，所以这种关系未能表现出来。但从长远看，在其他条件不变且良好发展的情况下，当企业的研发能力积累到一定程度时，必然产生突破式创新，例如，开发出行业的领头技术，或者改变行业的商业规则等。

4.4.2　创新生态系统属性对创新集成能力的促进作用

从整体上看，创新生态系统属性部分对创新集成能力的正向影响的路径系数为 0.569，影响强度略大于知识生态位整合能力对创新集成能力的影响，说明创新生态系统对其中的主体影响很大。所以，从整体上考虑构造何种创新系统对发挥其创新能力至关重要。另外，从内部因素间的关系来看，系统自然属性和社会属性的创新集成能力的影响并不相同。

（1）系统自然属性（产业生态结构）对创新集成能力的影响。在原假设中，产业生态结构对创新集成能力不仅有直接影响还有间接影响。但根据实证的情况来看，产业生态结构对创新集成能力的影响是间接的，是以企业知识融合能力为中介传递影响的。这从侧面反映了集群创新生态系统层次分明，影响是逐级传递的，符合系统的层次性原则。产业生态结构是创新生态系统的基础结构，也是根本，所以，产业生态链网是否完备、各个环节间是否匹配，以及每个环节内企业的"质"与"量"配置是否合理均对创新生态系统有重大影响。只有形成合理的产业生态结构，才能有合理的集群知识体系，进而促进创新。

（2）系统社会属性（网络特征、网络开放性）对创新集成能力的影响。网络特征体现的是集群社会网络的结构和关系，是一种集群内网络的联系；而网络开放性主要体现的是集群网络的开放度和柔性，是一种外部联系。从强弱联系理论来说，前者是强联系，后者是弱联系。一个健康的集群社会网络需同时具备这两种联系，才能不断演进，而不至于走向两种困境（一种是网络集聚度不够，不能发挥网络效应；另一种是网络过度嵌入，造成技术锁定到衰败的风险）。原假设中两者均对渐进式创新能力和突破式创新能力有影响，实证显示，网络特征对两者的影响均显著，而网络开放性主要是对突破式创新能力有显著影响，这和先前有关强弱联系理论的研究是一致的，往往弱联系能产生更大的创新效能。当集群保持良好的开放性时，某些主体通过"走出去""引进来"吸收国外的先进技术，同时结合国内情况进行模仿创新，这可在国内行业中产生颠覆式的创新。建立良好的网络特征并保持良好的网络开放性极为重要。与此同时，模型显示，系统社会属性和自然属性相关关系很强，需注意两者是相辅相成的，两者协同发展是关键。

4.4.3 创新生态系统属性对知识生态位整合能力的促进作用

从整体上看，创新生态系统属性和知识生态位整合能力，具有显著的相关关系，表明两者有相同方向的变化，当创新生态系统属性越好时，知识生态位整合能力也将向更强发展，其中的道理不难理解，系统的结构决定了系统发挥出的某些性能。从内部要素看，两者间的影响路径主要是产业生态结构→（+）知识吸收能力→（+）知识融合能力。正如前面所说，产业生态结构在知识资源维度上看是知识生态链，知识的共享与互补离不开合理且完善的知识网体系，所以产业生态结构不仅是创新生态系统的基础，也是集群竞争的根本，因为集群间的竞争一定是整个产业链上的竞争，而非个别企业单打独斗。原假设中，也认为系统社会属性（网络特征、网络开放性）对知识生态位整合能力中的要素有直接影响，但实证中并未显示有直接影响。究其原因，社会网络属性对知识生态位的影响相对来说是动态和非线性的。在前面对知识生态位整合能力的机理中分析到，知识生态位整合能力需要一个合适的生态位重叠度，而这个重叠度一方面受到产业生态结构影响，但这个影响是长期的并且变化缓慢，因为产业生态结构在集群内的演进是一个持续优化的过程，处于基础地位；另一方面受社会网络结构影响，社会网络是由集群主体形成的网络结构，其变化显然灵活得多，但其每次变化的影响并不大，而是需要积累一段时间后才能形成。此两方面原因对知识生态位的重叠度产生作用后，随着重叠度的变化可能会引起企业新的知识生态位行为，进而反馈。但反馈的影响主要作用在企业间的网络上，网络进一步演化，当变化达到某一程度时又将产生新的影响，如此循环往复。因此它们之间的影响很可能是动态和非线性的，这并没有体现在模型中，但需注意的是，此影响依然存在并且重要，知识生态位整合能力同样需要良好的社会网络属性作为基础。

4.5　高技术集群创新集成能力生命周期演化条件解析

上面从企业层面研究了企业创新集成能力的影响要素，构建了路径模型，并对要素间的关系进行了详细探讨。本节同样将再次从集群层面结合生命周期理论探析创新集成能力在集群层面的表现以及集群创新集成能力的动态演化条件。在对高技产业集群创新集成知识生态位整合机理的研究中可知，每当集群进入下一个发展阶段，其创新集成能力也随之变化，这种趋势可以也可以归结为：创新集成能力产生—创新集成能力成长—创新集成能力成熟—创新集成能力升级（或衰退）。结合前面对企业创新集成能力生态整合路径的研究：①网络特征→（+）突破式创新能力、渐进式创新能力；网络开放性→（+）突破式创新能力；②产业生态结构→（+）知识吸收能力→（+）知识融合能力→（+）渐进式创新能力；③知识创新欲望→（+）知识吸收能力→（+）知识融合能力→（+）渐进式创新能力。这些路径中的要素在集群创新集成能力发展的过程中是如何起作用的，条件是什么，什么情况下才会促进集群创新集成能力向下一个阶段发展？理清这些才能给高技术产业集群政策优化提供良好的理论基础。

（1）创新集成能力产生阶段的驱动条件。当集群产生时，本地域所具有的产业属性是一个重要的推动因素，丰富的资源条件、良好的产业发展潜力和区位优势推动着集群的产生和发展。同时，产业资源为集群形成之初的企业提供了创新所需的土壤，包括有形的物质资源和无形的知识资源。这提供了集群内创新集成能力形成的客观基础。另外，集群形成之初的某些企业或某个企业由于具有较好的创新精神和一定的创新能力为集群内创新集成能力的形成提供了主观条件。它们通过对创新资源的整合使集群产品从无到有，此过程中，在某个（些）企业的带动下，产业内的分工初步形成，这又进一步增强了集群内企业对创新资源的利用能力，从而形成良好的正循环。可见，良好的产业资源属性和核心企业的自身能力推动了集群创新集成能力的产生。

（2）创新集成能力成长阶段的驱动条件。随着集群的吸引力增大，更多的企业投入到经济活动中，此阶段集群创新集成能力的发展速度持续加快。这得益于集群创新生态系统的形成，其集成性和网络性使创新资源的投入产出效率提高，集群内的创新收益所带来的正向外部性促进集群创新生态系统不断向前发展。具体来说，一方面是产业生态结构的形成。表现为产业链在上、下游不断深化，企业开始占据各自擅长的知识环节，产业知识体系的容量不断扩充。企业受到创新收益的激励，产业链上的合作越来越多，创新在纵向的集成增加了每个参与企业的竞争力，更分担了风险，从而进一步激励合作，创新集成能力得以提升。另一方面，集群社会网络的形成，使企业对创新资源的利用程度进一步提高，尤其集群企业间的地理临近性促进了更多知识资源的交换、共享、溢出，显性知识和隐性知识相比在集群外更容易传播与编码，知识创新的频率明显增大。所以，此阶段中，创新集成能力成长的重要条件是形成合理的产业生态结构和集群社会网络。

（3）创新集成能力成熟阶段的驱动条件。集群进入成熟阶段后，其创新集成能力也走向成熟，增长速度放缓或者平稳持续。此阶段中，完善的产业生态结构和集群网络结构相辅相成，推动创新集成能力日益成熟，但这种外部效应在逐渐减小，甚至当集群社会网络过度嵌入时，开始抑制创新资源。此阶段另一个驱动要素——企业知识生态位整合能力更加重要，若企业"内功"不足，将面临被淘汰的危险，若无创新效率更高的企业取而代之并对该产业环节进行优化，则会制约整体的创新集成能力。所以，在该阶段已成为行业内领导的企业需要更强的创新能力去带动相关企业实现更多突破式的创新。

（4）创新集成能力升级（或衰退）阶段的驱动条件。当集群进入衰退阶段时，创新集成能力随之衰退，新技术路线将逐渐取代旧的技术路线，当外界环境产生较大变化时，这种衰退将加速到来。若集群在前一阶段埋下了过度嵌入的隐患，衰退时则将面临"内忧外患"，技术路径锁定，使之不能适应外界变化，内部网络缺乏异质性，过度的竞争产生巨大内耗，所以创新风险急剧升高，企业无更多的精力投入创新之中。集群在创新集成能力上要进行升级，其驱动因素不仅包括完善的产业生态结构和集群网络、企业良好的知识生态位整合能力，还包括集群网络的开放性、领先企业的自主研发创新能力。只有这些驱动因素同时发力，才能保证创新生态系统的自我更新。综上所述，集群生命周期下，各阶段创新集成能力的驱动条件可由图4-5概括。

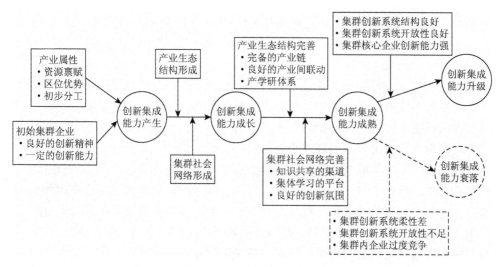

图 4-5 集群创新集成能力演化的条件解析

4.6 高技术集群生命周期创新集成能力生态整合模式构建

根据对高技术集群创新集成能力的路径研究和边界条件解析，结合集群生命周期归纳总结出四种在不同阶段的创新整合模式。①政府扶持型创新整合模式。②企业自组织型创新整合模式。③领头企业拉动型创新整合模式。④多元多边协作型创新整合模式。

（1）政府扶持型创新整合模式。该模式往往适用于集群形成期间，尤其根据我国集群建设的特点看，该模式运用得更加频繁。在集群形成之初，集群内企业规模小、能力弱，能整合的创新资源非常有限，而集群能在此地生根往往又是因为该地方的资源禀赋及区位优势。所以，如何帮助企业高效地运用到创新资源，是政府扶持型模式所要解决的根本问题。若政府在该阶段通过一系列政策手段大力扶持初始集群，则集群内企业的发展速度会明显加快，整个集群也会迅速从产生期过渡到成长期并形成初始的影响力。一般来说，在政府扶持型模式中，一方面，政府可通过财政手段对集群内企业直接进行资金的支持，或通过对接各类创新资源使企业迅速得到扩张，占领市场；也可以通过招商引资的形式，以优惠条件吸引更多潜力企业、优质企业进入集群，注入大量经济活力；政府还可以发挥其宣传作用，一定程度上为集群的形象背书，提高集群的影响力。另一方面，政府在该模式中的行为是否科学、是否建立在长远计划之上，都关系到该模式能否起作用。政府应认真规划集群发展蓝图，以构造合理产业生态结构为基本原则，甄选合适企业入群，适时推行产业化项目，不可盲目跟风上项目忽视产业发展的关联性，不可过度招商引资忽略集群内企业的异质性、互补性，要从集群发展的长远利益，科学合理地对集群进行扶持。

（2）企业自组织型创新整合模式。该整合模式发生在集群的成长期，在此阶段集群进入快速成长期，产业链不断延伸，分工不断细化，集群的发展吸引了更多的企业参与到该网络组织中。面对巨大的市场需求，集群内的企业为提高自身的效率获得更多的盈利，开始自发地寻求合作，合作形式可以是基于产业链分工的上下游合作，也可以是同环节企业的相互合作，这样的组织形式给每个合作中的企业带来了更多的收益，这又促使企业在分工合作中加深自己的专业化，进一步提高效率。这就形成了一个良性的循环。该模式中，创新来自于企业网络化的合作，而且在创新形式上多表现为渐进式的创新。一方面集群在快速成长期时，集群内产品逐渐成熟，集群所面对的市场较为稳定并且巨大，通过渐进式的创新对产品进行改良足以适应市场的需求，并带来可观的创新收益。另一方面，集群成长时期的企业也都还处于成长阶段，其自主创新能力并不突出，因此它们会采取一种合作式的创新在短时间内提高整体的创新能力，在这种网络化的行为中，企业间会彼此相互学习、知识共享，产生的新知识也会溢出，并传播到其他企业中。这样的情况下，每个企业更加清楚别人所掌握的知识资源并可以加以利用，这就会产生很多模仿、改良的行为，这些行为下产生的便是渐进式的创新以及集群产品的不断完善。

（3）领头企业拉动型创新整合模式。该模式适用于集群成熟期，经过上一阶段的快速成长，集群的发展速度回落并逐渐平稳，其产业生态结构、社会网络的形式也趋于完善，集群的创新通常以模块化的集成高效进行，创新能力在一段时间内表现稳定。但是，随着创新的空间变小、创新的难度加大，以上一阶段中渐进式创新为主的整合模式所发挥的创新效能逐渐减小，此时需要新的创新整合模式维持集群在此阶段的进一步发展，所以领头企业拉动型创新整合模式发挥的作用很大。通常，该阶段的领先企业在国内市场上已经是知名企业，在国际市场上也有一定的影响力，它们的发展直接关系到集群的发展。同时，该类企业在创新视野上更宽阔也更能把握创新方向，具有较强的创新资源整合能力。在集群中，领头企业会以突破式创新为目标，并通过实现突破式创新不断增强核心竞争力。在整个创新中，领头企业会整合大量的创新资源，包括各个配套企业、科研机构、高校。领头企业把握创新方向，建立创新架构，通过与高校合作提供创新的基础知识，通过与科研机构合作提供创新的应用知识，通过和各个配套企业的模块化合作提供技术、工艺上的创新知识。同时，在领先企业的拉动下，集群中纵向和横向的集成更为明显，产业链的合作更为紧密，产业链中的环节得到优化。总的来说，领头企业拉动型创新整合模式是以领头企业为中心，众多中小企业为配套，以产学研体系为创新基础，以网络化合作为组织形式，进行突破式创新，达到更大的创新效能，推动集群创新能力的发展。

（4）多元多边协作型创新整合模式。该模式适用于集群转型升级时期，帮助集群步入下一个更高级的生命周期。在集群成熟期的后期，集群可能面临一系列的风险，进而导致衰落。其中一种较大的风险根植于上一阶段的创新整合模式中，例如，集群过度嵌入以领头企业为中心的模式容易造成创新路线锁定，尤其当领先企业犯了方向性的错误时，整个创新模式因为缺乏柔性，不能及时改变方向，直接导致创新模式的崩溃。然而，多元多变协作型的整合模式可避免该危险，并帮助集群升级。一方面，随着集群的发展，原先一些配套企业在细分行业中通过对同环节的整合，形成了该细分行业内的"独角兽"。它们现在并不完全也不应该受制于那些综合式的龙头企业，集群内的合作建立在更加对等的合作基础上，集群由此形成多中心的结构，每个中心之间又存在着很多相联系的小企业。这样的结构下，创新网络更加柔性，创新能向更多可能性发展，整个集群创新系统也不会因为某一处出现问题而导致整个系统出现大问题。另一方面，集群的边界随着集群网络开放性的增强变得模糊，当集群输出更多的资源时，也吸纳了不少异质性的资源进入集群，带来新的思想、知识、技术。集群内企业的合作灵活多变，与其他外界组织的联系不断增多，此时的合作经常是跨边界、跨组织的合作，而这样的合作往往会带来意想不到的创新。该模式下，集群能很好地适应外部条件的变化，并能整合更多的创新资源，集群自有边界更加模糊，因为它正嵌入集群之间的创新网络甚至国际之间的创新网络。在多元多边协作型创新整合模式下，集群的发展进入了更高级的阶段，开始在全球性的发展中发挥作用。

4.7　本章小结

首先，从知识生态位整合能力维度和企业生态属性维度分析了影响高技术产业集群创新集成能力的重要因素，明确了两个维度下的因素构成。通过之后的结构方程模型检验，两个维度内的影响因素解释了创新集成能力 67%的变异量，说明构造的模型良好地覆盖了对创新集成能力的重要影响因素，体现了理论构架的系统性和完整性。在此基础上，根据假设建立了因素间的概念模型，并进行了一阶因素模型和二阶因素模型的检验，通过模型修改，构造出了高技术产业集群企业创新集成能力生成的路径模型。其路径包括：①网络特征→（+）突破式创新能力、渐进式创新能力；网络开放性→（+）突破式创新能力；②产业生态结构→（+）知识吸收能力→（+）知识融合能力→（+）渐进式创新能力；③知识创新欲望→（+）知识吸收能力→（+）知识融合能力→（+）渐进式创新能力。其次，对模型中企业知识生态位整合能力、创新生态系统属性、创新集成能力三大要素间的相互关系进行了详细讨论。最后，将研究角度从微观的企业层次上升到宏观的集群层次，结合集群生命周期理论探讨了创新集成能力在集群层面的表达，解析了集群创新集成能力演化的边界条件，总结归纳了四种高技术集群生态整合模式，体现了研究的多方位、全角度和动态性。

第5章 高技术企业集群创新集成能力生态整合工具

5.1 高技术集群创新集成知识共同体的提出

伴随着企业间的关系向一个更广的系统视角发展,竞争已从企业与企业之间演化成由企业所组成的系统之间展开。作为一种独特的介于企业与市场间的中间组织形式的企业集群,构成了新的竞争单位,其竞争优势在于集群的整体资源禀赋及集群对于资源的协同整合能力。集群企业的创新并不是孤立的,为达成其产出价值最佳实现,其创新势必要求得到产业内上下游企业及关联企业的技术配合,以协同的方式创造价值。因此,集群企业创新模式必须从集群价值创造网络的角度加以考虑,注重供应链上企业的全员参与,技术创新需要构建一个由利益相关者组成的价值生成、分配、转移、使用的关系和结构——战略网络。通过网络连接实现供应商、商业伙伴、同盟者、顾客等各种不同的经济利益主体协同工作,共同创造价值。通过成员协同方式进行角色与关系的重塑,经由新的角色,以新的协同关系再创价值。基于此,本书提出,构建知识共同体作为集群创新集成实现的载体工具。它以核心企业为主导搭建一个知识交互、共享平台,通过吸纳与聚合利益相关者参与,采用集群根植性强的组织协同规则与组织结构治理来实现知识的开放式创新。构建知识共同体的目的在于打破常规性合作中任务边界所带来的创新的悖论与矛盾,有效契合集群这个中间组织的结构特征,实现对群内主体创新资源的有效集成,推进集群协同创新进程。

1. 高技术集群创新集成是价值创造模式发展的系统要求

随着全世界竞争越来越激烈,以及不断变化的市场形势,尤其是科技的日益发展,以往的价值创造模式——"企业在价值链上定位"的价值创造方式已经不能满足时代要求。所以,对于用户的价值创造将不再像以往那样由重视价值链延伸的公司独立进行,而变化成通过供应链上企业的协同合作完成。企业只有自觉地加入到社会分工中,关注核心业务,形成一个经过优化的一体化的价值创造机制,经过同一系统内各个企业的相互合作,才能满足客户的需求,从而获得利润和生存空间。产品所包含的技术越来越复杂,企业的刚性能力难以迎合市场的需要,导致企业不停地从外部获取知识。围绕用户价值实现这一目的，核心企业以价值链为出发点，各个企业不断拓展其核心能力，利用现代化信息技术促进核心能力进行优势互补，与各种类型、功能和领域的各个知识主体进行匹配优化，构建一个网络化的价值创造机制来为客户创造价值。伴随着企业间的关系走向系统化，企业之间的界线变得模糊，公司间的界线不明晰，进而导致企业各自独立创新时代的结束，开放式的协同创新的到来。即由强调企业自主创新战略的"零和"竞争模式转化为强调企业与外部利益相关者合作创新战略的'双赢'竞争模式。

2. 高技术集群创新集成是创新理论网络化发展的内在要求

高技术集群协同创新是创新理论网络化发展的内在要求。随着竞争越来越激烈，技术环境也在不断变化，创新管理的理论基础已经有了根本性变化。从最初的技术的推动、市场的推动、技术与市场的交互推动、并行创新到目前所公认的网络化创新体系，创新过程模型经历了数次变化。网络系统集成体系的研究开始关注网络成员能力的异质性和价值创造成员体系组成的整体性。借助现代信息技术的支持，创新管理理论已经发生变化，不再是传统的公司层面的线性管理方式，逐渐形成了共同价值导向的、多主体协同的、非线性的开放式系统管理体系。企业集群作为一种独特的介于企业与市场间的中间组织形式，构成了新的竞争单位。从系统论的观点来看，一个增值系统的功能提升有赖于各个价值环节特别是关键环节的协同优化，某个或某几个关键环节的薄弱会给整个系统造成"木桶效应"而制约其功能水平。可以想象，不管前面的产品设计多么完美，如果最终产品交给客户手中时消费者遭遇的是低劣的服务，那么整个产业价值链的努力都会付之东流。因此，集群企业的创新并不是孤立的，企业的创新势必要求得到上下游企业及关联企业和机构的技术配合。集群企业产品创新模式必须放到集群价值创造网络的角度中加以考虑。

同时，创新管理技术也发生了深刻的变化，由传统的串行开发管理模式演进到管理集成[6]。由20世纪80年代的强调企业内部职能集成演进到90年代的创新过程集成，再到21世纪强调企业间集成。从集成要素内容看，由最初的信息要素，扩大到人与组织、管理等要素；集成手段由以计算机硬件为主发展到以计算机与管理结合或以管理为主；以期对复杂创新系统实现协同管理。不同于一般的系统工程管理方法，管理集成特别强调企业管理的资源战略性协调与过程协同，跨时空进行资源的优化配置，以实现协同创新目的，提高产出效率。

3. 知识共同体是高技术企业集群创新集成的必然选择

高技术企业集群作为能力的集合体，是由高技术企业在一定地域上集聚形成的增值系统，是由多个价值环节构成的多条价值链交织而成的网络。作为一个社会网络系统,其价值创造功能的大小和提升不仅与系统内各个价值环节要素相关,还与各个环节之间的协同优化相关,某个环节(尤其是关键环节)的薄弱会给整个系统造成"木桶效应"而制约其功能水平。即集群企业的创新不应是孤立的,而是必须得到上下游企业、关联企业和机构的技术配合才能实现。也就是说,集群产品创新应该是采取集成模式,将产品创新置于从原材料开发到客户所组成的整条供应链上的价值主体中。创新的实质是知识的运用与生成新知识的过程。由于集群企业主体知识的局限性与有限性难以匹配创新任务,必须获取外部知识主体的知识协同,因此,集群产品创新模式必须从集群价值网络与知识网络组成的网络系统的角度加以考虑,依靠网络上主体的全员参与,以成员协同的方式实现创新与价值创造。由此,提出知识共同体这一新型组织载体来实现这种战略构想。

所谓知识共同体就是以某一价值创造环节中的核心企业为中心,通过与其利益相关者及资源提供者按照一定的组织规则与结构组建成模块化主体创新组织,实现知识的开放式协同创新。其实质是围绕创新任务构建由供应商、制造者、知识中心(高校、科研机构等)和客户所组成的知识网络,通过主体的知识关联与耦合,将集群内外主体的创意统一于知识共同体中,从集群(甚至社会)这个更广阔的层面推进知识的开放式创新。

(1)知识共同体是一种新型创新集成战略模式,它借助知识供应链概念,通过对网络中多条知识价值链上主体的资源进行整合运作,搭建起高水平的集体协同创新能力。

(2)知识共同体是一种基于动态联盟的新型创新组织,是集群内多个产业主体组成的多条价值创造链交织而成的结构复杂的网络组织。网络成员依据其提供的核心能力与知识资源,在产品特定价值环节模块创新中扮演特定的角色。

(3)知识共同体对创新主体主要采取基于关系的治理模式。知识共同体成员依赖网络关系来实现相互交流与创新协同,实现知识多元化共享与互换,衍生新知识与价值增值。

5.2　高技术集群创新集成知识共同体结构设计

5.2.1　高技术集群创新集成知识共同体构建的组织规则

构建知识共同体的关键在于建立组织规则,即通过特定的角色划分将不同背景的创新主体聚集在一起;通过特定的信息沟通促进成员之间的知识交流;通过特定的知识分享消解成员之间的利益矛盾,从而协调知识创新中多样性与一致性、动态性与稳定性之间的矛盾。这些组织规则主要体现为角色规则、沟通规则以及分享规则。

1. 角色规则

知识创新作为一种实践，嵌入在特定的情境中。角色规则就是消解和重构成员的身份与定位，使其在知识共同体这个共享情境中进行新的角色扮演，从而获得行为的一致性，促进创新。在知识共同体中，有两种主要角色扮演，一种是创新的贡献者，一种是创新的整合者。贡献者是知识创新的中坚力量，是创新知识的源泉，不仅贡献自己的知识，还在创新实践中独立决策，快速解决问题；整合者则是知识共同体的核心企业或某一价值链节中的优势企业，主要负责实现贡献者知识的协调与匹配，整合生成创新能力[142-144]。

2. 沟通规则

知识共同体要有效达成创新集成目标，就必须为成员知识的流动搭桥筑道，提高知识共享与创新效率。信息沟通的频率对技术创新成效和创新效率产生决定性的影响。虽然集群企业基于地理集中性所形成的技术沟通便利性，有助于提升企业技术创新能力，但是这种长期形成的群体内沟通与合作惯性，容易导致群体内企业对信息路径的依赖性增强，导致集群发展陷入技术锁定状态。知识共同体所构建的沟通规则应是一个多层次的交流平台，采取开放的对话机制，这样才能化解共同体主体多元沟通带来的困难，提高知识在共同体内主体间转移的效率，从而提升知识创新效率[144]。

3. 分享规则

竞争优势刚性理论指出，知识共同体必须采用知识分享战略来促进知识开放式创新。分享规则在于提高知识的流量而非知识的存量。技术研发过程能否有效利用原有知识创造出新知识，关键在于各种类型的知识在产品创新组织内能否充分共享，即能否被共同体中与该知识相关的创新主体共同掌握。知识有可能实现充分共享的重要前提是知识能够在创新体中有效流动，没有知识的有效流动，根本谈不上共享。美国学者阿尔姆·布莱希特认为，文化、基础结构以及技术是推动技术创新过程中知识充分流动的三个"使能器"。可见，良好的集群氛围是在知识共同体中实现知识共享的重要保证。

5.2.2 高技术集群创新集成知识共同体结构化依据

集群创新能力产生于集群网络中的知识存量及其结构优化。集群知识系统的结构和功能在很大程度上决定着集群的知识活动能力[145]。因此从网络结构视角来探析集群创新资源配置效率能够为集群创新集成的实现提供有价值的参考。

1. 知识划分内生结构

集群知识网络内部主体间知识活动分工和协作的合理性与有效性，决定了其价值创造的优劣。由于集群知识网络不是由知识本身关联形成的，而是表现为相关知识主体的知识关联，集群网络的创新性合作与协同是基于组织的知识划分的网络边界，因此知识划分在集群组织间合作创新网络的构建中处于基础性地位，是知识共同体结构设计的第一步。对面向任务的知识共同体组织而言，其知识构成的依据是创新任务的知识基础，而知识具有宽度与深度两个维度，宽度指知识的多样化，深度指知识的专业化。在知识共同体结构化设计中只有实现知识共同体拥有的知识域与待开发产品知识基础无论在深度还是在宽度上都具有一致匹配性，才能保证创新任务实现具有可能性。

知识划分必然要求共同体内合作网络的各个节点（成员）在特定的技术领域内保持一定的知识域，由此产生成员的知识边界。为保证知识的协同提供创新"对话"的基础，知识划分要求成员的知识域必须具有一定的在交合与重叠基础上的互补性。只有这样的知识划分才能保证知识共同体成员间开展有效的知识转移与知识联结；只有这样的知识划分所形成的知识边界才能提供知识共同体创新的互动场所，这种知识边界上的互动往往成为知识创新的源泉。

2. 角色划分外显结构

对集群创新能力的大量的研究都阐明一个事实：集群网络创新能力较强时，一般在其知识活动分工与协作过程中都存在一个或多个龙头（强势）企业，发挥对集群知识活动进行有效组织与管理的关键作用。知识创新作为一种实践，嵌入在一定的结构形态中。角色划分就是对集群成员进行身份与知识域定位识别，使其按照知识内在的逻辑配置在知识共同体这个结构体中不同环节、链上，扮演不同的角色，形成不同的创新模块组织。通过消解组织中不同知识背景的创新主体成员之间在利益上的矛盾，采取适当的治理模式与机制协调知识创新中多样性和一致性、动态性和稳定性之间的矛盾，最终获取行为的一致性，促进创新实现与效率提升[144]。

在集群知识共同体创新组织中，主要需要两种角色扮演，一种是知识资源的提供与创新实践者，一种是知识创新资源的整合者（处于核心地位）。创新实践者是共同体组织的中坚力量，是创新知识的源泉，他们不仅贡献知识还实践创新；创新整合者则是知识共同体的核心企业或某一价值创新环节、链、模块中的主导企业，他们掌控着产业技术路线、设计模式、技术整合方式、技术标准以及工艺流程等创新前沿与方向，主要负责将资源提供者所拥有的知识进行协调与匹配，整合生成集群创新能力。

5.2.3　高技术集群创新集成知识共同体层次结构

1. 集群创新知识共同体知识粒度

创新的实质就是知识的创造，因此，知识划分在集群主体合作网络中处于基础地位。知识划分的依据是合作项目的知识基础，它直接关系到创新的成败和绩效。为便于描述，采用知识粒度这一抽象概念（knowledge granularity）来描述创新成员所拥有的知识，粒度是一类具有不可区分性、相似性、近似性或功能性的对象的集合，这里用粒度表示知识的基本单元。知识粒度是对知识细化程度的度量。因此，针对具体创新任务，可采用任务完成需要的知识粒度数量和类型来度量任务结构。

相对于网络节点的概念，粒度更能表征共同体成员的独立性以及差异性。集群创新主体都是某一领域知识的载体，是一个或多个知识粒度的集合体。知识粒度越小，意味着知识的专门性就越强。如果把创新任务按照模块化进行分解，就可以有效地根据模块需要知识粒度的时间，有选择地安排匹配性知识主体进行协作，实现知识需求与创造的同步，提高知识主体知识的使用效率。

2. 集群创新知识共同体知识单元

由于知识粒度是独立的单一知识，很容易选择匹配粒度，所以面向具体创新任务的知识共同体的构建就变得轻松容易。不同的知识粒度组合，以及不同数量的知识粒度组合所形成的知识结构有差异，所带来的功能也就有差异。因此，知识共同体的构建从知识粒度的抽取开始。作为模块化分解的创新任务，按照逻辑关系将一个个独立知识粒度组成任务导向的知识单元，知识粒度间所依存的逻辑关系称为知识粒度链接。即，知识单元={知识粒度 1，知识粒度 2，…，知识粒度 n}。知识粒度的不同排列组合构成了不同知识单元之间的差异[146]。

无数知识粒汇聚在一起构成了不规则的球体——集群价值创新知识单元。它是一个集合概念，按照模块化创新思想，在创新任务划分的各个价值环节，由若干相互关联的企业和机构以及相应的基础设施在相互作用的基础上有机结合所构成的集合体达到某个阈值（创新任务知识基础），从而形成足够的"场效应"，产生集聚功能，实现价值环节功能创新。特别指出的是，在知识单元内部引入竞争机制，可以优化知识单元粒度结构，提升集合的功能。具体针对集群创新，构建了如图 5-1 所示的基于知识粒度的集群创新知识共同体知识单元。它体现了高技术企业集群创新的任何环节及过程都是一个关联性的过程，上下游企业的技术沟通实现了技术开发部门的有机连接，实现了集群主体协同创新知识集成。

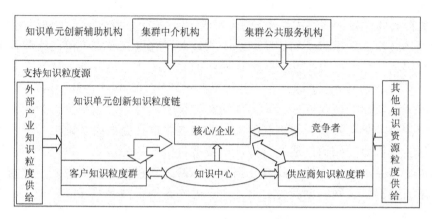

图 5-1　创新知识单元粒度结构

3. 集群创新知识共同体知识网络

知识单元与知识单元结构组成了知识共同体系统，贯穿其中的是知识链，既包括知识单元内的知识链，也包括知识单元之间的知识链，把整个共同体内知识有机地联系起来。人类知识结构是由不同的知识单元组成的知识体系，那么不同知识之间就可通过知识单元连接形成不同的知识链，由这些链相互交织就可以编织成针对完成某个创新目标要求的知识结构化的知识网络。于是，知识网络={知识单元 1，知识单元 2，…，知识单元 n}。

针对集群创新任务，每个知识单元构成一个价值创造环节，依据价值创造链的职能划分，由各具核心能力和掌握关键资源的优势企业组建面向不同任务的知识单元，构建出价值创新链。围绕整个产品创新价值实现由无数的创新链交织在一起搭建起网络——集群协同产品创新知识共同体。这样，集群内部的知识存量、知识流量（活动）及其相关组织系统等要素就建立起有机联系即构成了集群知识供应系统。整体来看，这个创新系统的各种因素相互影响促进，共同构建了一个动态的集群全球知识创新网络，给集群带来持续的创新和持久的竞争力。

此外，虽然与企业组织相比，知识共同体具有开放性、自主性与灵活性等良好特性，但是其功能的强弱更依靠内部知识粒度、知识单元、知识链内及相互之间的结构匹配化组合。不仅要实现要素优选，还要求要素匹配性结构合理，这样共同体组织才能更好地发挥作用。知识共同体形成与发展的过程就是集群中行为活动主体（企业或机构）之间创新资源交换与整合以及创新资源促进主体提升创新能力、主客体彼此作用构成集群复杂关系结网的过程。

5.2.4　高技术集群知识共同体创新能力网络组织结构生成模型

集群共同体知识网络本质上属于创新网络，各行为主体构成了网络的节点，行为主体之间的知识流动构成了网络中的线条。它包含产业价值网络和社会网络两个层面。能力层面是共同体知识网络的本质所在，这种能力体现在多个方面，这里特指知识网络创新能力。知识网络创新能力是建立在社会网络基础上，以互补或竞争性知识获取、共享并创造新知识为内容，以创新价值为核心的动态能力集合。集群知识网络创新能力是建立在集群社会网络基础上，以价值网络为纽带，以协同知识创造为内容，以集群价值创新为核心，以提升集群持续创新能力为目标的动态能力集合。集群知识网络创新能力本质上是一种结构能力，培育集群知识网络创新能力就是要合理构建知识网络并保障其顺畅、高效地运行。

培育集群知识共同体网络创新能力首先要确定知识网络结构模式。本书提出一个集群创新知识共同体网络创新能力三层框架结构生成模型，如图 5-2 所示。集群知识网络是由核心价值创新层、中间支持层和外围环境层共同组成的。其中，核心价值创新层是集群知识网络创新能力的核心，中间支持层是集群知识网络创新能力的基础，外围环境层是集群知识网络创新能力动态性的保障条件。三个层面是密不可分、相互联系、协调统一的有机体，缺少其中任何一个层面，高技术企业集群知识网络创新能力都不能形成和运行，三个层面共同维系着集群知识网络创新能力的生存与发展。

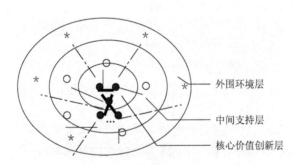

外围环境层

中间支持层

核心价值创新层

图 5-2　高技术集群创新集成知识共同体网络创新能力模型

━━表示强联系；——表示中等联系；- - -表示弱联系（任何两个实体之间都可能有联系，本图仅用一条线作代表）

　　总体来看，集群创新知识共同体网络三层结构模型是一种内紧外松的网络结构，是一个整合集群内外正式与非正式网络的结构模型。集群知识网络结构在整体上具有稳定性和演化性。

　　1. 核心层——价值创新层

　　在知识网络核心层中，黑点代表集群价值创新知识元，其构成主体是在价值链上相互关联或竞争的企业。与同行、供应商和客户之间正式或非正式的互动与合作，不仅可以获得新的知识资源达到双赢的知识创造和共享，还可以让企业获得某些关于原材料、市场、产品的知识，以灵活地把握顾客和市场的需求，改进或推出新产品，促进价值链创新集成。

　　集群知识网络的核心层就是由集群价值创新知识元之间通过产业关联和价值创造过程中的分工与协作形成的正式网络，其首要功能是实现集群的中心任务和终极目标——创造新价值。组成一个集群知识网络创新核心层的集群价值创新知识元可以是一个或多个，多个集群价值创新知识元之间必须是相互关联或者互补的，集群价值创新知识元之间的关联性越强或者互补性越强，由它们组成的集群网络越有创新优势。反之，组成集群网络的多个集群价值创新知识元如果是相互无关联或者不互补的，那么就不利于整个集群创新的实现。集群知识网络核心层的结构对其创新绩效有重要的影响。集群核心层的内部结构主要包括两方面：一是集群内集群价值创新知识元内的主体之间的关系，二是集群价值创新知识元之间的关系。这两个方面使集群内产生结构根植性（structural embeddedness）和关系根植性（relational embeddedness）。为有效解决这两个根植性带来的创新能力"刚性"，必须发挥价值创新单元核心企业的作用，建立核心层成员与外围层的联系通道。

　　2. 中间层——知识网络创新辅助层

　　核心层知识网络价值创造的实现离不开辅助层的支持。辅助层主要包含知识中心（高校或科研机构）、政府及公共部门、金融机构和中介机构等。这些网络节点各自掌握着不同的创新资源，在资源交互过程中承担着不同角色。知识中心，作为知识创新源泉，不仅是新知识的主要生产者和供给者，还是知识、信息、技术等的扩散者，并可以为集群核心层网络提供高素质的人力资本。地方政府，虽然不直接参与集群创新活动，但却是创新环境的培育者，对促进创新网络的形成与创新，挖掘潜在的创新资源，规范地方市场行为起着不可或缺的作用。金融机构的完善程度和发达程度直接影响着企业的成长与发展。中介机构承担着知识传播载体与交换场所的角色。

3. 外围层——集群知识网络外部环境

外围层知识网络是指集群边界以外的与集群成员（主要是核心层）发生联系的相关者，主要包括全球价值链上的其他外部客户集群、供应集群、同行集群、外地的高校和科研机构以及其他一些相关组织。在全球化分工体系的背景下，企业集群必然成为全球价值链上的一环，为吸取先进的技术和资源，本地集群和其他一切知识源发生直接或间接的广泛而复杂的网络联系。获取这些知识对提升高新技术企业集群的持续竞争优势是不可或缺的，对于发展中国家企业集群尤其重要。由于这些集群中企业知识层次普遍不高，所以内部互相学习的效益不会明显，它们更需要到集群边界之外寻找知识的"富矿"，唯有如此才能实现跨越式学习从而获得后发优势。尤为重要的是核心层知识网络结构的非对称性与密集性可能面临过度根植性带来的路径依赖，造成集群陷入区域锁定风险，导致集群失去创新活力。加强与外围层的弱联系有助于引入新鲜的空气和创新活力。

5.2.5　高技术集群创新集成知识共同体创新途径

1. 知识单元创新

（1）知识单元的重组创新。知识粒度作为知识构成的基本单位，具有逻辑的组合性，这是知识单元重组创新的基础。重组是对知识单元的知识粒度元素重组或者结构重组，重组的结果必然是生成新功能的知识单元。具体来说，知识单元的重组是在特定创新目标导引下，对知识单元内的知识粒度的构成进行数量增减或结构上重新排列组合（数量可变化也可不变化），以达到在已知知识的基础上产生再生性新知识的目的。

（2）知识单元的突变创新。知识单元是由知识粒度构成的，知识粒度的数量与排列顺序的变化必将带来知识单元性质的变化，带动其功能发生改变。因此，知识单元的突变创新就是由其内部的知识粒度构成变化造成的。知识单元是由知识粒度通过链的形式连接成的网络，作为网络节点的知识粒度可以缺失、替换或增加来改变知识单元的结构，导致知识单元形成不同的功能从而实现创新。

2. 知识链创新

（1）知识链的交叉创新。这种创新是基于不同知识单元的知识粒度的交叉而产生的组合创新。从科学发展的趋势看，越来越强调学科的交叉融合，知识的相互渗透、交叉已成为知识创新的重要途径。知识杂交产生知识碰撞的火花，具有单一类知识创新不具有的优势，知识杂交规律已成为知识进化创新的普遍规律。

（2）知识链结构创新。由于可以根据需要随时改变知识共同体内知识单元与知识单元之间的关联关系，而知识单元间的联系变化就导致形成不同的结构形态，因此所产生的创新功能也就会发生变化。知识共同体内各价值创新知识元或知识链虽然在要素、结构、层次、功能上是相对独立的知识创新单位，但并不影响其相互之间的动态关联。不同的知识单元关联会构成不同的知识结构体系，生成不同的价值创造功能；也可能发生由于知识单元变异导致知识链结构变化的情况。所有这些改变都会使原有知识共同体的要素与结构偏离原有结构——涨落。涨落幅度直接影响知识共同体形式—内容结构的稳定性，当涨落导致结构不能适应系统的要求时，就会推动知识共同体形成新的稳定形式—内容结构，共同体整体功能发生了质的飞跃，实质就是完成知识创新。

知识共同体为集群创新集成确立了一个有效的治理模式。知识共同体的建立加强了代表不同专业知识粒度的集群知识主体之间的耦合。这种耦合能有效地实现群内产业知识体系的创新和发展，无疑给群内知识的创新提供了有利的内生条件。知识共同体这种组织特有的规范和结构也将在群内主体的发展与协同过程中经过磨炼，逐渐发展、成熟为更加完善的创新载体。

5.2.6　高技术集群创新集成知识共同体协同创新机制

1. 知识共同体的星系耦合创新机制

恒星、行星与其卫星构成一个星系系统，行星围绕恒星转，行星与其卫星又各自自成体系。我们构建的面向任务的知识共同体创新模块内含三个层面：知识粒度、知识单元、知识链。其中，核心知识链相对于其他知识链，核心知识单元相对于其他单元，知识单元内的核心粒度主体相对于其他粒度主体，就是恒星；其他知识链、知识单元和知识粒度相对于各自的层面就是行星。行星主体各自自转创造、创新价值，恒星发挥系统耦合效应促进知识共同体创新能力的形成与提升。

由于知识的空间黏性，集群主体的地理接近性为知识共同体创新提供了共用资源，社会接近性为知识共同体创新提供了共享价值取向的社会制度结构，行业接近性为知识共同体创新提供了知识交互的场效应。知识共同体作为集群组织间知识转移与互动学习的知识网络，可以看成是深嵌于特定区域文化和制度背景下，基于一定的产业关联而联结起来的知识主体聚集的创新场。作为系统集成商的恒星主体（核心粒度、核心知识单元或核心知识链）与作为模块创新成员的行星采用的都是同一标准的模块化构件，按照市场规则确定的技术标准进行有效接口。作为制定与掌控市场技术标准的恒星主体则通过引入市场竞争机制，按照要素优选、互补匹配与结构优化的原则将行星主体的优质资源组合成创新模块，形成能力集束效应，实现创新功能的扩大与涌现，升华主体创新能力。

2. 知识共同体的协同进化创新机制

就集群知识共同体组织协同创新过程来说，包括两个层面：其一，知识共同体价值创新模块内的协同，是指创新知识单元间、知识链间的协同进化机制表现为一种交互催化过程，即知识单元、知识链（合称为知识创新元）在接近性的基础上，通过互动学习所表现出的相互激荡、知识增长和创新生成的过程；其二，价值创新模块（称为价值创新元）之间的协同，主要是通过技术标准的接口实现模块之间的匹配。在这两类协同过程中，集群知识共同体中各层次创新元通过相互协调、合作或联合行动，使其中一种或几种趋势优化，实现整个共同体系统从无序走向有序。知识共同体作为演化经济学理论中的自组织存在，包括或多或少地拥有更多组织选择性的行为主体的创新元等子集集合，其中的恒星类主体起着组织者的角色，实现构成要素的协同。

从系统协同进化逻辑来看，高技术企业集群知识共同体创新实现的协同进化过程可以分为接近性震荡阶段、稳定形成阶段、互动学习阶段和创新产生阶段。过程阶段间的边界一般很难准确地界定，彼此之间的关系也不是完全线性的，而是处于不断的循环过程中，造成集群知识共同体内创新元内部及之间的互动结构和角色都在不断地演变与交替转化，促使创新不断地产生与演替。

知识共同体为集群创新集成实现途径搭建了一个非常有效的组织载体。采用知识粒度设计的知识共同体在结构上深化了集群内外主体之间专业知识的耦合。这种耦合不但给群内知识的创新提供了坚实的知识基础，而且将极大地提升知识组合创新的效率。通过不断地集群创新实践磨炼，这种组织的结构将逐步完善与规范，在未来的集群创新工程中必将有着广阔的应用前景。

3. 知识共同体集群学习创新机制

集群学习机制是实现集群系统创新有序集成的核心。集群学习概念是欧洲区域创新环境研究小组的学者在研究欧洲高新产业区的过程中提出来的。所谓企业集群学习，是指集群内各个主体之间，以及群内主体与群外主体之间通过相互合作、团队学习、系统思考等手段将组织个体的知识融合到一起，通过互动带来知识传递、积累及新知识的产生，是实现知识活动的有序集成和发展集群成员整体搭配以及实现共同目标能力的过程。通过集群学习加强集群与外部组织的信息交流和相互学习，不但可以解决区域封闭带来的风险，还可以避免集群对外部信息等资源过分依赖所造成的集群空洞化风险。

根据集群学习参与者的相互关系，可以将集群学习分为三类：第一类是供应链上下游企业之间的集群学习等；第二类是同一价值环节中的同行之间的集群学习等；第三类是前两类的结合，既有前后向企业，又有同行企业。一般来说，前后向企业的集群学习是推动集群中纵向创新集成的有效机制。供应链上的知识共享一直被认为是创新的重要来源，一定程度上消除了创新成果的商业化风险，可以从利益上保障创新的集成。同行企业间的集群学习主要是有助于创新的横向集成。通过这种合作学习，同行企业之间可以分享创新的成果，使各自的价值创造功能都有所提高，从而使所在的价值环节得到优化。

集群学习结果表现为集群整体知识基础的拓展和竞争能力的改善。企业集群通过学习加强集群与外部组织的信息交流和相互学习，不仅可以解决区域封闭带来的风险，还可以避免集群对外部信息等资源过分依赖所造成的集群空洞化风险；最重要的是企业集群还可以在利用先前力量的同时，重视培育和导入新能力，替代先前力量。

5.3　高技术集群创新集成知识共同体创新治理

集群创新知识共同体是以核心企业为主导，通过与其利益相关者和资源提供者组成知识创新载体进行知识创造与分享的开放式创新模式。它是通过引入具有不可区分和独特功能特性的知识粒度的概念界定共同体结构（集群创新主体就可以表征为知识粒度的集合）。针对创新具体目标而言，依据产品价值创造链的职能划分，由各具核心能力和掌握关键资源的优势企业依据内在逻辑关系将一个个独立知识粒度集合主体耦合组建成面向不同任务的一个个独立的模块化的价值创新知识单元。由知识创新单元构建出产品价值创新知识链，由大量的产品创新知识链交织在一起搭建起网络创新系统——集群协同产品创新知识共同体。这种由知识粒度组成的创新知识共同体具有多重联结和复杂的网络组织结构，其网络协作优势根源于对成员分布性知识进行有效的整合，这就离不开对共同体组织采取恰当的创新治理运作。而传统的市场与企业二维空间的价格治理机制无法实现知识有效的跨组织转移与整合。由此，对集群成员间创新协同的研究不能仅停留在实体或者介质打造的层面，还应该深入到产品的知识层面来探讨组织间合作创新治理问题。

5.3.1　高技术企业集群创新集成知识共同体治理的内涵

集群治理的概念是 Gilsing 首次提出的，并指出集群治理就是为了达到集群的可持续竞争优势塑造的目的，对促进集群内成员在创新进程保持集体行动所采取的措施与手段的集合[147]。Brown 则认为集群治理就是维持集群企业间的互动关系[148]。Sugden 等从治理结构、发展战略与经济绩效之间的逻辑关系出发来梳理治理概念[149]。Propris 将集群治理界定为跨企业和机构的战略决策权利结构与分布状态[150]。这些研究都凸显了集群治理的协同内涵和创新目的，结合高技术企业集群协同创新特征将创新集成治理定义为：为构建和维持知识共同体可持续创新能力，通过对知识共同体内知识主体在关系和资源上进行优化配置与利益协调，以期形成与维持知识共同体优化的创新结构，实现全体成员集体行动的高效创新行为的持续动力机制过程。具体而言，集群创新集成治理就是要通过制定一整套正式与非正式制度以及形成系统惯例，规范共同体内的控制权，生成创新利益分配机制，约束成员投机与悖德行为，协调参与成员间的权责利关系，保证知识共同体系统健康、有序及高效运行。

对高技术集群创新集成治理概念的深层理解，可从以下几个方面来认识。首先，创新集成治理的核心是推动共同体集体创新行为的产生与维持。其次，创新集成治理的目的是打造共同体协同创新能力。再次，创新集成治理的主体是共同体内的成员企业。最后，创新集成治理的途径是协调关系和整合资源。高技术创新集成知识共同体有效运行取决于所采取的治理手段要保证合作各方不利用彼此之间的信息不对称和契约不完全谋取私利，通过相互之间的信任围绕共同的价值取向实现创新过程中的同步、高效协作。

5.3.2　高技术企业集群创新集成知识共同体治理逻辑

知识共同体是以网络为基础的结构化创新组织载体，高技术企业集群创新集成治理必然是基于创新网络的治理，其治理的主体是知识共同体中的网络节点（企业），那么治理模式设计首先必须解析高技术企业参与创新网络进行协同创新的动机。就集群企业加入合作创新网络而言，其目标在于通过共同打造具有竞争力的新产品获取创新收益（包括经济效益与能力提升），而产品创新的实质是知识的应用与创新过程。因此，面向新产品开发的企业间的知识互动与知识整合的实现则是治理的主要内容。作为网络组织形态存在的知识共同体，网络中的节点（企业）及其相互联结关系是知识共同体组织的基本结构。关系是共同体成员之间的内在联系，共同体中的关系则是以互动为导向，相对于科层组织中的单一权利中心，共同体中的权利中心是多元化的。多元权利中心使共同体内资源得到更加有效的配置，让共同体内各个结构层次中的核心企业通过自我识别配置与组织这些资源，实现各企业主体创造能力与资源的最佳匹配。即共同体内成员的创造能力与资源能够更加有效地匹配，从而在特定的时间约束中实现特定模块的开发以及价值的创造。知识共同体成员之间的互动性表现在知识分享上面。知识共同体中节点之间的频繁互动导致知识的交互与耦合，其结果必将导致系统创新集成功能生成。因此，关系、互动、创新集成构成了知识共同体创新治理的理论逻辑。

在知识共同体的共同开发中，成员间的知识互动与交流不再是单向的输出，也不是一种纯经济性的市场交换，而是一种社会性交换与互惠性的互动。共同体节点之间的关系、互动与创新协同能够得以维系，其根本在于创新收益的存在。也就是说，知识共同体创新治理的逻辑是以创新收益为基础，在主体之间的关系建立与维系下的知识互动创新过程（图 5-3）。知识共同体创新治理与一般的网络组织治理的不同之处在于：首先，知识共同体的成员更具有异质性，包括生产价值链和知识供应链上的相关企业、知识中心、中介机构、行业协会等治理主体，关系和互动的内容更加复杂；其次，创新集成能力生成与可持续是共同体创新集成治理的最终目标，也是治理逻辑的终点；最后，对创新收益的追求的动力贯穿于创新集成治理的始终，共同体成员在互动中所处的地位决定其获取创新收益份额的能力和权利。

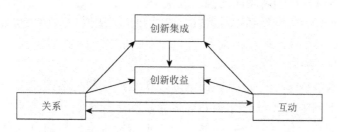

图 5-3　基于创新收益的知识共同体创新治理逻辑结构

5.3.3　高技术集群创新集成知识共同体创新过程治理

1. 创新集成实现的共同产权主体动机治理

创新的实质是知识的运用与交互产生新知识的过程。集群主体受自身知识域和能力的局限走向协同创新，因为重叠的知识域在协同创新中产生的新知识是共同体群体所拥有的共同知识而不是属于某个成员的知识专利，导致这部分知识产权的模糊不清，所以容易滋生成员的机会主义行为。规避这种行为产生的根本办法在于明确知识产权归属。但对这类知识产权的界定与传统单一主权不同，应强调成员关系基础上的产权，而不是法律产权。也就是说，对共同体在合作创新过程中产生的共有知识建立一种以关系为基础的多主体产权，形成"半结合"而非"全结合"的状态[143]。这样的产权就是针对共有知识的共同产权。但是，这种共同产权模式必须在创新合作之前明确规定，并通过建立一系列学习机制和营造适宜的社会资本氛围来保证知识在成员间的共享。这种产权规定为共同体成员的决策提供了依据，只要接受这样的规定而加入合作，其机会主义行为就会受到抑制与监督。

需要指出的是，这种产权是建立在关系基础上的，维护这种共有产权应借鉴江浙一些集群的做法，采用行业协会/商会组织作为维护共有产权的实施机构。行业协会处于国家、社会、市场领域的重叠之处，具有沟通、协调、监督、统计、代表等功能。就信息获取与利益协调功能而言，行业协会在客观上是处于企业与政府间的中间组织。尤为重要的是，行业协会比政府更能得到集群内企业的信任，更加了解企业和集群内的实际情况，在执行维权过程中反应快，更透明、公正，更直接、有效，易于企业接受。因此，从保护创新出发来推动持续创新，行业协会不失为当前我国推进集群创新集成的有效选择。

2. 创新集成实现的社会资本创新过程治理

知识共同体网络创新功能的强弱取决于其内部知识主体分工和协作的合理性与有效性。创新的实质是知识（尤其是隐性知识）应用与互动的结果，而知识的互动建立在知识主体间信任关系上。社会资本治理强调的是共同体内部和外部社会关系的协调与配置。

社会资本从内容上划分为结构维度、认知维度和关系维度三个维度，每个维度分别从不同方面作用于知识共同体系统的运行环境，影响共同体内部成员的关系、交易和合作行为。共同体社会资本结构维度分析的重点是共同体中各创新单元内主体间、创新单元之间以及共同体内外部主体间联系的强度。这种关系强度分为强联结和弱联结两种类型。对创新集成而言，共同体社会资本结构治理强调建立强关系，因为强关系有利于隐性知识的转移和互动，这对新知识的生成和共同体协同创新能力的生成非常关键。但同样也离不开弱关系与弱联结，因为在弱联结模式下，共同体知识网络拥有更多的结构洞，通过共同体内知识主体的中介作用，可以获取到多样性的信息和知识优化以及弥补共同体内部知识基础在宽度及深度上的不足，推动共同体创新。而认知维度的社会资本治理关键是建立共同体内成员共同的语言和共同的愿景。共同体协同创新能力生成离不开创新各方对知识的吸收能力，吸收能力建立在共同语言基础的交互上，加快对他人知识的理解和吸收，有利于隐性知识的扩散，从而促进共同愿景的形成。这反过来又导致共同体成员共享彼此的理念，增进知识交流的意愿。关系治理维度强调信任和规制的作用。社会资本关系维度治理的核心是信任，信任是决定合作成功的重要因素之一。恰当的规制有利于促进合作各方的知识交流与合作意愿的形成。

3. 创新集成实现的中心领导型层级结构治理

任何组织的有效运行以及其功能与目标的实现，都是建立在有秩序的组织结构的前提下。因此，知识共同体要保持高效、有序的创新行为除了恰当的治理机制，还必须采取某种适应共同体结构特点的治理结构。知识共同体的构建是采取基于核心成员粒度为模块化结构基石的结网搭建，那么就该采取以核心成员为中心领导的匹配化组织治理结构。共同体中心领导治理是指共同体内各个创新单元内核心企业（及至共同体整体网络的核心企业）凭借其权威力量（主要是技术方面的权威）影响共同体行动者互动行为的治理结构。由核心企业承担创新模块（部分）及至共同体（整体）运行和协调集体行动的责任，可以避免主体多元带来的复杂性和内生混乱。在双边关系治理中核心企业充当了共同体内集体行动的主要发起者和代理者，采取自上而下的治理方式有利于有序协调知识共同体内部成员间关系，可以对资源实现有效的配置和控制。当然，在共同体这个网络组织里，各个成员主体根据自己的资源和能力，在自己所处的价值环节和空间发挥功能。但是这种功能的完成是成员的自觉行为，而不是一种强力作用。从功能的角度看共同体创新集成结构治理功能，就是要实现共同体内成员很好地发挥与自己能力相匹配的功能。

高新技术企业集群的形成与发展在外表现为企业在地理空间上的集聚，在内则表现为集聚体内是否形成了协同创新的机制与氛围。此处提出的知识共同体创新集成治理是同时包含着共有产权动机治理、社会资本过程机制治理和层级结构治理的一体化治理模式。旨在协调共同体内成员间关系，约束和激励成员创新行为，优化配置共同体内部创新要素，生成优化的知识连接结构体系，以期最大限度地提升创新能力和扩大"创新租金"空间。

5.4　本章小结

本章首先从价值创造模式的改变和创新管理理论的发展展开分析，指出集群创新集成的必然性，作为能力集合体的高技术集群实质是知识的集合体，知识共同体作为集群创新集成的载体就应运而生；其次，分析了集群知识共同体的构建角色原则、沟通原则和分享原则；再次，从知识共同体的知识划分内生结构和角色划分外显结构出发，对知识共同体的知识粒度、知识单元和知识网络三层次结构进行了详细的阐述构建；最后，对知识共同体的创新途径、机制和治理过程进行了介绍。

第6章 高技术企业集群创新集成能力生态演化升级机理

6.1 高技术集群创新集成能力生态演化系统结构机理

创新能力不足是我国高新区集群创新发展的最大瓶颈，通过完善创新链构建良好的创新生态系统是提高高新区高技术集群创新能力的重要路径。集群创新的内在运作机理是企业间的创新合作关系，其结构成为影响集群系统创新功能的关键因素。集群创新系统无论是从要素还是结构上看，都具备生态系统的特征，因此，本章采用生态学理论探析集群创新能力内在生态依据，深入系统内部解析其要素和结构特征对创新能力的影响及其强度，揭示出集群创新系统能力演进的方向，必将为集群建设和高新区发展提供切实有效的政策建议与行动措施依据。

6.1.1 高技术集群创新系统生态结构与创新绩效间数量关系

为深入剖析集群创新生态系统的创新集成能力，从集群创新生态系统结构特征对创新绩效的影响入手解析其内在依存关系。为了统一与集群创新集成能力的评价研究，将继续采用创新集成能力评价研究的指标（表2-5），从指标体系中集群创新生态系统结构和创新绩效两个方面单独进行因子分析，提取各自的主因子，再利用多元回归的方法探究系统结构特征对创新绩效的具体影响程度。

1. 数据分析过程

本节还是以前面的 56 个国家高新区的截面数据为基础，采用 SPSS19.0 为统计工具，对高技术集群创新生态系统结构特征和创新绩效进行统计分析。系统结构特征和创新绩效的 KMO 值分别为 0.799 和 0.837，都大于 0.6，说明样本指标体系的内部信度比较好，较适合进行因子分析。Bartlett 球形度检验的 P 值都为 0，可认为各变量之间存在较显著的相关性。由 KMO 检验和 Bartlett 球形度检验可知，两者都适合做因子分析。

根据标准化后的相关系数矩阵，得到集群创新生态系统结构特征和创新绩效公因子特征根、方差贡献率及累计方差贡献率。由表 6-1 可知，前者有 4 个大于 1 的特征根，后者有 2 个大于 1 的特征根，它们一起解释了变量标准方差的 84.822%

和 82.17%，说明系统结构前 4 个因子和创新绩效前 2 个因子共同反映了原始数据提供的大部分信息，足以描述两者的实际水平。

表 6-1　因子特征根和累计方差贡献率

因子		未旋转的初始因子			旋转后提取的主因子		
		特征根	贡献率/%	累积贡献率/%	特征根	贡献率/%	累积贡献率/%
系统结构	F_{21}	6.992	49.943	49.943	6.811	48.648	48.648
	F_{22}	2.628	18.770	68.713	2.634	18.816	67.464
	F_{23}	1.212	8.655	77.368	1.251	8.932	76.396
	F_{24}	1.044	7.454	84.822	1.180	8.426	84.822
创新绩效	F_{31}	5.915	65.723	65.723	5.616	62.398	62.398
	F_{32}	1.480	16.447	82.170	1.780	19.772	82.170

　　为提高公共因子对实际问题的分析能力和解释能力，对分别提取的 4 个和 2 个主因子运用最大化正交旋转法对载荷矩阵进行因子旋转，得到旋转后的载荷矩阵和得分系数矩阵，如表 6-2 和表 6-3 所示。旋转后的因子载荷矩阵显示了集群创新生态系统结构特征和创新绩效两个综合因子与它们各自的评价指标之间的内在关系。

表 6-2　系统结构特征因子载荷矩阵和得分系数矩阵

系统结构特征因子载荷矩阵					系统结构特征因子得分系数矩阵				
指标	1	2	3	4	指标	1	2	3	4
V_1	0.978	−0.035	−0.047	0.041	V_1	0.153	−0.037	−0.008	−0.056
V_2	0.175	0.258	0.855	0.178	V_2	0.029	0.028	0.684	0.127
V_3	0.957	0.059	0.084	0.130	V_3	0.142	−0.015	0.092	0.021
V_4	0.452	0.241	−0.667	0.306	V_4	0.017	0.103	−0.546	0.221
V_5	0.954	−0.063	−0.164	0.118	V_5	0.138	−0.046	−0.102	0.021
V_6	−0.038	0.832	−0.041	−0.042	V_6	−0.022	0.338	−0.088	−0.106
V_7	0.366	−0.134	0.031	0.802	V_7	−0.017	−0.131	0.044	0.724
V_8	0.881	0.095	0.067	0.248	V_8	0.117	−0.008	0.074	0.136
V_9	0.209	0.840	0.126	0.108	V_9	0.007	0.313	0.054	0.010
V_{10}	0.952	0.152	−0.053	−0.018	V_{10}	0.150	0.043	−0.025	−0.124
V_{11}	0.101	0.900	0.053	−0.061	V_{11}	0.003	0.358	−0.013	−0.143
V_{12}	0.959	0.047	0.080	−0.005	V_{12}	0.156	−0.008	0.090	−0.104
V_{13}	0.870	0.199	−0.052	0.098	V_{13}	0.124	0.054	−0.030	−0.012
V_{14}	0.496	−0.449	−0.018	−0.539	V_{14}	0.143	−0.144	0.029	−0.514

表6-3　创新绩效因子载荷矩阵和得分系数矩阵

创新绩效因子载荷矩阵			创新绩效因子得分系数矩阵		
指标	1	2	指标	1	2
W_1	0.926	0.081	W_1	0.178	−0.066
W_2	0.954	0.097	W_2	0.182	−0.059
W_3	0.968	0.103	W_3	0.184	−0.057
W_4	0.742	0.355	W_4	0.106	0.133
W_5	0.941	0.005	W_5	0.191	−0.116
W_6	0.542	0.677	W_6	0.024	0.366
W_7	0.518	0.695	W_7	0.017	0.380
W_8	0.889	0.154	W_8	0.161	−0.014
W_9	−0.351	0.813	W_9	−0.175	0.566

（1）对于高技术企业集群创新生态系统结构特征综合因子。第一个主因子在企业数（V_1）、高新区内科技活动人员数（V_3）、同一产业企业密度（V_5）、科技中介机构从业人员（V_8）、企业中科技活动经费来自政府资金（V_{10}）、技术市场成交金额（V_{12}）、技术引进合同金额（V_{13}）上具有较大荷载，这7个指标与集群创新系统中的产业组织价值创新链有关，因此，该因子被命名为产业价值创新链生态结构因子（F_{21}）；第二个主因子在高校总数（V_6）、企业科技活动外部支出（V_9）、R&D 经费内部支出额中获得金融机构贷款额（V_{11}）上具有较大荷载，这3个指标与集群创新系统中知识链有关，因此，该因子被命名为知识创新链生态结构因子（F_{22}）；第三个主因子在高新技术企业认定比例（V_2）、产业关联度（V_4）上具有较大荷载，这2个指标与集群创新系统中的组织创新投入动机有关，因此，该因子被命名为产业创新种群生态结构因子（F_{23}）；第四个主因子在研发与技术服务机构（V_7）、外商直接投资占园区 GDP 比重（V_{14}）上具有较大荷载，这2个指标与集群创新生态系统产业价值链有关，因此，该因子被命名为创新系统开放度因子（F_{24}）。

（2）高新区集群创新生态系统创新绩效综合因子由两个主因子构成。第一个主因子在高新区工业总产值（W_1）、净利润（W_2）、销售收入（W_3）、出口创汇额（W_4）、上缴税费（W_5）、技术性收入（W_8）上具有较大载荷，这6个指标与集群创新生态系统的产出价值有关，因此，命名该因子为集群创新系统产出效能因子（F_{31}）；第二个主因子在专利授权数（W_6）、高新区内高校和科研机构人员发表外文科技论文数（W_7）、研究与开发投入占销售收入比重（W_9）上具有较大荷载，这3个指标与集群创新生态系统的可持续发展有关，因此，命名该因子为集群创新成长因子（F_{32}）。

通过综合评价考察指标对因子的重要程度，需计算各因子得分。运用回归法得到因子得分系数矩阵，并根据该矩阵和变量标准值的线性组合计算出因子得分；再以旋转后的特征方差贡献率为权重，与各个主因子得分加权计算综合因子得分，结果如表6-4所示。

表6-4 主因子和综合排名

地区	集群创新生态系统结构特征										创新绩效					
	F_{21}	排名	F_{22}	排名	F_{23}	排名	F_{24}	排名	综合得分	排名	F_{31}	排名	F_{32}	排名	综合得分	排名
北京	6.675	1	−0.720	38	−0.710	43	−0.999	45	2.261	1	6.142	1	1.086	8	2.944	1
天津	0.559	5	1.653	3	0.139	17	0.804	13	0.523	4	0.277	11	0.131	16	0.052	16
石家庄	−0.254	31	0.968	10	−0.774	49	1.404	7	0.049	17	1.782	2	−1.833	56	0.109	14
保定	−0.348	40	−0.794	41	−0.765	45	−1.152	49	−0.433	56	−0.296	36	−0.713	43	−0.396	52
太原	−0.256	32	0.784	12	−0.447	32	−0.041	30	−0.050	23	−0.200	29	−0.926	52	−0.421	53
包头	−0.139	22	−0.383	34	−0.979	53	2.030	1	−0.072	24	0.010	18	−0.776	45	−0.367	48
沈阳	−0.110	20	−0.105	28	−0.420	29	0.488	20	−0.072	25	0.102	15	−0.397	32	−0.141	30
大连	0.410	8	0.843	11	−0.056	36	1.412	6	0.377	8	−0.207	31	−0.209	29	0.044	17
鞍山	−0.153	23	−1.020	48	−0.692	42	1.440	5	−0.175	35	0.022	16	−0.528	39	−0.216	39
长春	−0.214	29	−0.140	31	−0.447	33	−0.743	41	−0.218	40	1.279	3	−0.466	37	0.092	15
吉林	−0.228	30	−0.269	33	−0.588	38	−0.383	34	−0.231	41	−0.189	27	−0.865	48	−0.271	41
哈尔滨	−0.660	55	1.647	4	−0.483	35	−0.719	40	−0.141	32	−0.144	22	−0.350	31	−0.207	38
大庆	−0.333	37	−0.067	27	−0.454	34	−0.595	39	−0.242	42	−0.140	21	−0.412	33	−0.130	28
上海	1.451	2	0.406	20	2.046	3	1.690	3	1.007	2	0.821	6	2.818	1	1.086	2
南京	−0.349	41	−0.829	43	1.359	8	0.319	24	−0.045	22	−0.107	19	1.054	9	0.192	12
常州	0.037	14	−0.022	26	1.049	10	0.545	18	0.190	13	−0.916	54	1.205	6	0.268	11
无锡	0.306	11	0.644	16	1.610	6	0.588	17	0.461	6	−0.997	55	2.690	2	0.525	5
苏州	0.232	12	0.657	14	1.602	7	−1.248	51	0.288	10	−1.103	56	2.351	4	0.457	7
泰州	−0.194	25	−1.331	54	0.202	15	1.924	2	−0.079	26	−0.792	53	−0.070	21	−0.057	21
杭州	0.511	6	1.153	7	0.810	12	0.111	27	0.468	5	−0.333	39	0.388	14	0.524	6
宁波	−0.429	47	0.685	13	1.910	5	−1.213	50	0.084	16	−0.687	50	−0.080	22	0.026	18
合肥	−0.105	18	1.253	6	−0.117	22	−1.589	53	−0.007	21	0.422	9	−0.435	35	0.000	19
福州	−0.263	33	0.007	24	−0.232	24	−1.005	46	−0.209	39	−0.515	47	−0.617	42	−0.310	43
厦门	−0.363	42	−0.135	30	−0.019	19	0.967	11	−0.082	27	−0.465	44	0.660	12	−0.156	34
南昌	−0.396	44	1.417	5	−0.382	28	−1.288	52	−0.106	29	0.646	8	−0.125	23	−0.132	29
济南	−0.277	34	0.001	25	1.922	4	0.897	12	0.216	12	0.158	13	−0.066	20	0.158	13

地区	集群创新生态系统结构特征										创新绩效					
	F_{21}	排名	F_{22}	排名	F_{23}	排名	F_{24}	排名	综合得分	排名	F_{31}	排名	F_{32}	排名	综合得分	排名
青岛	−0.297	35	−0.791	40	0.171	16	−1.019	47	−0.281	46	−0.234	33	−0.127	24	−0.155	33
淄博	−0.503	50	−0.404	35	1.199	9	1.107	9	−0.003	19	−0.137	20	0.091	17	−0.017	20
潍坊	−0.743	56	−1.018	47	3.106	1	−1.926	56	−0.172	34	−0.235	34	−0.049	19	−0.066	23
威海	−0.599	54	−0.735	39	0.443	13	−0.112	31	−0.280	45	−0.508	46	−0.156	26	−0.164	35
郑州	−0.210	27	0.143	23	−0.195	23	1.025	10	−0.004	20	0.169	12	−0.434	34	−0.150	31
洛阳	−0.337	38	−0.107	29	−0.507	37	1.445	4	−0.094	28	−0.155	24	−0.750	44	−0.342	44
武汉	0.439	7	2.316	2	−1.026	54	0.069	29	0.360	9	0.738	7	0.661	11	0.387	9
襄阳	−0.185	24	−1.210	51	−0.767	46	0.093	28	−0.330	48	−0.146	23	−0.199	27	−0.191	36
长沙	−0.395	43	1.023	9	−0.080	21	0.603	15	0.030	18	0.285	10	−0.221	30	−0.097	25
株洲	−0.427	46	−0.806	42	−0.667	41	−0.279	32	−0.383	51	−0.243	35	−0.562	40	−0.362	46
湘潭	−0.402	45	−0.892	46	−0.768	47	0.327	23	−0.350	49	−0.324	37	−0.613	41	−0.390	51
广州	0.690	4	0.207	22	2.610	2	0.216	26	0.647	3	−0.384	42	2.494	3	0.678	3
深圳	0.388	9	−0.474	37	0.952	11	−0.530	37	0.163	14	0.142	14	2.172	5	0.562	4
珠海	−0.045	16	−1.266	53	0.342	14	−0.576	38	−0.194	37	−0.604	49	0.578	13	−0.103	26
惠州	−0.100	17	−1.656	56	−0.429	30	−0.468	36	−0.361	50	−0.706	51	1.121	7	−0.084	24
中山	−0.115	21	−1.066	50	−0.445	31	0.706	14	−0.193	36	−0.480	45	0.330	15	−0.153	32
佛山	−0.109	19	−0.868	45	0.065	18	0.419	22	−0.120	31	−0.393	43	0.666	10	−0.059	22
南宁	−0.459	49	0.311	21	−0.239	25	0.590	16	−0.116	30	−0.171	26	−0.881	50	−0.355	45
桂林	−0.453	48	−0.461	36	−0.749	44	0.513	19	−0.292	47	−0.335	40	−0.935	53	−0.426	54
海口	0.038	13	−0.833	44	−0.240	26	−0.877	44	−0.202	38	−0.325	38	−1.057	55	−0.496	56
重庆	−0.512	51	3.000	1	−0.770	48	−0.463	35	0.085	15	0.020	17	−0.206	28	−0.204	37
成都	0.317	10	0.655	15	−0.498	36	1.161	8	0.238	11	0.895	5	−0.449	36	0.311	10
绵阳	−0.203	26	−1.221	52	−0.891	50	−0.763	42	−0.423	55	−0.577	48	−0.156	25	−0.231	40
贵阳	−0.566	53	0.612	17	−0.613	39	−0.768	43	−0.270	44	−0.202	30	−0.821	47	−0.375	50
昆明	−0.308	36	0.415	19	−0.632	40	−0.376	33	−0.171	33	−0.168	25	−0.813	46	−0.371	49
西安	1.097	3	1.079	8	−1.130	56	0.309	25	0.443	7	1.068	4	0.069	18	0.399	8
宝鸡	−0.002	15	−1.041	49	−0.905	51	−1.681	54	−0.396	52	−0.219	32	−0.497	38	−0.287	42
杨凌	−0.212	28	−1.634	55	−1.105	55	0.442	21	−0.416	54	−0.778	52	−0.969	54	−0.103	27
兰州	−0.552	52	0.585	18	−0.364	27	−1.145	48	−0.266	43	−0.193	28	−0.876	49	−0.366	47
乌鲁木齐	−0.342	39	−0.169	32	−0.952	52	−1.690	55	−0.411	53	−0.368	41	−0.925	51	−0.462	55

2. 数量关系模型

为了分析结构特征中各因子对创新绩效的具体影响程度，采用 SPSS19.0 软件进行多元回归分析。首先进行模型假定 $Y=\mu+\beta_1F_{21}+\beta_2F_{22}+\beta_3F_{23}+\beta_4F_{24}$，然后逐步回归，未通过统计检验的变量予以剔除，该模型的可决系数 $R^2=0.928$，说明拟合效果很好，该模型的显著性系数 sig=0.000＜0.005，说明该模型显著可信，最终得到集群创新生态系统结构特征与创新绩效的回归结果为 $Y=0.609F_{21}+0.147F_{22}+0.015F_{23}+0.071F_{24}$。

3. 研究结论与分析

1）结论

（1）结论一：集群创新系统结构可解析为价值创新链结构、知识创新链结构、产业创新种群结构和系统开放度四个结构生态变量。

（2）结论二：四个结构生态变量对创新生态系统创新绩效有显著的正向作用，要保持集群创新系统的可持续创新能力就必须持续优化四个结构生态变量。在其他因素不变的情况下，产业价值创新链生态结构因子、知识创新链生态结构因子、产业创新种群生态结构因子和系统开放度生态结构因子得分分别增长 1 个单位时，创新绩效得分分别增长 0.609 个单位、0.147 个单位、0.015 个单位、0.071 个单位，说明对创新绩效影响程度由高到低的因子分别是产业价值创新链生态结构因子、知识创新链生态结构因子、系统开放度生态结构因子、产业创新种群生态结构因子。

（3）结论三：高新区集群创新系统结构生态化不强，集群创新系统结构生态特征变量之间不协调，尤其是生态结构变量与创新绩效之间不协调很严重。高新区集群在创新绩效上的差异与四个结构生态变量的优劣息息相关，各高新区可结合研究结果，寻找发展制约因素，采取差异化的改进措施，改善和优化创新系统结构，保持可持续发展动力。

2）从因子分析结果得出的一些集群创新生态建设的方向的系统优化的启示

（1）综合能力排名前三的是北京、上海和广州，而且对应的集群创新生态系统结构特征和创新绩效也都是前三名，说明这些高新区集群创新生态系统结构合理，投入产出规模合理，具有可持续协同发展能力，并且正向推动该区域的经济发展。创新绩效综合排名靠后的有乌鲁木齐、桂林、杨凌等西部地区的集群，其对应的系统结构特征的排名也较靠后，说明西部地区的集群创新生态系统结构不完善，缺乏合理的规划布局，创新生态能力较弱，亟待提升。综合来看，大约有 41 个高新区集群创新绩效的综合排名与其系统结构特征的综合排名接近，说明我国高技术集群的创新生态结构特征与创新绩效有较强的正相关关系，这与前面的回归分析结果一致。

（2）从各个因子来看，集群创新生态系统结构特征综合排名主要是由产业价值创新链生态结构因子（F_{21}）决定的，说明集群创新生态系统的规模、产业链的完备程度和集群企业的创新能力决定了集群创新生态系统结构的合理性，从而影响着区域的经济；而创新绩效综合排名主要是由集群产出效能因子决定的，说明集群创新绩效集中反映在集群创新生态系统的产出质量上，因此可以通过完善集群创新生态系统产出质量的过程，加大政府和企业的共同监控力度，提升技术创新能力，从而获得更大的产出。

（3）从回归分析的结果看，集群演化主要依据产业价值创新链生态结构因子（F_{21}），即可以通过加强企业、高校、科研机构以及政府间的协同合作提高集群的创新能力。同时也不可忽略知识创新链生态结构因子（F_{22}）、产业创新种群生态结构因子（F_{23}）、创新系统开放度生态结构因子（F_{24}）这三个因素的影响。掌握各个因素对集群创新绩效的影响程度可以帮助集群在优化产业结构时重视要素的投入比例，实现合理的要素投入，以最少的投入获得最大的产出，帮助集群发展从主要依靠量带动向依靠质的创新驱动转型。

6.1.2　高技术集群创新生态系统投入产出与创新环境的数量关系

1. 研究变量设计

基于前面对高技术集群创新生态系统的界定与阐释，在正确理解创新生态能力概念内涵的基础上，根据数据的可获得性和科学性，搭建出一套高新区集群创新生态系统"构成式"指标变量体系，包括创新投入、创新产出与创新环境三个维度。从解析创新生态系统入手，从创新要素、产业生态结构（包括产业链和产业关联）、产学研互动关系三个方面构建创新投入指标体系；从经济效益、知识产出、可持续性三个方面构建创新产出指标体系；而创新环境指标体系则集中在政策与金融环境、知识环境、社会化服务三个方面。

为尽可能全面而系统地揭示高新区集群创新生态系统投入、产出与创新环境的数量关系，基于国内外文献资料，融合创新生态系统的概念，初步设计了包含创新投入的 18 个指标、创新产出的 11 个指标以及创新环境的 16 个指标的指标体系。基于数据可获得性和对指标体系的优化，从 3 个层次对指标进行甄别筛选。①请区域经济学和创新管理方面的专家、教授进行甄别；②进行指标共线性分析，排除信息冗余；③信效度检测。通过甄别筛选和部分指标替换优化，最后保留了 10 个创新投入指标、8 个创新产出指标和 8 个创新环境指标（表 6-5）。从甄选出的指标看，契合集群系统创新生态的内涵，具有很强的逻辑性和科学性。

表 6-5　集群创新生态系统评价变量指标体系

一级指标	二级指标	三级指标
创新投入	创新物种投入	高新区内企业数量（D_1）
		研究与开发经费支出（D_2）
		R&D 投入强度（D_3）
		高新区研究与开发活动人员数量（D_4）
		中高级职称占高新区科技人员的比重（D_5）
	创新种群结构投入	主导产业数（D_6）
		产业内企业密度（D_7）
		产业关联度（D_8）
	创新种群关系投入	产学研联系强度（D_9）
		产业内合作度（D_{10}）
创新产出	经济效益	高新区工业总产值（E_1）
		高新区全年净利润（E_2）
		新产品销售收入（E_3）
		出口创汇额（E_4）
		高新区全年上缴税费（E_5）
		技术性收入（E_6）
	发展可持续性	净利润增长率（E_7）
		资产利润率（E_8）
创新环境	政策与金融环境	政府研发投入（H_1）
		政府研发投入强度（H_2）
		规模以上企业 R&D 经费中平均获得金融机构贷款（H_3）
	知识环境	区域内高校和科研机构科技活动人员全时当量（H_4）
		区域内高校和科研机构科技人员专利申请数（H_5）
		区域内高校和科研机构科技人员发表外文科技论文数量（H_6）
	社会化服务	国家级生产力促进中心数量（H_7）
		国家级孵化器数量（H_8）

2. 分析过程

选取具有代表性的 56 个国家级高新区作为实证研究对象，根据设计的指标体系，结合《中国高新区统计年鉴 2013》《中国火炬统计年鉴 2013》《中国科技统计年鉴 2013》《中国区域竞争力报告 2013》进行原始数据的整理和收集，获取 2011 年和 2012 年 56 个国家级高新区的原始数据。为了消除不同量纲引起的分析误差，本书采用常用的统计标准化方法对原始数据进行无量纲处理。

1）因子分析

采用 SPSS19.0 作为统计工具，对高新区创新投入、创新产出、创新环境进行统计分析。三者的 KMO 值分别为 0.842、0.820、0.806，都大于 0.6，说明样本指标体系的内部信度比较好，较适合进行因子分析。Bartlett 球形度检验的 P 值都为 0，可以认为各变量之间存在较显著的相关性。由 Bartlett 球形度检验和 KMO 检验可知，两者都适合做因子分析。

根据标准化后的相关系数矩阵，得到高新区创新投入、创新产出及创新环境的因子特征根与方差贡献率。由表 6-6 知，创新投入有 3 个大于 1 的特征根，解释了变量标准方差的 77.381%。创新产出共有 2 个大于 1 的特征根，解释了变量标准方差的 77.078%。创新环境共有 2 个大于 1 的特征根，解释了变量标准方差的 74.361%。以上数据显示，各构念下的主因子可以反映原始数据的大部分信息，足以反映实际水平。

表 6-6 因子特征根和累计方差贡献率

构念名称	因子	未旋转的初始因子			旋转后提取的主因子		
		特征根	贡献率/%	累计贡献率/%	特征根	贡献率/%	累计贡献率/%
创新投入	F_{41}	5.040	50.402	50.402	3.993	39.931	39.931
	F_{42}	1.522	15.218	65.620	1.953	19.527	59.458
	F_{43}	1.176	11.761	77.381	1.792	17.923	77.381
创新产出	F_{51}	4.940	61.753	61.753	4.894	61.178	61.178
	F_{52}	1.226	15.325	77.078	1.272	15.900	77.078
创新环境	F_{61}	3.809	47.619	47.619	3.513	43.911	43.911
	F_{62}	2.139	26.742	74.361	2.436	30.450	74.361

为提高公因子对实际问题的分析能力和解释能力，对主因子采用方差最大化正交旋转法对载荷矩阵进行因子旋转，得到旋转后的载荷矩阵如表 6-7 所示。旋转后的因子载荷矩阵更清晰地显示了创新投入、创新产出、创新环境下指标间的结构关系，如表 6-8 所示。

表 6-7 旋转后的因子载荷矩阵

创新投入主因子荷载矩阵				创新产出主因子荷载矩阵			创新环境主因子荷载矩阵		
	1	2	3		1	2		1	2
D_1	0.935	0.243	0.102	E_1	0.968	0.133	H_1	0.926	−0.112
D_2	0.928	0.253	0.169	E_2	0.965	0.082	H_2	0.896	0.328

	创新投入主因子荷载矩阵				创新产出主因子荷载矩阵			创新环境主因子荷载矩阵	
	1	2	3		1	2		1	2
D_3	0.927	0.243	0.102	E_3	0.935	0.021	H_3	0.881	0.061
D_4	0.862	0.301	0.297	E_4	0.905	0.204	H_4	0.806	−0.023
D_5	0.363	0.832	0.032	E_5	0.900	−0.105	H_5	0.135	0.919
D_6	0.395	0.789	0.108	E_6	0.721	0.034	H_6	0.109	0.911
D_7	0.411	−0.266	−0.714	E_7	0.031	0.813	H_7	0.555	0.613
D_8	0.326	0.339	0.700	E_8	0.061	0.729	H_8	0.296	−0.510
D_9	0.184	−0.424	0.646						
D_{10}	0.247	−0.017	0.475						

（1）对于创新投入综合因子。高新区企业数（D_1）、研究与开发经费支出（D_2）、高新区研究与开发活动人员数量（D_3）、产业内企业密度（D_4）在第一个主因子上有较大荷载，这四个指标均与高新区创新生态系统中的创新要素投入有关，该因子命名为创新生态要素质量投入因子；产研联系强度（D_5）、产业内合作度（D_6）在第二个主因子上有较大荷载，这反映了产学研协同的情况，可以命名该因子为种群协同投入因子；主导产业数（D_7）、产业关联度（D_8）、中高级职称占高新区科技人员的比重（D_9）、R&D投入强度（D_{10}）在第三个主因子上有较大荷载，这四个指标反映了创新生态系统中产业内外结构及资源配置比例，可命名为创新生态结构投入因子。

（2）在创新产出综合因子上。产品销售收入（E_1）、纯利润（E_2）、上缴税费（E_3）、工业总产值（E_4）、技术性收入（E_5）、出口创汇（E_6）在第一个主因子上有较大的荷载，这些指标都反映了高新区的经济效益，所以可以命名为产出效益因子；资产利润率（E_7）、净利润增长率（E_8）在第二个主因子上有较大荷载，这反映了高新区可持续发展的潜力，可命名为集群成长因子。

（3）对于创新环境综合因子。政府研发投入（H_1）、政府研发投入强度（H_2）、规模以上企业R&D经费中平均获得金融机构贷款（H_3）、国家级孵化器数量（H_4）在第一个主因子上荷载较大，反映了高新区所获政策和金融上的支持，可命名为政策与金融环境因子；区域内高校和科研机构科技活动人员全时当量（H_5）、区域高校和科研机构科技人员专利申请数（H_6）、区域高校和科研机构科技人员发表外文科技论文数量（H_7）、生产力促进中心（H_8）在第二个主因子上荷载较大，反映了高新区所在区域的知识环境，可将该因子命名为知识环境因子。

表 6-8　56 个国家级高新区因子得分表

高新区	F_{41}	F_{42}	F_{43}	创新投入综合得分	F_{51}	F_{52}	创新产出综合得分	F_{61}	F_{62}	创新环境综合得分
北京	6.206	1.658	−0.217	2.775	5.597	−1.062	3.244	6.145	−0.201	2.643
天津	0.975	0.082	0.936	0.575	0.617	−0.112	0.358	1.008	−1.125	0.106
石家庄	−0.330	−0.875	1.890	0.033	−0.309	0.014	−0.186	−0.472	−0.681	−0.412
保定	−0.044	−0.931	−0.578	−0.308	−0.364	−5.090	−1.037	−0.729	−0.332	−0.420
太原	0.061	−0.992	0.148	−0.147	−0.508	−0.398	−0.374	−0.583	−0.753	−0.482
包头	−0.577	−0.378	2.040	0.061	−0.410	0.286	−0.204	−0.755	−0.850	−0.587
沈阳	−0.393	1.069	0.425	0.133	−0.114	−0.007	−0.070	−0.002	−0.557	−0.168
大连	0.095	1.065	1.472	0.516	−0.094	−0.094	−0.072	0.127	−0.460	−0.082
鞍山	−0.635	1.325	1.690	0.315	−0.347	1.170	−0.025	0.154	0.846	0.322
长春	0.071	−0.726	−0.987	−0.294	0.836	1.976	0.826	−0.525	−0.570	−0.402
吉林	−0.125	−0.859	−0.133	−0.246	−0.493	−1.906	−0.605	−0.354	−0.757	−0.383
哈尔滨	0.117	−0.893	0.119	−0.111	−0.333	−0.392	−0.266	0.274	−1.139	−0.221
大庆	−0.092	−0.573	−0.247	−0.196	−0.461	1.670	−0.014	−0.325	−0.550	−0.308
上海	0.936	1.442	0.582	0.767	2.586	0.283	1.623	1.537	0.007	0.678
南京	−0.646	1.954	−0.782	−0.008	0.129	3.333	0.612	0.269	1.848	0.673
常州	−0.560	2.281	−0.214	0.194	−0.191	−0.147	−0.140	0.183	1.874	0.643
无锡	−0.396	2.158	−0.236	0.231	0.486	0.106	0.314	0.269	1.984	0.714
苏州	0.205	1.597	−1.840	0.070	0.353	−0.052	0.207	0.355	1.958	0.744
泰州	−1.459	2.843	0.672	0.106	−0.787	0.734	−0.362	−0.031	2.075	0.609
杭州	0.709	−0.260	0.817	0.379	0.111	−0.038	0.061	0.174	0.550	0.241
宁波	−0.173	0.122	−1.436	−0.303	−0.406	−0.745	−0.367	−0.169	0.790	0.162
合肥	0.495	−1.071	−1.386	−0.266	0.206	0.730	0.242	−0.219	−0.632	−0.286
福州	−0.080	−0.983	−0.621	−0.340	−0.549	0.129	−0.314	−0.324	−0.926	−0.420
厦门	−0.664	0.103	0.097	−0.227	−0.123	0.172	−0.048	−0.452	−0.615	−0.383
南昌	0.111	−1.148	−1.068	−0.378	−0.457	−0.229	−0.315	−0.542	−0.794	−0.477
济南	−0.213	−0.036	0.574	0.011	0.176	−0.254	0.067	−0.171	0.375	0.037
青岛	0.002	−0.560	−0.410	−0.185	−0.292	0.358	−0.121	0.001	0.460	0.138
淄博	−0.449	0.264	0.942	0.043	−0.115	0.148	−0.046	−0.342	0.563	0.018

续表

高新区	F_{41}	F_{42}	F_{43}	创新投入综合得分	F_{51}	F_{52}	创新产出综合得分	F_{61}	F_{62}	创新环境综合得分
潍坊	0.183	−0.872	−0.384	−0.170	−0.248	0.263	−0.109	−0.257	0.537	0.048
威海	−0.447	0.065	−0.243	−0.210	−0.524	0.512	−0.238	−0.385	0.576	0.003
郑州	−0.040	−0.531	0.914	0.042	−0.084	−0.002	−0.051	−0.554	−0.305	−0.335
洛阳	−0.529	−0.428	1.411	−0.043	−0.548	−0.055	−0.343	−0.725	−0.117	−0.354
武汉	1.225	−0.753	0.748	0.474	1.069	−0.104	0.635	0.763	−1.008	0.033
襄樊	−0.266	−0.140	0.261	−0.088	−0.337	0.359	−0.148	−0.180	−0.044	−0.092
长沙	0.006	−0.349	0.331	−0.008	0.133	0.135	0.103	−0.395	−0.417	−0.299
株洲	−0.324	−0.509	−0.105	−0.250	−0.552	−0.173	−0.365	−0.609	−0.217	−0.333
湘潭	−0.600	−0.143	0.272	−0.219	−0.632	−0.437	−0.456	−0.609	−0.217	−0.333
广州	1.133	−0.156	0.010	0.424	1.062	0.329	0.700	0.035	1.290	0.403
深圳	0.739	−0.261	−0.591	0.137	1.288	0.189	0.816	0.078	1.413	0.459
珠海	−0.128	0.425	−0.650	−0.083	−0.207	0.039	−0.120	−0.308	1.530	0.323
惠州	−0.641	0.793	−1.215	−0.316	0.039	−0.083	0.010	−0.436	1.704	0.319
中山	−0.112	−1.260	2.527	0.158	−0.317	0.589	−0.099	−0.265	1.381	0.298
佛山	−0.609	0.907	−0.439	−0.141	−0.045	0.177	0.001	−0.351	1.543	0.308
南宁	−0.146	−0.867	0.880	−0.073	−0.612	0.319	−0.322	−0.758	−0.581	−0.508
桂林	−0.649	−0.277	0.104	−0.296	−0.788	0.091	−0.466	−0.672	−0.743	−0.519
海口	−0.596	−0.368	−1.395	−0.563	−0.850	−0.071	−0.530	−0.989	−0.617	−0.620
重庆	−0.395	0.006	−0.764	−0.294	−0.329	0.002	−0.200	0.440	−1.853	−0.362
成都	0.259	0.762	0.996	0.435	0.988	0.139	0.625	0.325	−0.366	0.033
绵阳	−0.637	0.990	−0.955	−0.229	−0.624	−0.393	−0.444	0.110	−0.166	−0.001
贵阳	−0.376	−0.530	−1.105	−0.455	−0.454	−0.208	−0.311	−0.188	−0.961	−0.371
昆明	−0.391	−0.759	−0.376	−0.376	−0.572	−0.120	−0.368	−0.456	−0.874	−0.463
西安	1.059	−1.086	1.461	0.469	1.158	−0.298	0.659	1.641	−1.172	0.371
宝鸡	0.208	−0.606	−1.370	−0.284	−0.485	−0.060	−0.305	0.827	−0.518	0.208
杨凌	−0.992	0.349	0.198	−0.291	−0.917	−0.652	−0.663	0.741	−0.357	0.219
兰州	−0.020	−0.937	−1.143	−0.401	−0.593	−0.571	−0.453	−0.721	−0.797	−0.556
乌鲁木齐	−0.061	−1.143	−1.625	−0.546	−0.764	−0.501	−0.546	−0.605	−1.034	−0.576

2）回归分析

为探索高新区集群创新生态系统投入、产出、创新环境的数量关系，利用主因子得分数据，对创新投入、创新产出、创新环境三个变量进行回归分析。由先前理论可知，高新区创新生态系统的投入直接影响创新产出，同时生态系统的创新环境对创新投入和创新环产出均有影响。本书采用以下两种模型对变量间的因果关系进行检验。

模型一：创新产出 $= f$（创新投入，创新环境）$= a_1 \times$ 创新投入 $+ b_1 \times$ 创新环境 $+ C_3$

模型二：创新投入 $= f$（创新环境）$= a_2 \times$ 创新环境 $+ C_4$

其中，a_1、b_1、a_2 代表回归方程中的系数，C_3、C_4 代表回归方程中的截距。

运用 SPSS19.0 进行回归分析，运行结果如表 6-9 和表 6-10。

表 6-9　模型摘要

模型	R	R^2	调整后的 R^2	估计的标准误	R^2 改变量	F 改变	显著性	DW 检验
一	0.862	0.743	0.733	0.326	0.743	76.569	0.000	1.935
二	0.792	0.627	0.620	0.297	0.627	90.823	0.000	1.177

表 6-10　系数表

模型一	非标准化系数		标准系数	t 值	显著性	共线性统计量	
	B 值	标准误	Beta 分布			容差	VIF
创新投入	0.907	0.149	0.693	6.078	0.000	0.373	2.682
创新环境	0.239	0.135	0.202	1.768	0.083	0.373	2.682
模型二	非标准化系数		标准系数	t 值	显著性	共线性统计量	
	B 值	标准误	Beta 分布			容差	VIF
创新环境	0.717	0.075	0.792	9.530	0.000	1.000	1.000

由表 6-9 可以看出，模型一和模型二调整后的 R^2 分别为 0.743 和 0.627，意味着自变量分别可以解释效标变量变异量的 74.3% 和 62.7%，同时，两个模型中 F 值都达到了显著水平，这些说明模型的解释力度良好。在模型一的系数表（表 6-10）中可以看出，创新投入变量的标准化系数为 0.693，且 t 值检验达显著水平，说明创新投入对创新产出的影响较大，两者之间正相关。创新环境的标准化系数为 0.202，t 值检验未达到显著水平，但这不一定说明创新环境变量与创新产出变量间没有关系。其实在分析中，创新环境变量与创新产出变量的积差相关系数为 0.751（$P = 0.000$）且达到显著水平，而在回归模型中的系

数未达到显著水平，表示创新环境变量可能与创新投入变量存在某种程度关系，这点正好在模型二中得到了验证。模型二中创新环境作为自变量对创新投入效标变量的标准化系数为 0.792，标准误仅为 0.075，t 值检验通过显著水平，这说明创新环境对创新投入有较强的正向作用。综上所述，三者间的关系可以用以下两个方程表示：

$$创新产出=0.693×创新投入+0.202×创新环境$$

$$创新投入=0.792×创新环境$$

6.1.3　结论与分析

1. 结论

通过前面对 56 个国家级高新区截面数据的因子分析和回归分析可以得出以下结论。

结论一：从投入产出的角度看，高新区集群创新生态系统的投入很大程度上决定了高新区集群创新产出的数量和质量。

结论二：创新环境虽然对创新产出的直接影响程度偏小，但对创新投入有很大程度的影响，并通过促进创新投入促进创新产出，因此创新环境对创新产出的促进作用不容小觑。

结论三：高新区集群的发展要从创新生态投入和创新生态环境两个方面入手，分析每个方面下主因子的实际情况，寻找制约发展的短板，根据实际情况走自己的发展之道。

2. 分析

根据 56 个高新区的投入产出与环境的数据分析结果，简单分析其内在关系。

（1）从创新生态投入的角度看。在创新产出能力上表现良好的高新区，基本依赖于创新生态要素投入因子的表现。但是某些高新区创新生态要素质量投入因子与创新投入中另外两个因子发展不协调，从而造成了发展瓶颈甚至是不可持续发展的问题。换句话说，此类高新区过去只注重通过大量的政策优惠手段不断地吸引各类企业、资金、人员在区域上聚集，形成表面上的集群，其根植性差，必定导致未来发展的断层。以广州、西安、武汉为代表的高新区便存在此类问题，虽然在创新投入与创新产出上都名列前茅，这得益于创新投入中创新生态要素投入因子的贡献，但是在种群合作关系投入因子上的表现却是中游甚至下游水平，说明它们并没有足够重视产学研平台的搭建，这些潜在问题一定会对未来的可持续发展形成障碍。那么，对此类高新区而言，首先必须改变一味简单扩大投入规模的做法，放下脚步调结构，建网络，注重构建高新区创新生态系统中合理的企业群落梯度以及互补关联的产业体系，寻找最优的资源配置比例；其次，注重产学研平台的搭建，通过政策刺激和支持不同组织间的合作创新，建立完善的产学研信息交流平台，形成知识创造—知识资本化—产业化—价值获取的良性循环。对于以沈阳、泰州为代表的高新区，它们在创新生态结构投入因子和种群协同投入因子方面表现良好，但在生态要素质量投入因子上表现乏力，说明其投入规模小，缺乏集群效应，从而造成在创新产出能力上偏弱。那么，针对此种情况，应在走内生创新型道路的基础上，加大政策优惠和招商引资力度，通过各种手段鼓励企业加大研发投入，推动人才和资金的聚集。而对于各个主因子上表现均不好的高新区来说，应采取系统性工程，注重创新投入下三个主因子的协同发展关系，形成合理的产业结构关系，多借助外部智力资源加快创新脚步，逐步完善集群化的建设，提高高新区集群创新生态系统投入的质与量。

（2）从创新生态环境的角度看。很多创新产出能力表现良好的高新区其政策与金融环境因子排名也靠前，但另一个主因子——知识环境却在生态环境建设中被忽视。如以成都、天津为代表的高新区，政策与金融环境因子上的良好表现促进它们在创新要素上的投入，进而有利于其创新产出，但是，它们在知识环境因子上表现孱弱说明其忽视知识环境、文化环境等软环境的建设，这为日后高新区创新环境的完善埋下隐患，不利于创新能力的可持续。在高新区生态系统的发展中，不仅要重视园区内各类中介服务组织（如风险投资机构、创新服务类机构）的建设，搭建企业、知识、资金间的桥梁，形成良好的政策与金融环境，还要重视软环境的建设对高新区创新发展起到的长期促进作用。在高新区所在区域内打造以知识创造为目标的群体，基于相互的知识需求形成正式、非正式的网络关系以及完善的知识链体系，营造能吸引人才聚集的社会环境，促进新思想、新知识、新技术的产生，并以市场为导向，形成"高校（科研院所）—企业—政府"的三螺旋创新结构，推动知识产生到价值实现的过程，从而促进高新区生态系统的产出能力。

6.2　高技术集群企业创新集成能力生态演化微观影响机理

高技术企业集群作为一个创新生态系统，作为创新主体的企业，其创新集成的生态影响因素与条件是什么？这个问题的解答有助于洞悉集群创新集成能力演化的微观基础。从目前的研究来看，企业、集群和环境都是影响集群创新集成能力的重要因素，这些因素是分别从微观、中观和宏观层面的角度进行分析的。本节将依据对武汉东湖高新区中集群企业进行调研的数据，通过实证分析探究影响集群企业创新集成能力形成的生态要素及要素间的关联。

6.2.1　高技术集群企业创新集成能力与影响因素之间的数量关系

1. 集群企业创新集成能力生态影响因素量表设计与筛选

基于对高技术产业集群创新生态系统的认识，在正确理解创新集成能力概念内涵的基础上，将企业创新集成影响因素归结为四个方面。①企业主体是创新集成的内生基础，其动机和能力尤其是知识吸收整合能力非常关键。②集群中产业属性、产业链及互补性产业的情况作为外生基础决定了企业所获资源的质与量。③集群社会网络为企业主体和资源（客体）提供了连接渠道，其特征是创新集成能力的重要影响因素。④高技术集群生态系统处于一定环境中，创新环境的好坏影响主体与客体间的协同机制。

本节设立的一套高技术集群企业创新集成能力生态影响因素量表，是在第 4 章生态因素的基础上增加了创新环境层面（包括主体行为层面、外部资源层面、集群网络层面和创新环境层面），通过甄别筛选和部分问题替换优化，最终形成的由 27 个题项组成的创新集成能力生态影响因素量表（表 6-11）。

表 6-11　高技术集群创新集成能力生态影响因素量表

符号	题项
Q_1	对企业产品、市场、技术的信息变化关注程度
Q_2	对搜索超越企业当前经验的技术知识的强度
Q_3	企业通过各种措施提高自己获取外部知识的能力
Q_4	从外部获取的知识能够在企业内部广泛传播
Q_5	企业能够迅速掌握从外部获取的知识
Q_6	企业能把学习到的新知识迅速应用到实践中
Q_9	企业能将获得的新知识及时替代相应的老知识
Q_{10}	企业能利用获得的知识不断提升和完备知识体系
Q_{11}	获得的新知识能促使企业原有知识发挥更大作用
Q_{18}	与本企业经常联系的合作伙伴数量占所有联系伙伴数量的比例
Q_{19}	与其他企业相比，本企业在技术合作创新过程中，在信息技术等关键资源方面具有的优势
Q_{20}	与合作创新伙伴的互动频率

续表

符号	题项
Q_{21}	与合作创新伙伴的合作范围
Q_{22}	与合作创新伙伴知识共享的程度
Q_{24}	企业对新成员加入到创新网络中表示支持的程度
Q_{25}	企业与集群外企业、组织保持良好的关系，这种关系有利于创新
Q_{26}	企业创新网络内的组织关系不是一成不变的，而是出于需要经常出现新变化的
Q_{32}	企业与上下游企业间在创新方面的合作程度
Q_{33}	企业所在集群内主导地位的程度
Q_{34}	本地（园区）为企业配套的其他产业满足企业需求的程度
Q_{35}	企业所在集群内产业之间的关联程度
Q_{44}	政府财税政策支持力度
Q_{45}	政府对研发活动的支持力度
Q_{46}	企业融资难易程度
Q_{47}	企业融资成本高低
Q_{48}	园区内学习与创新氛围
Q_{49}	对创新失败宽容程度

2. 因子分析过程

以武汉东湖高新区中的集群企业为实证研究对象，根据所设计的问卷，深入企业，与企业中上层管理人员进行交流，完成问卷调查，收集到本研究的相关原始数据。问卷调查从 2014 年 11 月至 2014 年 12 月，回收问卷后剔除无效和不合理问卷，有效问卷总计 204 份，达到了进行因子分析较好的样本数量标准。对原始数据进行整理后，采用 SPSS19.0 统计软件，对高技术企业集群创新集成能力影响因素量表进行因子分析，可知 KMO 值为 0.715，适合进行因子分析，Bartlett 球形度检验的 P 值为 0，可认为量表中各题目之间存在较显著相关性。由 KMO 检验和 Bartlett 球形度检验可知原变量适合进行因子分析。

通过分析，得到主因子特征根和方差贡献率。由表 6-12 知，共有 8 个大于 1 的特征根，他们一起解释了变量标准方差的 63.198%。在社会科学领域，解释的方差超过 60%，表示共同因素是可靠的。以上数据显示，主因子可以反映原始数据的大部分信息，足以反映实际水平。

表 6-12　因子特征根和累计方差贡献率

因子	未旋转的初始因子			旋转后提取的主因子		
	特征根	贡献率/%	累计贡献率/%	特征根	贡献率/%	累计贡献率/%
F_{71}	4.567	16.916	16.916	2.868	10.622	10.622
F_{72}	3.214	11.902	28.818	2.538	9.400	20.022
F_{73}	1.943	7.198	36.016	2.248	8.325	28.347
F_{74}	1.867	6.915	42.931	2.210	8.185	36.532
F_{75}	1.575	5.833	48.764	1.921	7.114	43.646
F_{76}	1.395	5.168	53.932	1.848	6.843	50.489
F_{77}	1.284	4.757	58.689	1.729	6.402	56.891
F_{78}	1.218	4.509	63.198	1.703	6.307	63.198

为提高公因子对实际问题的分析能力和解释能力，对主因子采用方差最大化正交旋转法对载荷矩阵进行因子旋转，得到旋转后的载荷矩阵如表 6-13 所示。旋转后的因子载荷矩阵更清晰地显示了共同因素的结构关系。

表 6-13　旋转后的因子载荷矩阵

	主因子							
	F_{71}	F_{72}	F_{73}	F_{74}	F_{75}	F_{76}	F_{77}	F_{78}
Q_{21}	0.785	0.270	−0.082	0.087	0.045	−0.076	0.031	0.107
Q_{22}	0.754	0.198	0.123	−0.054	0.016	0.043	0.032	0.134
Q_{20}	0.645	−0.136	0.101	0.057	0.116	0.219	0.108	−0.132
Q_{19}	0.600	0.194	−0.008	0.200	−0.008	0.110	−0.026	−0.006
Q_{18}	0.554	0.447	−0.091	0.202	0.000	−0.079	0.068	0.014
Q_{34}	0.154	0.818	−0.022	−0.005	−0.001	0.124	−0.063	−0.001
Q_{33}	0.166	0.750	−0.028	0.003	−0.009	0.059	0.089	−0.128
Q_{32}	0.361	0.604	−0.127	0.016	0.178	0.173	0.049	−0.179
Q_{35}	0.051	0.579	0.128	0.184	0.014	0.138	0.073	0.224
Q_{1}	0.000	0.029	0.930	−0.033	0.115	−0.040	0.141	0.069
Q_{2}	−0.025	−0.007	0.912	−0.042	0.123	−0.021	0.181	0.066

续表

	主因子							
	F_{71}	F_{72}	F_{73}	F_{74}	F_{75}	F_{76}	F_{77}	F_{78}
Q_3	0.233	−0.126	0.552	0.085	0.507	0.082	−0.097	0.042
Q_{46}	0.143	0.194	−0.197	0.766	0.041	−0.078	0.055	0.098
Q_{47}	0.282	0.049	−0.028	0.739	−0.062	0.128	−0.115	0.012
Q_{48}	−0.152	0.068	0.012	0.664	−0.061	−0.034	0.007	−0.234
Q_{49}	0.119	−0.078	0.124	0.647	0.079	0.149	0.020	0.035
Q_4	0.191	−0.120	0.202	−0.098	0.757	0.017	0.021	0.000
Q_5	0.011	0.167	−0.003	0.035	0.756	−0.140	0.200	0.136
Q_6	−0.172	0.120	0.131	0.055	0.590	0.289	0.178	0.021
Q_{25}	−0.036	0.065	−0.008	0.011	−0.019	0.834	0.008	−0.119
Q_{26}	0.106	0.183	0.015	0.084	0.133	0.733	−0.086	−0.075
Q_{24}	0.327	0.163	−0.073	0.091	−0.063	0.547	0.156	0.198
Q_{10}	0.125	0.185	0.029	−0.147	0.180	−0.021	0.733	0.024
Q_{11}	0.113	−0.033	0.030	0.002	0.120	0.091	0.712	0.060
Q_9	−0.084	−0.007	0.197	0.097	−0.013	−0.054	0.679	−0.053
Q_{45}	0.018	0.053	0.017	0.056	0.104	−0.062	0.042	0.870
Q_{44}	0.053	−0.106	0.111	−0.127	0.030	−0.035	−0.016	0.800

从旋转成分矩阵的结果看，Q_{18}、Q_{19}、Q_{20}、Q_{21}、Q_{22} 在第一个主因子上载荷大，这些问题度量的是集群网络关系和网络结构，故可命名为网络关系生态因子；Q_{32}、Q_{33}、Q_{34}、Q_{35} 在第二个主因子上荷载大，这些问题反映的是集群中产业链和产业间关联的情况，故可命名为产业内生结构生态因子；Q_1、Q_2、Q_3 在第三个主因子上有较大荷载，这些问题反映了企业对自身创新所需信息、知识的关注程度，可命名为企业创新动机生态因子；Q_{46}、Q_{47}、Q_{48}、Q_{49} 这些问题在第四个主因子上有较大荷载，反映的是集群内金融与文化环境，故可命名为创新资金与文化环境生态因子；Q_4、Q_5、Q_6 在第五个因子上有较大荷载，度量的是企业的知识吸收能力，命名为知识吸收能力生态因子；Q_{24}、Q_{25}、Q_{26} 在第六个因子上荷载较大，度量的是集群创新网络的动态性，可命名为网络开放性生态因子；Q_9、Q_{10}、Q_{11} 在第七个因子上载荷较大，反映的是企业知识融合运用能力，故可命名为知识融合能力生态因子；Q_{44}、Q_{45} 在第八个因子上载荷很大，度量的是集群的政策环境，故可命名为政策环境生态因子。综上所述，在对样本进行统计分析后，可以挖掘出企业创新集成能力的 8 个主要影响因素：网络关系、网络开放性、产业内

生结构、企业创新动机、知识吸收能力、知识融合能力、创新资金与文化环境、政策环境。

3. 回归分析

为探究上述 8 个影响因素对高技术集群企业创新集成能力的影响是否显著，需要利用主因子得分数据，并建立这 8 个影响因素与创新集成能力的回归模型。在此之前，还需对创新集成能力进行度量并进行因子分析计算主因子分数。创新集成能力的度量采用目前普遍接受的成熟问卷进行整理而得。其中，创新集成能力分为两个维度——渐进式创新和突破式创新（表 6-14）。因子分析的结果显示 KMO 值为 0.855，两个主因子累计解释了 76.945%的变异量，情况理想（表 6-15、表 6-16）。

表 6-14　企业创新集成能力量表

渐进式创新能力	1 企业经常开发出新的产品 2 企业经常改进现有主导产品、服务流程、工艺 3 企业提升了现有主导产品、服务的专业技术水平 4 企业经常更新生产、服务工具、设备等生产手段
突破式创新能力	1 企业开发出全新的主导产品或服务 2 企业开发出行业内的全新技术 3 企业的产品或者服务包含了全新的技术知识 4 企业通过创新实现了重大突破淘汰了原先主导的产品或者服务

表 6-15　因子特征根和方差贡献率

因子	未旋转的初始因子			旋转后提取的主因子		
	特征根	贡献率/%	累计贡献率/%	特征根	贡献率/%	累计贡献率/%
F_1	4.534	56.675	56.675	3.139	39.242	39.242
F_2	1.622	20.270	76.945	3.016	37.703	76.945

表 6-16　旋转后的因子载荷矩阵

主因子	Q_{53}	Q_{54}	Q_{55}	Q_{56}	Q_{57}	Q_{58}	Q_{59}	Q_{60}
F_1	0.882	0.903	0.911	0.729	0.209	0.258	0.173	0.211
F_2	0.185	0.176	0.234	0.280	0.850	0.851	0.824	0.832

以网络关系、网络开放性、产业内生结构、企业创新动机、知识吸收能力、知识融合能力、创新资金与文化环境、政策环境 8 个变量为自变量，创新集成能力为因变量进行多元回归，结果如表 6-17 和表 6-18。

表 6-17　模型摘要

模型	R	R^2	调整后的 R^2	估计的标准误	R^2 改变量	显著性	DW 检验
1	0.855	0.736	0.721	0.344	0.726	0.000	1.924

表 6-18　系数表

模型	非标准化系数		标准系数	t 值	显著性	共线性统计量	
	B 值	标准误	Beta 分布			容差	VIF
产业内生结构	0.343	0.056	0.477	8.416	0.00	0.932	1.073
网络关系	0.346	0.070	0.369	6.356	0.00	0.973	1.028
企业创新动机	0.132	0.045	0.157	2.625	0.00	0.939	1.065
创新资金与文化环境	0.122	0.036	0.127	2.313	0.01	0.989	1.012
知识吸收能力	0.252	0.062	0.201	4.356	0.00	0.943	1.060
网络开放性	0.141	0.113	0.047	1.143	0.23	0.972	1.029
知识融合能力	0.223	0.082	0.257	5.076	0.00	0.987	1.013
政策环境	0.105	0.032	0.117	2.112	0.02	0.983	1.017

由表 6-17 可以看出，模型调整后的 R^2 为 0.721，意味着自变量可以解释效标变量变异量的 72.1%，同时，回归模型中 F 值达到了显著水平，说明模型的解释力度良好。DW 数值为 1.924 非常接近 2，表明残差项间无自我相关。在共线性统计量中，8 个变量的容差在 0.93～0.99，VIF 在 1.01～1.08，表示基本无多元共线性问题。由回归模型的系数表（表 6-18）中可以看出，8 个自变量的标准化回归系数均为正数，表示自变量均与创新集成能力因变量呈正向关系。从 t 值以及显著性来看，产业内生结构、网络关系、企业创新动机、知识吸收能力、知识融合能力、创新资金与文化环境、政策环境对创新集成能力有显著性影响，而网络开放性的影响未到达显著水平。这与一般研究结果相反，可能与本研究只选取一个区域的集群，具有局限性有关，与武汉东湖国家高新区内高技术产业集群基本处于成长期有关。在达到显著水平的影响因素中对因变量的解释力度从大到小依次排名为：网络关系、产业内生结构、知识融合能力、知识吸收能力、企业创新动机、创新资金与文化环境、政策环境。

创新绩效=0.343×产业内生结构+0.346×网络关系+0.132×企业创新动机+0.252×知识吸收能力+0.223×知识融合能力+0.122×创新资金与文化环境+0.105×政策环境+0.141×网络开放性。

4. 研究结论与分析

通过前面的实证分析可以得出以下结论。

结论一：高技术企业集群创新集成能力生态影响因素分别是：网络关系、网络开放性、产业内生结构、企业创新动机、知识吸收能力、知识融合能力、创新资金与文化环境、政策环境。这给集群企业提高创新能力提供了方向，同时也给建设集群创新生态系统提供了优化的方向和依据。

结论二：从影响强度来看，集群企业创新集成能力最重要的影响因素是产业生态结构和集群网络关系。因为产业内生结构是由产业价值链、产业关联和企业主体地位等组成的，其合理性决定了资源完备程度和有效组合性；而集群网络关系是集群企业实现创新集成的社会资本资源，这两个因素的存在可以促进企业间的学习交流，激发集群企业的自主创新能力。其次，企业创新动机、知识吸收能力和知识融合能力三个因素是企业创新集成能力实现的内部条件和根据，只有保证这三者的良性发展，才能确保企业的创新集成能力能够不断提高。最后，对集群企业创新集成能力影响最小的因素是创新资金与文化环境、政策环境，这两个因素属于集群创新的软环境，说明集群创新生态系统的建设离不开环境要素的支撑。

6.2.2　高技术集群企业创新生态链嵌入对创新绩效的影响分析*

目前学术界对企业创新的嵌入性进行了大量研究。Granovetter 从人际关系角度界定了嵌入性概念，并将嵌入性从结构和关系两个维度进行研究[151]。此后，许多学者在 Granovetter 的结构—关系分析框架基础上从网络位置[152]、关系强度[153]、网络密度[154]、开放性[124]角度对网络嵌入与创新进行了研究。目前相关研究主要基于社会网络理论和嵌入理论，利用结构—关系分析框架，引入吸收能力、学习能力等作为企业获取外部资源进行创新的中间变量，分析网络嵌入与企业创新活动的关系。虽然这种分析范式被广泛接受，但这些研究仍存在问题。首先，企业的嵌入行为具有多重性特征，同一个企业会同时嵌入不同类型的网络，并对企业创新产生不同影响，但这些研究对外部网络不加以区分，假定外部网络同质，忽略了网络异质性对创新行为的作用机制和作用结果的影响；其次，这些研究缺乏对中间变量的剖析，笼统地将其作为不可分的变量进行研究，未考虑内部结构及其运作机制。

　＊由于本节是基于关系视角来分析创新链嵌入绩效问题，与前面强调系统主体要素绩效不一样，所以所建立的指标与前面有所差异。

本节从吸收能力视角探索集群企业的异质网络嵌入与创新绩效的关系。通过构建生态链嵌入—吸收能力—企业创新绩效的分析模型,讨论知识链和价值链(二者构成集群创新生态链)这一对异质网络的嵌入对集群企业创新绩效的影响,通过解构吸收能力,明确网络嵌入、吸收能力对集群企业创新绩效的作用机理,进而从微观企业层面解释宏观集群结构建设的思路。

1. 变量间关系假设

1)知识链嵌入与企业创新绩效

创新的本质是知识的合并重组[155]。知识链嵌入通过促进协同学习和知识交换使企业更容易获得自身缺乏的知识,提高创新效率,加快创新产品的研发。目前许多学者从区域、产业等角度对知识链嵌入与企业创新绩效的关系进行了研究。Whittington 等通过对波士顿、圣迭哥地区的企业进行分析,认为嵌入到地区知识网络会极大地影响企业创新产出[156]。Phelps 等认为参与到知识创造组织的研发网络中会对企业的创新产出产生积极作用[157]。Rothaermel 和 Deeds 通过研究在产业集群内建立研发联盟对知识的获得与利用的影响发现,集群企业与外部组织通过研发合作将促进企业创新效率[158]。张方华通过分析网络嵌入性对企业创新绩效的影响发现嵌入知识网络对企业绩效具有积极作用[159]。事实上,任何企业的知识储备都有宽度,知识链嵌入帮助企业增加外部交互渠道,扩大知识搜索范围,使企业更容易通过与链上其他组织的交互获得异质性知识,填补知识缺口,提高创新能力。根据以上分析,本书提出以下假设。

H1:知识链嵌入对企业创新绩效呈显著正向影响。

2)价值链嵌入与企业创新绩效

价值链嵌入从创新资源获取、创新伙伴选择两方面促进企业创新。首先,资源的稀缺性决定了企业创新需要通过外部搜索寻找所需资源,由于价值链嵌入带来的高外溢效应和价值链企业间的低交易成本等特点[160],企业更倾向通过价值链关系获取资源。Freel 和 Harrison 通过对英国企业创新资源获取途径的调查发现,在资源获取过程中,企业更愿意从价值链上企业(供应商、竞争对手和客户等)而非价值链外企业或者第三方机构获取创新资源[161]。事实上,价值链嵌入加深了企业与供应商、客户的联系,促进创新核心资源(如隐性知识)的外溢,而这种外溢带来的低交易成本优势又进一步强化企业的价值链嵌入。因此,企业在价值链中嵌入程度越深,从价值链关联企业获得的资源越丰富,从而在一定范围内提升创新绩效。其次,在创新伙伴的选择方面,价值链关系包含信任、共同愿景[162],这些情感因素有助于合作双方建立认同感,一方面消除了沟通、合作上的障碍,加速合作双方相互了解,另一方面降低了双方知识交换、技术扩散的成本,最终促进合作双方的创新效率,提升创新绩效,因此企业更易于选择价值链伙伴。例如，Freel 和 Harrison 对苏格兰地区企业创新合作现状进行研究后，指出价值链上下游企业由于价值取向的一致性具有成为创新伙伴的先天优势[172]。根据以上分析，提出以下假设。

H2：价值链嵌入对企业创新绩效呈显著正向影响。

3）网络嵌入与吸收能力

吸收能力指嵌入在企业内部，用来寻找、获得并利用资源的能力。很多学者将吸收能力看作资源内化过程。Mowery 和 Oxley 将吸收能力定义为能够处理外部获取的隐性知识，并对吸收后知识加以修正的技能[163]。Dyer 和 Singh 强调吸收能力的相对性，将其定义为合作伙伴间共有的重叠性知识基础与最大化合作伙伴间社会技术相互作用频率和强度的组织惯例的函数[164]。它是企业已经发展形成的能力，能够促使企业识别和消化来源于特定伙伴的知识。Zahra 和 George 认为，吸收能力可理解为一系列组织惯例和流程，通过这些流程，企业能够获取、消化、转化和利用知识并发展出一种动态的创新能力[165]。Lane 等将吸收能力定义为通过探索式、转换式和利用式学习等一系列连续过程利用外部知识的能力[166]。由此可见，吸收能力是一个强调探索式学习的漏斗，促使企业可以广泛搜索外部知识以满足内部知识需求；也是一条高效率的知识应用管道，促使企业可以通过利用式学习将获取的知识应用到各种商业实践当中；还是一台高速运行的知识转换器，允许企业将外部获取的知识同化到现有知识基础当中或者以一种新颖方式使用现有知识，从而将探索式学习和利用式学习联系起来。基于此，本研究认为企业吸收能力本质上是企业基于先前知识利用外部知识的动态过程，是一个含有多阶维度的复杂概念，包含了四种组织学习过程，即搜索、获取、同化和利用。吸收能力由这些阶段对应的能力相互融合形成。具体而言，搜索能力指企业识别目标资源、定位目标资源的能力，获取能力指企业定位目标资源后通过一定手段得到目标资源使用权利的能力，同化能力指企业通过一套固有的流程对获取的资源进行分析、翻译和理解的能力，利用能力指企业使用已获得的被企业所理解的资源的能力。前两个子能力主要帮助企业识别和获取外部资源，扩大企业资源存量；而后两个子能力主要帮助企业运用资源，进行创新活动。根据组织学习理论，组织学习过程不是一个简单的线性过程，而是多维度的交互过程[167]，这种交互的基础在于先验知识（prior knowledge）的存量和学习对象的难易[168]。因此，吸收能力的四个子能力之间的组合不是简单线性模式，而是根据资源的吸收复杂程度和先验知识的丰富程度确定的自适应网络模式：知识越简单、相关先验知识越丰富，组织学习的环节越少、效率越高，反之组织学习过程越长。这种模式基于学习的渐进性，根据资源的复杂程度和相关先验知识的丰富程度，确定所需要的吸收环节。根据以上分析，提出以下假设。

H3：吸收能力的四种子能力交互形成网络拓扑结构。

4）知识链嵌入与吸收能力

实践证明两方面原因导致企业很难轻易获得具有价值的知识资源：缺少获得知识的途径和缺乏足够的先验知识。一方面，知识是竞争力性资源，没有相关途径，企业无法通过简单的模仿获得有价值的知识资源；另一方面，根据组织学习理论，当企业缺乏先验知识时，即使外部知识容易获取，企业也无法对其进行理解和应用[169]。知识链嵌入将为企业解决这些难题：通过知识链嵌入，企业与其他组织建立联系，成为知识链成员，建立获得知识资源的途径，通过这些途径不断寻找、积累相关知识，扩充先验知识，扩大知识存量，而先验知识的丰富又不断强化企业的吸收能力。因此，企业的知识链嵌入程度越深，积累的先验知识会越多，吸收能力也会越强。Knockaert 等指出与其他组织建立的知识网络将有助于促进企业提升吸收能力，通过获得足够的先验知识，促进企业对目标知识的搜索、获得、理解和利用[170]。根据以上分析，提出假设。

H4：知识链嵌入对吸收能力呈显著正向影响。

5）价值链嵌入与吸收能力

价值链伙伴关系的基础是互信互惠[162]，它来自与价值链伙伴企业相近的企业文化和战略。这种战略层面的互信互惠能降低企业间低效与冲突风险，因此相比于其他社会互动，企业更倾向于与价值链伙伴协同创新。在与价值链伙伴的协同创新过程中，企业通过知识分享和实践学习（experiential learning）提升企业的知识宽度与知识深度，促进企业的吸收能力[171]。在互信互惠环境中，与价值链伙伴的协同是企业吸收外部知识的基础和前提[163]。价值链伙伴的信任关系有助于提升企业间的认同感，促进资源的分享与交流，在这样的环境下，通过价值链嵌入，企业会接触到不同类型的企业，不断积累先验知识，促进吸收能力。因此，企业价值链嵌入将促进企业间的协同与技术、知识的转移，提升企业的吸收能力。根据以上分析，提出以下假设。

H5：价值链嵌入对吸收能力呈显著正向影响。

6）企业创新绩效与吸收能力

根据资源基础观，企业竞争归根结底是创新能力的竞争，而创新能力源于企业对核心资源的占有、获取和利用[172]，因此，对资源的高效吸收与利用是提升企业创新能力的基础。组织学习理论也表明企业创新的基础是企业能够识别、理解、利用资源创造价值[173]。吸收能力有助于企业从外部网络寻找、利用有价值的资源，改变企业的组织文化、交互机制、研发投入和扩散渠道，促进企业创新。具体而言，在吸收能力中，搜索能力和获得能力帮助企业识别外部资源，改变企业的传统认知模式（cognitive schema），培养企业的颠覆性创新意识[169]，这些创新意识将通过企业的利用能力付诸实践，最终提升企业创新绩效；同化能力培养企业新的感知模式（perceptual schema），促进企业通过先验知识对目标资源的理解，提高企业对资源的理解效率，通过利用能力，促进新产品开发[165]。根据以上分析，提出以下假设。

H6：吸收能力对企业创新绩效呈显著正向影响。

综合上述分析，本节提出网络嵌入、吸收能力和企业创新绩效的作用机制（见图 6-1，其中图 6-1（a）是网络嵌入、吸收能力与企业创新绩效间的作用机制；图 6-1（b）是根据假设 H3 提出的吸收过程作用机制，是吸收能力的结构示意）。

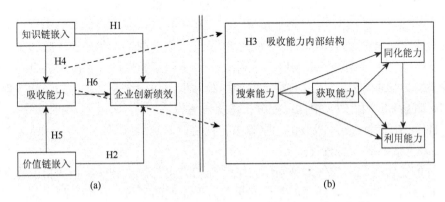

图 6-1　网络嵌入、吸收能力和企业创新绩效的作用机制

2. 测量变量

本研究采用李克特五点量表，1 代表非常差（少），5 代表非常好（多）。

（1）网络嵌入的测量。在价值链嵌入测量方面，本研究综合借鉴魏江和郑小勇[174]以及赵炎和周娟[175]的研究，从与价值链伙伴的互动角度设计题项。在知识链嵌入测量方面，本书借鉴王雷和姚洪心的研究[176]，从知识交互与转移角度设计题项。

（2）吸收能力的测量。本书借鉴 Jansen 等的研究[177]，从搜索能力、获得能力、同化能力和利用能力等四个方面测量吸收能力。从与外部环境的交互角度测量搜索能力，从资源获取效率角度测量获得能力，从新知识掌握速度角度测量同化能力，从新技术使用比例角度测量利用能力。

（3）创新绩效的测量。企业创新是通过研发将创新想法形成产品的商业化过程[178]，因此本节从产品创新与商业化角度设计题项。

（4）控制变量。由于企业规模、行业类别、企业成立时间对创新绩效具有影响[179]，所以本节将这三个变量作为控制变量，剔除对研究的影响。

3. 样本数据收集

本研究以武汉东湖高新区内高新技术企业为调研样本，通过发放调查问卷获得数据。一方面，相对于一般企业，高新技术企业具有更强的创新意识和相对较高的研发投入比例；另一方面，相对于劳动密集型的传统企业，智力密集型的高新技术企业受到资源的稀缺性的影响更大，更倾向于寻找、整合外部资源进行创新。因此，选择高新技术企业更符合研究目的。本书的调研对象为高新技术企业中层以上级别管理者，共收集到有效问卷 159 份。有效问卷涉及行业包括光电子信息（51 份）、高端装备制造（34 份）、新材料（25 份）、生物医药（23 份）、新能源（18 份）、其他（8 份）。

4. 结构方程分析过程

1）信度与效度分析

本书利用 Cronbach's α 系数和因子分析检测信度和效度。根据表 6-19，价值链嵌入、知识链嵌入、吸收能力、创新绩效的 Cronbach's α 值均大于 0.7，表明样本数据具有较好的信度；KMO 值均大于 0.5 且 Batlet 值均为 0，各题项因子载荷均大于 0.6 且方差贡献率较高（＞50%），表明样本数据效度较好。

表 6-19　量表信度与效度分析

变量		题项	因子载荷	方差贡献率	Cronbach's α	KMO 值	Batlet 值
网络嵌入	价值链嵌入	1、与创新伙伴的互动频率	0.695	69.8%	0.721	0.758	0
		2、与创新伙伴的合作范围	0.711				
		3、创新伙伴关系的稳定性	0.703				
		4、创新伙伴间组织文化的冲突程度	0.709				
		5、与创新伙伴交流时的障碍程度	0.693				
	知识链嵌入	1、从创新伙伴处获得知识的比例	0.713	68.42%	0.771	0.784	0
		2、企业获得的知识的稀缺程度	0.704				
		3、与创新伙伴知识共享程度	0.675				
		4、关键知识获取的便捷程度	0.689				
		5、与中介机构的合作频率	0.699				
		6、所需人才的可获得性	0.682				
吸收能力		1、参加行业协会数量多寡	0.731	68.71%	0.709	0.739	0
		2、与外部企业外联频率	0.716				
		3、外部资源的获取成本	0.776				
		4、外部资源的获取周期	0.743				
		5、企业对新知识的学习周期	0.684				
		6、稀缺资源的识别速度	0.691				
		7、新技术的使用频率	0.655				
		8、新产品的新颖程度	0.691				

续表

变量	题项	因子载荷	方差贡献率	Cronbach's α	KMO 值	Batlet 值
创新绩效	1、新产品的销售状况	0.861	80.31%	0.803	0.831	0
	2、专利的商业化速度	0.812				
	3、新产品的技术先进性	0.796				
	4、客户对新产品的满意度	0.778				

2）假设检验

本书包含多个关系复杂的假设，为使分析简明直观，选择 AMOS 软件运用结构方程模型进行假设检验。将图 6-2 中的宏观视角、微观视角两个模型组合，构建网络嵌入、吸收能力和企业创新绩效的作用机制模型，利用结构方程模型进行假设检验。如表 6-20 所示，受检模型各适配度指标均达到要求，模型的整体拟合优度较好，表明本研究对变量关系的分析与实际数据较匹配，因此假设模型可以被接受。

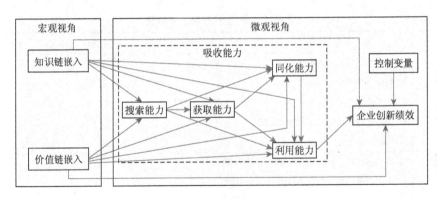

图 6-2　待检模型

表 6-20　拟合结果

拟合指标	拟合值	标准值
χ^2	299.853	—
χ^2/df	1.751	<2
P 值	0.000	—
GFI	0.937	>0.9
AGFI	0.958	>0.9
RMSEA	0.073	<0.08
NNFI（TLI）	0.941	>0.9
IFI	0.960	>0.9
CFI	0.919	>0.9

各变量之间的路径系数、显著性水平如表 6-21 所示。结果显示，知识链嵌入、价值链嵌入与企业创新绩效关系显著且路径系数为正，H1、H2 成立。吸收能力内部拓扑结构关系均在不同显著水平下正向显著，H3 成立。吸收能力中利用能力与企业创新绩效关系正向显著，H6 成立。知识链嵌入与同化能力关系显著，价值链嵌入与搜索能力和获取能力关系显著，H4、H5 部分成立。根据结构方程模型分析结果，将待检模型进行修正，得出修正后的作用机制模型，如图 6-3 所示。

表 6-21　假设验证结果

路径	标准化路径系数	P 值	对应假设	检验结果
知识链嵌入 ⟶ 企业创新绩效	0.411***	0.000	H1	支持
价值链嵌入 ⟶ 企业创新绩效	0.591***	0.000	H2	支持
搜索能力 ⟶ 获取能力	0.373**	0.023	H3	支持
搜索能力 ⟶ 同化能力	0.269*	0.089	H3	支持
搜索能力 ⟶ 利用能力	0.403**	0.019	H3	支持
获取能力 ⟶ 同化能力	0.613**	0.008	H3	支持
获取能力 ⟶ 利用能力	0.366*	0.071	H3	支持
同化能力 ⟶ 利用能力	0.492**	0.012	H3	支持
知识链嵌入 ⟶ 搜索能力	0.116	0.142	H4	不支持
知识链嵌入 ⟶ 获取能力	0.109	0.127	H4	不支持
知识链嵌入 ⟶ 同化能力	0.713**	0.02	H4	支持
知识链嵌入 ⟶ 利用能力	0.196	0.761	H4	不支持
价值链嵌入 ⟶ 搜索能力	0.359*	0.069	H5	支持
价值链嵌入 ⟶ 获取能力	0.381*	0.055	H5	支持
价值链嵌入 ⟶ 同化能力	0.202	0.602	H5	不支持
价值链嵌入 ⟶ 利用能力	0.135	0.135	H5	不支持
利用能力 ⟶ 企业创新绩效	0.415***	0.000	H6	支持

注：***表示 $P \leqslant 0.01$，**表示 $P \leqslant 0.05$，*表示 $P \leqslant 0.1$。

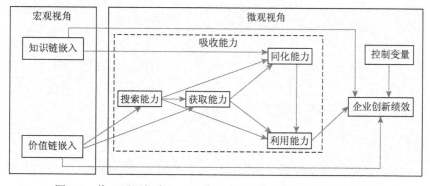

图 6-3　修正后网络嵌入、吸收能力和企业创新绩效的作用机制

3）研究结论与分析

（1）根据分析结果，知识链嵌入、价值链嵌入对创新绩效均产生正向影响，表明知识链嵌入和价值链嵌入均对企业创新绩效的提升起到促进作用。根据资源基础观，虽然知识、信息具有外溢性，但并非所有企业都能轻易获得这些资源。网络嵌入能够为资源的转移提供便利，为企业获得资源提供便捷途径。因此企业需要通过知识链嵌入和价值链嵌入与外部组织建立联系，提高企业获取外部资源的效率，提升企业创新绩效。

（2）结果显示吸收能力内部拓扑结构关系均显著。根据组织学习理论，资源的吸收是一个循序渐进的过程，这个过程具有自适应特点，即根据吸收对象的复杂程度和组织自身先验知识的丰富程度决定适当的流程步骤。因此，不同资源会有不同的吸收流程：若目标资源简单且企业相关先验知识丰富，则企业只需确定该资源位置后就可以直接利用，即通过搜索和利用两阶段吸收该资源；若目标资源被其他组织独占且相关先验知识缺乏，则企业需要先定位资源，获得资源的使用权，再对资源进行分析、理解，最终才能利用，即通过搜索、获取、同化和利用四阶段吸收该资源。

（3）根据分析结果，知识链嵌入和价值链嵌入与吸收能力的关系部分显著：知识链嵌入对同化能力具有显著正向关系，价值链嵌入对搜索能力和获取能力关系显著。知识链本质上是组织间知识资源创造、转移和利用流程的路径。同一知识链中的企业的知识存量具有相似性，因此受搜索近视效应（search myopia）影响，企业会由于搜索能力无法提升而被锁定在同质知识领域，无法通过搜索获得异质资源促进创新[180]；但根据资产质量效率（asset mass efficiencies），知识链嵌入能帮助企业增加先验知识，快速理解、掌握新知识，提升同化能力[181]。价值链本质是与外部组织间的关联，这种关联涉及价值取向、文化等诸多软要素。虽然这些要素无法为企业提供具体的知识、信息资源，但可帮助企业建立资源获取、转移的道路网络，促进企业资源的搜寻与获取。因此，知识链和价值链的异质性使其对吸收能力的作用机制产生差异：知识链嵌入只对同化能力具有促进作用，而价值链嵌入对搜索能力和获取能力都具有促进作用。

（4）拟合结果显示，吸收能力中利用能力对企业创新绩效有显著促进作用。资源对企业创新绩效起着至关重要的作用，但这些资源都需要通过吸收能力转化，才能被企业用于创新活动，因此，所有资源只有被翻译成为企业理解的语言并加以利用后才能对企业创新绩效产生积极作用。

5. 研究结论

本节从吸收能力视角探索异质网络嵌入与集群企业创新绩效的关系，得出以下主要结论。

结论一：异质网络嵌入（知识链嵌入、价值链嵌入）对企业创新绩效均产生促进作用。

结论二：知识链嵌入、价值链嵌入既直接促进企业创新绩效提高，又通过吸收能力间接提升企业创新绩效，但由于网络异质性，知识链嵌入和价值链嵌入对吸收能力的作用机制具有差异：知识链嵌入只对吸收能力的同化能力具有促进作用，而价值链嵌入对吸收能力的搜索能力和获取能力都具有促进作用。

结论三：吸收能力是一种由四个子能力融合而成的复合能力，会根据目标资源和先验知识对吸收步骤进行选择组合，具有自适应性。

6.3 高技术集群创新集成能力演化升级过程机理模型

集群创新网络存在的基本动因是追求企业创新绩效，不是知识活动本身。创新网络是以产业价值链和知识链的协同为内核，具有竞争关系的创新组织之间的异质性，由具有共生关系的创新组织分工协作形成的。因此，创新网络生态特征使集群知识转移、吸收、融合过程具有协同和可持续性，大大地提高了知识创新效率，使集群具有超越原状态的升级动力。综合前面的研究结果，创新网络的生态特征可从产业关联度、知识协同度、主体合作度、集群创新系统开放度和创新机制属性来衡量。首先，创新网络中各主体关系根植性和知识根植性的差异决定了企业间以知识交流为基础的经济行为的可靠性与可持续性，即集群中各主体的经济行为已嵌入区域的经济、政治、文化等关系中；而各主体关系根植性受产业链关联度的影响，如产业链完备度、产业链的各环节匹配度、冗余度和产业集群化程度；知识的根植性受制于知识链的协同度，如产学研协同度以及各主体与中介机构的协同关系。其次，集群内各企业基于创新网络形成的创新生态能力受创新网络合作度和创新网络开放度的影响，创新网络内部的劳动力、技术和资金等生产要素的流动和交换以及与创新网络外部合作获得互补性资源的过程体现了创新网络的合作度和开放度，这一过程决定了企业创新能力的可持续性程度和协同程度。最后，通过创新文化、知识产权治理、集群学习等网络创新机制的作用促进集群创新能力的升级。上述机制解释了创新网络生态特征如何提升集群创新能力的可持续性程度，进而促进集群能力升级的过程。由此，提出基于创新网络生态特征的高技术产业集群创新能力升级理论模型，如图 6-4 所示。

6.3.1 产业关联度对集群主体关系根植性的促进作用

（1）产业链的完备度与集群主体关系根植性正相关。关系根植性是集群创新网络固有的属性，是在各主体通过知识创造、知识转移等过程积累和使用知识，

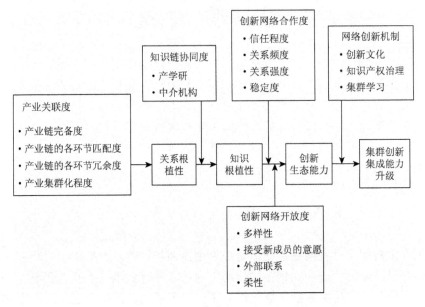

图 6-4　高技术集群创新集成能力演化升级过程模型

最终创造价值的过程中形成的，但是，目前集群创新能力不强以及当前环境要素变化带来的外部风险，使关系根植性逐渐减弱，而产业链的完备程度影响集群企业技术、知识的交流及各主体的合作关系。如果企业所在集群具有的产业链的完备程度较高，产业链的联系紧密，企业就会更倾向于产业链上的某一环节，与产业链上的其他企业开展更广泛的合作，合作模式也由单个企业合作向知识网络模式转变，各企业的发展逐渐形成默契，最后向全球知识网络靠拢，形成强大的关系根植性。如果企业所在的集群的产业链完备程度较低，就意味着大部分集群企业所拥有的知识关联度较低，集群内部企业必须通过与集群外部的企业合作寻求互补性知识，从而降低集群关系的根植性。

（2）产业链的各环节匹配度与集群主体关系根植性呈非线性关系。产业链的竞争力最终来源于各环节较高的匹配程度，适度的匹配度易于知识在产业链的各环节转移，有利于集群中各创新主体之间知识、技术和信息的交流，从而促进集群持续创新能力的提升。但是，当产业链的各环节具有完美的匹配程度时，集群中各创新主体沉溺于已有的知识网络，而逐渐忽略与外部集群主体的知识交流，使集群的创新能力逐渐减弱。因此，产业链的各环节匹配程度在一定程度上有利于集群主体关系根植性的形成，促进集群各主体在共同的政治、文化、经济等环境要素下协同发展；但是匹配程度过于完美反而会抑制集群主体关系根植性的形成，破坏集群的创新能力。

（3）产业链的各环节冗余度与集群主体关系根植性负相关。产业链的各环节冗余程度越高,即产业的相似程度越高,对知识、劳动力等要素的竞争越激烈,不利于集群企业之间的合作,集群企业提升创新能力必须要与集群外互补性企业合作,因此产业链的各环节冗余程度高不利于集群主体关系根植性的形成。

(4)企业集群化程度与集群主体关系根植性呈倒"U"形曲线关系。高技术企业集群走集群化道路是其内生发展的依据和方向,其集群化水平决定了高新区集约化发展程度。即集群主体关系根植性的形成离不开企业集群的集群化程度的发展,只有当企业集群化发展到一个适当的程度时,才可以打破集群的封闭系统,促进集群内外部环境的融合。其驱动经济发展的源泉在于集群内部各种资源的有效协调和主体配合形成的规模效应与协同效应。

6.3.2 知识链协同度对知识根植性的促进作用

集群创新知识网络运行环境是不确定的,为了应对环境的变化给系统带来的挑战,集群创新知识网络结构也必须进行适应性调整。所以创新知识网络的形成和演化升级也是处于动态变化中的,知识链只有在动态变化中形成一种稳定的关系和结构才能实现可持续创新。因此,知识链协同度是集群创新网络的本质要求,也是创新网络最主要的生态特征。

(1)产学研的协同度与知识根植性正相关。产学研的协同发展有利于搭建产学研信息服务平台,增强高新区同智力密集区的联系,为科技企业提供创新的源头。目前的产学研三螺旋理论强调,在以知识为基础的社会中,高校、企业、科研机构三者之间的相互作用是改善创新条件的关键,产学研的协同通过三者之间所处的产业链的垂直和水平联系,在实现战略协同的基础上,充分发挥知识流动和增值作用,促进知识的有序集成,降低知识交流的成本,减少知识交流的困难,通过正式与非正式的途径形成知识根植性,提高集群创新生态能力。

(2)中介机构和集群企业的协同度与知识根植性正相关。中介机构与集群企业的协同发展是容易被企业忽视的一个方面,中介机构在创新网络中可能只是起辅助作用,但是中介机构是集群企业与外界合作交流的桥梁,可以为集群创新群落中的企业提供知识、信息、技术、市场、法律、资金等多方面的信息和帮助。因此,企业与中介机构的协同发展可以为集群创新知识网络的运行提供权威的专业知识和系统化的服务,促进集群持续发展。

6.3.3 创新网络的合作度、开放度对创新集成能力生态演进的影响

通过解析集群创新生态链内涵,本书认为集群创新生态能力是以产业链和知识链协同为内核是由集群创新系统要素、结构与关系在环境支持下协同演化形成

的，是由集群创新能力在质与量的共同演化形成的。而实现和提升集群创新生态能力的重要形式是集群创新网络，影响集群成长和企业创新的主要因素是创新网络合作度和创新网络开放度。

（1）创新网络合作度与创新生态能力正相关。创新网络是不同组织之间为了技术创新而发生的各种关系的总和。而创新网络合作度主要是从关系视角着手，包括信任程度、频度、关系强度和稳定度，重点分析集群企业与创新网络中其他主体间建立的知识交流和合作关系的特征。在高度信任和资源共享的条件下，各参与方之间相互交流合作促进了彼此之间隐性知识的流动与溢出，从而形成协同创新的格局，而这些关系特征对集群创新生态能力的提升产生直接正向影响。

（2）创新网络开放度与创新生态能力呈倒"U"形曲线关系。创新网络开放度可以从成员多样性、接受新成员的意愿、外部联系以及柔性等方面考虑。开放式创新强调多主体集成、创新资源集成，随着技术的复杂性加剧以及发展变化迅猛，单靠群内资源难以有效地满足创新的需要。再者，通过引入外部资源，发挥创新资源的规模效应，能有效加快技术研究和商业化的速度，缩短高技术产品的研发周期，尽快投放市场，产生短期垄断利润。集群对外部资源的开放度越高，得到技术机会和隐性知识的可能性就越高。隐性知识可以帮助企业走出因路径依赖而陷入的技术锁定，实现内外部组织的知识转移，减少知识的重叠度，提高企业的创新生态能力。而缺乏开放性的企业会患上组织近似症，产生惰性，只会拘泥于内部的合作交流，企业的创新生态能力逐渐降低，企业逐渐脱离集群产业链，从而失去在集群中的立足地位，走向衰亡。但是，集群过度的开放，忽视本集群中的知识、技术、信息的交流和共享，逐渐脱离本集群中的创新网络，会抑制集群的演化升级。

6.3.4　网络创新机制对集群创新集成能力升级的促进作用

（1）创新文化与集群创新集成能力升级正相关。集群创新文化是指在长期的互动成长过程中，集群各行为主体可持续形成的有利于企业创新思想和创新行为的、独特的自主创新价值观、行为模式、管理制度。提升高技术产业集群创新集成能力是集群转型升级的核心，而创新文化是创新的灵魂和动力，因此，创新文化机制对集群创新集成能力升级产生直接正向影响。可以从集群创新的社会意识、价值观念、集群品牌、企业在当前政策环境中自发形成的各种惯例、创新政策环境等方面对创新文化进行衡量，并完善集群创新文化机制，促进集群创新集成能力的提升。

（2）知识产权治理与集群创新集成能力升级正相关。在知识经济时代，知识资本是生产的主导要素，并且具有很强的外部性，将集群企业内部知识所产生的外部效益扩大是较理想的产权治理方法。知识产权是集群创新集成能力提升的基本构成要素，集群企业要想获得持续不断的创新，就必须控制知识产权流失的风险。首先，通过构筑信任机制，增进集群企业之间的相互信任，既能极大地节约企业交易成本，防止企业的投机悖德行为，又能保证企业之间在创新中的合作，方可确保合作双方企业之间知识产权的正常有效投入；其次，通过集群企业之间彼此签订具有法律效率的契约，明确各自的分工、需要投入的知识产权，可以较好地防止相互推诿现象；最后，需要借助政府的力量来保障合作企业的知识产权，因为产业集群是一种架构于整个产业和政府之间的产业组织形式，政府的引导作用可以明确各合作企业之间的产权归属问题，逐渐规范产业集群中知识产权治理机制，加强集群企业之间的创新合作，提升企业的创新集成能力。

（3）集群学习与集群创新集成能力升级正相关。一方面，集群学习过程是集群主体之间实现知识交流、共享的过程，参与主体通过学习能有效地实现对外部知识的消化、吸收、内化，从而提升自己的研发能力。同时，集群学习可以加速知识的创造和扩散，提升集群整体网络的创新能力。另一方面，集群学习可以巩固创新网络，促进创新网络的演化升级，加速创新网络中知识的流动与整合，促进创新网络中新思想、新观念的传播，使创新网络的内部合作更紧密，提高集群创新生态能力，使企业获得持续创新优势。

6.4　本章小结

本章首先在前面建立的集群创新集成指标体系基础上，采用结构—绩效的视角展开数量化的分析，建立集群生态结构特征与创新绩效的数量关系模型，并进一步衍生到建立投入、产出与创新环境的数量关系模型，洞悉出集群高技术集群创新集成能力生态演化的宏观结构机理，为集群系统结构优化提供了目标方向。接着从企业微观层面出发，通过解析企业创新集成生态影响因素，设计出调研问卷，并对武汉东湖高新区进行实地调研获取数据，构筑起创新集成能力与集群产业内生结构、网络关系、企业创新动机、创新资金与文化环境、知识吸收能力、网络开放性、知识融合能力、政策环境等变量的数量关系模型，明确了集群创新集成能力演化的生态影响因素及强度，为集群创新生态系统建设提供了思路和着力点。同时，采用结构方程对集群企业嵌入知识链和价值链组成的创新生态链与企业创新绩效的关系作了验证分析并搭建出路径模型，由此揭示出集群创新集成能力演化升级的微观机理。最后，结合前面的机理分析，搭建出由产业链、价值链和知识链为内核的高技术集群创新集成能力演化升级过程模型并做了具体分析。

第7章 高技术企业集群创新集成能力演化升级路径

7.1 高技术集群创新集成能力生态演化升级动力机制

前面从宏观层面分析了高技术集群创新系统的生态结构演化规律，从微观层面分析了影响演化的因素构成及其强度，解析出高技术集群创新集成能力演化的条件与方向，但是高新区集群创新集成能力的演化还应该考虑其内在的动力源泉。本节将利用系统动力学从系统内部要素之间的关系出发，构建系统的结构回馈模型，为演化升级提供依据。

1. 牵引机制

任何系统的运行都是需要动力的，通过动力维持系统的自组织功能，保证系统的稳定运行并获得产出成果。牵引机理成为高新区集群协同创新系统的特点之一。对于处在区域创新系统特殊地位的高新区集群，作为一种具有社会属性的自组织系统，其保持系统良性运行的内部牵引动力主要来自于创新，创新带来的巨大收益是使整个系统能持续稳定运行。根据增长极理论，集群创新系统内部主体的创新能力是有差别的，一个创新系统一定存在所谓的极核——创新中心，起着增长极作用。区域创新系统包括产业增长极和价值增长极两层内涵。产业增长极指系统中的主导产业，虽然高新区集群创新系统中肯定存在多种产业，但是只有少数的产业能够成为主导产业，而这些主导产业能够获得比其他产业更多的资源，从而不断扩张，在扩张的同时，其创新能力也在不断增强，最终成为创新中心，发挥创新牵引的拉动作用。而价值增长极则指主导推进产业价值链节在空间集聚位置，一般具有高创新能力、高增长率，并能够牵引同类企业在空间集聚的核心环节，即增长中心。从前面的分析中可以看出，集群创新系统的价值增长极就是核心创新物种，这些创新物种不仅能推动集聚，还能对上下游企业创新构成牵引动力。形成创新中心和增长中心之后，集群系统的创新活动在空间上就会存在明显的梯度变化，从而形成创新梯度。创新梯度高的产业往往创新能力与创新效率高，其系统构成要素质量优异，创新能力强，相互之间协作紧密，协同功能强大。创新梯度低的产业其要素往往创新能力较弱，彼此联系松散，因此系统的创新能力与创新效率低。在牵引机理的作用下，创新梯度高的产业会将它们具有较强创新能力的要素如技术、知识、资本等通过高新区内部的网络扩散到创新梯度较低的产业，在这些新要素的牵引下，创新梯度较低的产业会不断地提升创新能力，最终使得整个系统的创新能力提升。

2. 协同机制

协同的概念来自于协同学，是指主体通过相互之间的协作能完成单独个体难以实现的效果。协同学的创立者哈肯指出：如果一个群体中的单独个体间相互合作，他们在某一方面的条件就能得到改善，获得在不进行协作时无法取得的成效。由此可以看出协同理论强调的是在一个大的体系中，各子系统通过协同产生超过自身能力范围的能力，使整个体系高效运作。根据高新区集群协同网络的自组织进化理论，高新区集群从散点状发展向协同演变成有序集成，高新区集群系统内部创新要素与系统外部环境相互作用，协同网络逐步形成、发展、成熟。根据国内外文献，高新区协同创新系统的协同机理是一种动态发展的渐进过程：通过协同机理，高新区集群从散点分布式创新到单核聚集式创新最后演变为网络协同式创新。散点分布式创新模式是一种高新区集群内各创新主体孤立进行创新研发活动的创新模式，一般处于高新区集群发展的初级阶段。单核聚集式创新模式是一种以某个龙头企业为核心通过产业链关系组合而成的创新模式，相对于散点分布式创新模式，单核聚集式创新模式出现了以供应链为基础的协同关系，但是这种模式仍处于一种封闭孤立的创新状态，因为龙头企业之间协同关联缺失。网络协同式创新模式是一种网络化创新模式，它具有高度的协同程度，打破了原本孤立的状态，构建出整体性的创新关系网络，龙头企业间演化出协同关系。如图 7-1所示。

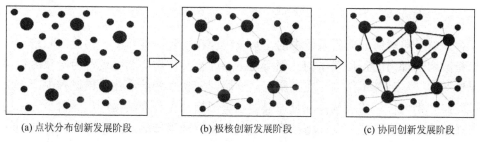

(a) 点状分布创新发展阶段　　　　　(b) 极核创新发展阶段　　　　　(c) 协同创新发展阶段

图 7-1　高技术集群协同创新演化阶段

根据系统构成层次，要素协同的种类可以划分为两类：子系统内协同和子系统间协同。子系统内协同主要是指主体子系统内部要素之间的协同作用，产业内行业间、产业之间的协同。子系统间协同主要指主体子系统、环境子系统和创新产出之间相互的协同。创新主体的薄弱会影响高新区集群创新系统的运行效率，创新投入的薄弱会影响集群创新系统的发展动力，创新产出的薄弱直接影响集群的现实竞争力，环境支持的薄弱直接影响集群创新主体的创新绩效、创新方向和创新思路。可以这样说，高新区集群协同创新系统的协同机理是整个系统的最大特点，各要素各子系统之间环环相扣、紧密协同是高新区集群协同创新的保障和前提。

从集群构成主体要素来看，集群创新生态系统结构中包括企业、高校、科研院所、中介机构等创新主体。随着集群规模的扩大，创新主体对生产要素的竞争就会更加激烈，引起生产要素价格的上涨以及创新成本的增加，进而削弱集群的竞争能力。因此，各创新主体需要分工明确，要有横向和纵向合作，形成"核心企业——辅助企业"的结构，由龙头企业完成产品的核心技术工作，辅助企业完成产品的辅助技术工作。但是辅助企业完成的工作属于自身的核心技术，一方面与高校、科研机构等横向协同合作，包括知识、技术、人才等的共享，共同解决技术创新的问题，另一方面需要时刻掌握市场的需求，动态调整产品技术的创新方向，这就要求企业与供应商、消费者保持纵向的协同合作。目前，虽然我国的高技术集群内设立了科研平台，还有一些大型企业有自己独立的科研部门，但是协同合作机制不健全，创新主体间缺乏信任，研究能力有限；虽然有一些科研论文和科研专利技术产生，但取得的重大科研成果不多，理论研究成果也缺乏实践证实。此外，我国风险投资机制的不健全，大部分企业担心承担由创新失败带来的风险，多选择模仿创新和表面上的合作，缺乏对国内外先进技术、知识、人才、管理方法的吸收融合。因此，高新区管理部门应大力营造信任合作氛围与文化，以期集群内的创新主体应该在信任的前提下，协同合作，实现资源共享、优势互补，共同提高创新集成能力。

3. 反馈机制

高新区集群协同创新系统中的子系统间存在着若干性质不一的反馈回路，包括指数增长行为的正反馈结构、创新为主导的负反馈结构和延迟行为导致的振荡反馈结构等三种基本结构。在高新区集群协同创新系统的演化发展过程中，正反馈回路产生增长、放大偏移并且加强变化等影响，负反馈结构产生寻求平衡、均衡和停滞稳定的影响，而振荡结构产生延迟、波动等影响。高新区集群协同创新系统可以通过政策利用反馈机理对系统进行治理、调整，利用正反馈结构放大利好效应，利用负反馈结构稳定劣势。通过对基本反馈回路进行组合，对高新区集群协同创新体的行为进行调控，这对于优化高新区集群协同创新系统的功能，增强协同创新能力具有现实意义。借助系统动力学构建要素之间的因果反馈回路，进一步阐释高新区集群协同创新系统的内在演化动力。

1）系统边界确定

采用系统动力学模型来研究高新区集群协同创新系统首先要确定系统的边

界。前面所提到的高新区集群协同创新系统包含三个子系统：主体系统、环境系统和协同创新绩效系统。这三个子系统中又包含着诸多要素：首先，主体系统中包含各创新主体，企业、高校、科研机构、政府、中介机构；其次，环境系统主要包含知识环境和金融环境；协同创新绩效系统包含各类创新成果和创新产出。总的来说，本书所研究的高新区集群协同创新系统包括三个子系统以及它们所包含的要素。

2）基本假设

H1：高新区集群协同创新系统的运行是一个连续的过程，没有间断。

H2：忽略如战争、疾病或者暴动等突发因素。

H3：注重结果，仅关注投入产出。

3）因果关系分析及因果反馈回路

按照以上假设和边界范围，本书在三大子系统及其要素的基础上构建因果反馈回路。根据研究，总结出以下五条反馈回路。

a 市场需求→+企业创新动力→+企业研发经费→+专利→+专利商品化→+收入→+利润→+创新能力→+区域生产总值

这个回路是一个正反馈回路，它说明市场中企业的创新活动，因为市场的需求使企业增加创新研发的力度，并由此增加创新收入增加利润，最终为区域产值的增加做贡献。

b 市场需求→+高校和科研机构创新动力→+高校和科研机构研发经费→+专利→+专利商品化→+收入→+利润→+创新能力→+区域生产总值

这个回路是一个正反馈回路，它说明市场中高校和科研机构的创新活动，因为市场的需求使高校和科研机构增加创新研发的力度，并由此增加创新收入增加利润，最终为区域产值的增加做贡献。

c 市场需求→+企业创新动力→+企业研发经费→+专利→+专利商品化→+收入→+利润→+创新能力→+区域生产总值→+政府财政收入→+对教育的财政支持力度→+创新氛围

这个回路是正回馈回路，它表明企业和政府在创新活动中的协同。企业的创新使政府有能力对该区域的教育加大扶持力度，进一步提升该区域的创新氛围，而良好的创新氛围也能够促进该区域的主体进行创新。

d 市场需求→+企业创新动力→+对高校和科研机构投入→+高校和科研机构研发经费→+专利→+专利商品化→+收入→+利润→+创新能力→+区域生产总值

这个回路是正回馈回路，它表明企业和高校、科研机构在创新活动中的协同。企业的创新动力使产学研合作成为可能，从而使协同的创新成果增多，并进一步提升企业、高校和科研机构的创新能力，最终提高区域生产总值。

e 市场需求→+企业创新动力→+企业研发经费→+专利→+专利商品化→+收

入→+利润→+创新能力→+创新氛围→+中介机构数量→+创新主体间合作次数→+区域生产总值

    这个回路是正回馈回路，它表明企业与中介机构间的协同。企业在市场的驱动下进行创新，当企业的创新使区域内的创新氛围提升时，区域内的整体创新基础设施建设水平就会提升，这其中就包括中介机构，中介机构的数量就会增加，进一步促进区域内创新主体之间的协同创新，并进一步使区域内生产总值增加。

    以上描述的五条回路是整个系统回路的主要部分，根据这五大回路，利用系统动力学软件 Vensim 绘制出高新区集群协同创新系统的因果关系图，如图 7-2 所示。

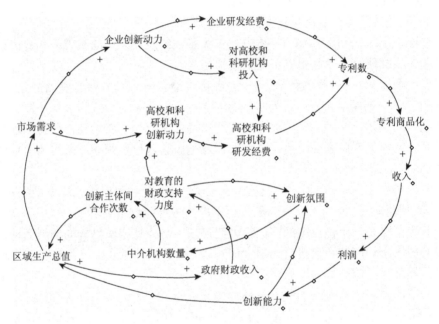

图 7-2　高新区集群协同创新系统因果关系图

4. 创新环境的推动机制

    对推动集群协同创新功能发挥作用的最核心的环境包括文化环境、知识环境和金融环境。高技术集群作为一个价值创造系统，需要时刻保持与外界的联系，获得集群发展所需要的物质、信息、技术等资源。文化环境包括集群的价值观，集群内的各种政策制度以及自发形成的各种惯例如信任、承诺等，如果集群间企业没有这样的文化环境，都不愿意将各自企业的知识、技术进行分享交流和再创新，各创新主体就没有创新动力，也就不能协同合作，不能获得可持续的竞争优势。知识环境包括集群内各种已发表的科技文献、已申请的专利技术和国内外先进技术及人才，这样可以督促技术落后的企业淘汰落后技术，运用新技术，同时不断进行创新以融入国际市场。良好的金融环境能缓解各企业的后顾之忧，使其不再担心由创新失败带来的资金风险，大胆创新。在创新环境的推动机制下，集群可以形成具有特色的品牌和良好的整体形象，使各创新主体在环境的约束下规范创新行为，提升创新集成能力。

7.2　高技术集群创新能力生态演化升级思路

高新区作为自主创新示范区，顺应全球创新模式的变化，抓住战略性新兴产业发展机遇，在光电子信息、生物医药、精密制造业、新能源新材料、节能环保等高技术产业领域实现了跨越式发展。但是为了增强高新技术企业集群创新能力，突破目前的发展困境，增强面对进一步对外开放条件下的国际竞争能力，对高技术企业集群创新能力进行动态构建、演化，以期实现可持续发展，获得更大的收益，为区域甚至全国的经济发展贡献更大的力量。从生态角度来看，对高技术企业集群的演化升级从以下思路着手。

（1）由线性创新模式向网络化创新模式演化。目前我国的高技术企业集群只是地理集聚，多数并未真正形成集群，只是根据市场需求和企业定位进行纵向的合作创新，缺乏横向的企业间的合作创新，还只是简单的线性创新。网络化创新注重同一产业中的横向和纵向产业链上的企业间的协同合作，不再是某一个企业单独完成一个产品项目，而是将一个项目分解为不同模块，再与拥有不同核心技术的企业进行合作，承接单独模块项目的企业又可以根据市场需求以及同类产品的竞争情况再进行创新。这样，不同的模块在集成一个整体模块时，创新效率将会大大提高，产品的各种性能也将得到最大化的创新和提高。这样的模块化创新有利于集群中的企业合作交流，将创新集成能力最大化，最终实现网络化创新。

（2）由个人主义向互惠共生演化。根据本书提出的集群创新生态系统集成能力逻辑框架图，集群创新生态系统是由产业主体群落和知识主体群落构成的，其中，产业主体群落主要包括各种高新技术企业，知识主体群落包括高校、科研机构、中介机构等集群企业外部知识源。高技术企业集群应该放弃单打独斗的个人主义，不能只在各自企业中进行创新，这样的创新只是闭门造车，而应该是产业主体群落和知识主体群落互惠共生，共同建立科研技术创新基地，大力开展集群技术创新论坛、科技成果展示等技术交流活动，实现知识、技术、信息等创新要素的互动、整合，在法律的约束下联合开发、利益共享、风险共担的互惠共生模式。

（3）由政府主导向自主创新模式演化。我国的高技术企业集群是在政府相关的产业政策的引导和扶持下逐渐形成的，伴随市场经济的推进，虽然取得了很多的自主性，但为了规范集群中的经济、环境、金融等有序发展，政府在集群的发展过程依然占主导地位。这样只会使集群中企业对政府产生依赖，阻碍集群企业的创新动力。随着市场需求的变化和经济全球化发展，政府的作用应该在于为集群中的企业营造一个规范的经济环境和健康的自然环境，让集群中的企业能够顺应市场需求，逐步融入全球化发展，自主创新，让集群企业在获得自身利益的同时主动为社会进步、产业链的优化、集群创新生态系统的完善而努力。

7.3　高技术集群创新集成能力生态演化升级系统模型

在当前复杂多变的国际竞争环境中，创新集成的理论和实践能给我国的集群创新系统带来新一轮的发展，使集群从企业彼此之间的模仿创新走向相互协同共同创新道路，通过彼此之间的资源共享、融合、集成，以协同的方式共同为客户提供价值，帮助集群企业在短时间内提高创新能力。伴随高技术集群的发展，当集群规模达到一定程度时，其内在的产业链、知识链和价值链必将伴随联系的紧密性带来封闭，能力开始僵化，导致锁定。此时需要考虑集群的升级演化，从封闭走向开放，融入新的要素，对存在的创新网络进行再造，形成新的集群创新系统结构和种群网络关系，实现集群的再生，焕发出新的生命力，推动集群创新能力呈现螺旋式演进上升，这样才能永葆集群生命力。

7.3.1　高技术企业集群创新集成能力演化升级的内在路径

集群创新能力的本质就是知识，企业集群创新能力演化升级的根本是集群知识网络能力的形成、成熟、演化和跃迁的过程，而知识网络能力生成过程就是知识链形成与交织成网的过程，就是能力的内生演化过程。具体的演化路径可以从以下阶段分析。

第一阶段，知识网络能力形成。在经济全球化发展的大环境下，集群的发展越来越依赖技术创新，而集群中以知识的根植性和产业关联度为基础的各个行为主体间合作竞争共同形成的开放性的柔性的网络结构就是集群技术创新的重要平台。在集群集聚之初，核心创新物种有强的创新能力，尤其是创新物种通过本身构筑知识链不断提升其创新能力，在其创新牵引与示范效应下，越来越多的创新主体加入这个链，逐渐演化成网。这样就将分散的创新资源和各自独立作战的创新主体通过链和网联系在一起，形成具有一定创新功能的创新载体。知识网络的形成也反映了集群能力的升级过程由混沌走向有序。全球化影响、市场需求的变化、金融环境、政策环境的变化等都对集群的发展产生刺激，集群内的企业不能只是从事简单的模仿创新、表面上的合作，还应该在信任的基础上，与其他企业开展深度合作，同时与高校、科研机构、中介机构、政府形成知识和技术共享、创新和利益互惠的网络结构。

第二阶段，知识网络能力成熟。知识网络结构形成后，高技术企业集群的结构也日渐稳定，企业之间或者企业与高校、科研机构、中介机构等之间的主动沟通交流的行为逐渐形成了一个较为固定的合作关系。同时伴随着集群知识属性、类型、结构的变化也逐渐形成了一个成熟的知识网络，集群知识网络中各节点对知识的吸收、整合、创新、扩散的过程井然有序，知识的积累日趋丰富，集群的创新集成能力得到很大提升。

第三阶段，知识网络能力演化。随着国际化竞争和集群创新环境变化的加剧，集群企业对知识需求的速度增加，集群知识网络中知识积累的速度远远落后于需求的速度，集群内越来越多的企业为了持续创新开始向已有知识网络的外部寻求新的知识源。同时伴随着集群规模的扩大，知识网络中不断有新的网络节点加入，尤其是行业的龙头企业、各类技术机构、各类知识服务机构，现有的集群结构开始出现变化，集群内部出现更多主动的沟通、交流，知识网络结构中异质知识存量迅速增加，推动了原有知识网络结构的更新。集群中新企业的加入，会加速一部分企业的淘汰，同时促进一部分企业的转型升级，原有知识网络结构出现了新旧知识的交替整合以及新旧节点的替换，最终形成一个新的有利于集群创新的知识网络，带来能力的演进。

第四阶段，知识网络能力跃迁。集群在形成新的知识网络后，会有两条跃迁路径。一条路径是当新的知识网络中的知识存量不能满足集群内企业的创新需求时，这些需求主体作为联络人开始重新寻求新的伙伴代替原有的伙伴，或者通过扩大集群网络规模的方式改变集群知识网络的结构，达到新的平衡。这样的过程通过量的积累也能达到质的飞跃，这是一种集群网络跃迁的演化路径。当然这种跃迁也存在失败的风险，如果量变的速度赶不上市场的变化，就会导致跃迁过程还没有实现集群就已衰败。另一条路径就是更新后的知识网络中的知识在整合之后发生质变，集群内部的行为主体形成新的协同创新，集群内各行为主体的创新关系、创新地位、创新方式都已达到高度统一，具体行为表现就是可能从过去的产品制造转型成为以产品的研发、技术创新为主。此时，群内知识的属性、类型发生极大变化，知识网络结构发生了跃迁，高技术企业集群进入了一个更新更高端的演化升级路径。

7.3.2　高技术集群创新集成能力演化升级外在路径

高技术集群作为能力的集合体，其创新集成能力最终还是要由其构成主体来表征。集群作为一个中间组织，是多主体的集合系统，那么系统的创新能力必将通过构成要素的质量和结构展现。因此高技术集群创新集成能力要通过系统的有机结构演化凸显，而集群的有机结构演化就体现在以下四个阶段：产业价值链环节培育、产业链完善与优化、产业结构优化和集群系统优化。这四个阶段是高技术企业集群创新集成能力外在演化升级路径的表现形式。

第一阶段，产业价值链环节培育。这个过程的关键是创新物种（企业）培育，高技术企业集群中的产业链上的大多数企业都是依托产业链节点主导企业的技术、知识、市场等核心要素获得发展的，集群核心企业创新的需求已远远超出产业链的功能。因此，通过丰富产业链中价值链的数量促进产业链的升级，例如，保证企业主导产品方向的同时适当向其他领域拓展、大力支持科技研发中心等，为中小企业自主创新能力的提高打好基础，提高其对核心技术的控制力，加大企业对自主知识产权的拥有力度，促使产业链沿着价值链两端攀升，推动产业链功能升级，以带动高技术企业集群的演化升级，促进经济发展。

第二阶段，产业链完善与优化。当第一个阶段中的创新物种（企业）和与其进行物质、能量、信息交流的创新物种协同合作，达到一定规模时，创新对物种间合作模式的要求提高了，创新种群孕育而生。即高技术企业集群内的产业链长期处于本地化状态，就会导致集群企业发展出现路径锁定，知识、技术同质化，此时，亟须集群开拓新市场、优化产品链，通过产业链节点上的主导企业与集群外部技术领先企业的交流合作，实现产业链的升级，同时带动集群知识网络中知识和技术的融合创新，打破知识和技术的同质化现象，提高集群企业的创新欲望，促进生产要素的整合、扩散，通过产业链中下游企业产品的升级推动整个产业链的升级，同时促进集群创新集成能力的形成。

第三阶段，产业结构优化。由各创新种群通过复杂的群内联系组成一个有机的统一体即创新群落（集群），这个过程对应产业结构升级。即集群产业链升级后会打破原有的产业结构，并且此时集群的创新能力已无法满足集群企业对新技术、新产品的研发要求，集群就会通过知识网络创新平台吸纳一些创新能力强、与本产业关联度高的企业进入集群，与现有的集群企业形成配套企业，优化原有的产业结构，重新掌握集群的核心知识、技术、人才等创新要素，集群企业间形成了协同创新能力——创新生态能力，帮助集群企业脱颖而出，拥有核心竞争优势。

第四阶段，集群系统优化。当已有创新环境不能保证创新群落保持持续的核心竞争优势时，群落就会与更高层次的群落进行物质循环、能量交流和信息交流，最终演化升级成具有动态开放性和自组织能力的、协同及可持续的集群创新生态群落。在发展过程中，高技术企业集群规模不断扩大，集群内由单一产业链向相互关联的产业链群即集群化产业链发展。产业链群中的企业拥有完整的价值链，企业之间在高度信任的前提下紧密协同合作，创新要素充足，创新动力强劲，不再是简单地吸收外部知识和技术进行创新,而是将从外部获得的创新要素进行吸收整合,再创新形成独特的适合本企业创新发展的技术,使整个集群化产业链的技术创新能力不断提高,最终拥有协同及可持续的创新能力——创新集成能力,实现高技术企业集群良性演化升级。

7.3.3　高技术集群创新集成能力演化升级路径系统表现

高技术企业集群创新集成能力内生路径和外生路径的生态演化升级共同推动集群创新系统的生态演化升级。作为存在自然和社会双重属性的集群,其生态演化升级路径的表现形式是创新物种—创新种群—创新群落—集群创新生态系统四阶段(图7-3)。

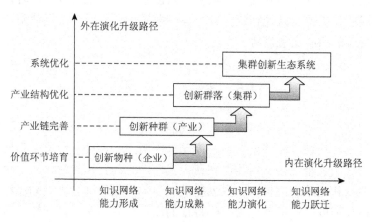

图 7-3　集群创新集成能力演化升级路径模型

第一阶段,创新物种。目前的研究成果表明:龙头企业为中心的中卫型集群网络更有利于知识的创造、扩散和应用。集群中的核心企业就是创新物种,作为集群创新集成能力基础的核心企业,按照自然生态系统的构成看,就是创新物种,是集群创新生态系统组成的核心部分,对系统持续创新起到不可替代的作用。创新物种堪称为集群知识网络的"蜘蛛人",发挥增长极化效应,能有效扩展网络、吸收新的网络成员,并能够有效地推动知识在集群网络中交流、分享与创造。

第二阶段,创新种群。随着创新核心的集聚效应,上下游企业逐步进入,形成了相对完善的产业链。这些企业通过技术、信息等创新要素的共享、学习,促进了产业价值创造网络结构的形成,为集群创新提供了平台。同时,创新物种企业通过横向合作和纵向合作拓展了合作的宽度与深度,随着关联度高的创新物种通过主动和被动的聚集,形成创新种群(产业内企业的集合),该产业生态链的完备程度以及每个环节企业数和企业创新能力的匹配程度都对系统的创新产出产生极大影响，由此完成了由创新物种向创新种群的演化，推动产业价值演化与完善升级。至此形成了创新生态种群。

第三阶段，创新群落。随着产业链逐渐完善，产业价值创造得到协同，为强化集群的竞争能力，企业必须加强创新能力，企业需要时刻和外部知识中心保持联系，以维持自己的动态能力。至此，集群内产学研合作平台逐渐成熟，就由单独的产业创新种群融合了知识创新主体群落、中介服务主体创新群落等，形成了创新生态群落。

第四阶段，集群创新生态系统。当集群产业价值链相对完善，形成了合理的纵向和横向的分工合作良性网络，产业结构比较合理与优化，形成了彼此依赖，相互支持的产业体系，并且集群内产业主体与各种知识生产机构以及中介机构之间形成开放、动态的知识网络时，集群进入创新生态系统阶段。此时，高技术集群创新集成能力得到有效的释放，整个集群散发出创新活力，促使整个集群具有协同、可持续的核心竞争优势。

7.4　本　章　小　结

本章首先分析了高技术集群创新集成能力演化升级的动力机制，包括牵引机制、协同机制、反馈机制和创新环境推动机制四方面。接着分析了集群创新集成能力生态演化的三个思路：由线性创新模式向网络创新模式演化。由个人主义向互惠互生演化和由政府主导向自主创新模式演化。最后阐述了以知识链演化为内生依据的路径和以产业链演化为外生特征的路径，并由产业链和知识链两条路径协同演化提炼出集群创新能力演化升级的系统路径。

第8章 高新区高技术企业集群创新集成体系生态整合对策

高新区高技术集群作为国家"十三五"期间深化改革的试验田和驱动创新的引领点，肩负着巨大的责任和使命。高技术集群创新发展应依据国家"十三五"规划总体要求，以创新驱动战略为基本指导思想，贯彻"创新、协同、开放、绿色"的基本理念。围绕"十三五"提出的如何打造创新生态体系这一重要问题，结合前面对集群创新生态条件、整合与升级机理的解析，本章从系统协同的角度对高新区高技术集群创新集成体系生态建设优化措施进行统筹的、长远的设计。

8.1 高新区高技术集群创新集成体系生态整合建设的目标

高新区高技术集群创新集成体系生态建设总体要遵循以打造创新生态链为"纲"，坚持产业链和知识链为"两翼"，走协同式并驾齐驱的建设思路，要立足原有资源和优势深化创办产业特色突出的高技术科技园，实现创新生态化、产业集群化的总体战略发展目标。要深入贯彻落实科学发展观，走内涵式经济增长的可持续发展道路，进一步解放思想和转变观念，以提升高新区集群自主创新能力为核心，以创新软环境建设为依托，以凝聚高素质创新创业人才为关键，以加快科技创新资源整合为重点，把高新区建设成为依靠创新驱动发展的区域经济增长高地。

8.2 高新区集群创新集成体系生态整合建设思路与原则

8.2.1 高新区高技术集群创新体系生态建设思路

1. 以产业链、知识链、资金链三链耦合构筑创新链为核心

目前高新区集群的发展主要依靠优惠政策、土地、招商引资等外力驱动，产业链、知识链、资金链三链耦合互动的程度低，循环累积的力量比较脆弱，并且高新区集群发展的质量和水平也不高。高新区集群发展已进入一个关键时期，目前要以构筑创新生态链为核心推动创新型园区建设，坚持以产业链建设壮大主导

产业为出发点，以知识链和资金链建设为推手，通过知识链的协同与资金链配合，走创新发展之路，带动高新区可持续发展。因此，要通过政府、知识中心和企业等主体的协同驱动，加快各种创新要素协同创新，推动产业资源的不断集聚，推进创新环境的改善，三链协同互动形成合力，突破临界点压力。这样，高新区集群便会进入高速成长轨道，其发展速度和质量将显著提高。

2. 以集群创新网络完善与优化建设为出发点

高新区集群创新生态体系结构的核心是系统内的组织结构，它是创新生态系统内各种主体在共同演化过程中相互博弈的结果。这种演化是嵌入在地方网络中的，核心构成要素是各种创新种群，即创新主体（企业群体）、知识创新群体（高校及科研机构）、创新服务群体（中介机构）和创新资金支持群体（金融机构）。由这些创新种群构成的网络创新功能的大小与这些种群要素的质量和相互之间形成的结构息息相关，且其外化过程也要通过这些种群之间的互动合作实现。因此，对网络的优化不仅要关注要素种群，也要强化内部关系的协调，营造出合作的氛围环境。这样，才能打造出具有生态特性的网络系统，最终培育出企业集群的持续竞争优势，呈现出可观的创新绩效。

8.2.2 高新区集群创新集成体系生态建设原则

1. 核心创新物种培育原则

在自然生态系统中存在核心物种，核心物种在维护生物多样性和生态系统稳定方面起着非常重要的作用。高新区集群的发展同样必须存在核心产业，该核心产业必须能统帅或凝聚其他产业，维持整个创新生态系统的稳定。而在核心产业中最好还要存在核心企业（群），该核心企业（群）通过产业链与其他企业联结成一个整体，形成协同优势，使整个产业更具竞争力。当然，核心产业和核心企业必须坚持高端原则，走新兴战略技术路线，保证园区产业有很强的生长点。结合高新区具体实际情况，要整合全省资源，重点发展战略新兴产业，如信息、新材料等主导产业。并充分利用国内国外科教资源，推动科技成果产业化，不断推动传统产业的升级，建设合理的园区产业结构，打造具有独特竞争优势的高新区高技术产业集群体系。

2. 创新生态链建设原则

自然生态系统通过生物之间的取食传递能量形成食物链，许多条食物链彼此联结成食物网。在优化建设高新区产业结构和创新生态体系时，要依据产业链和

知识链打造创新链，通过这些链的交织形成创新种群生态网，促进园区集群创新
生态系统内循环动力的产生，搭建出创新自组织系统。

3. 系统管理原则

在高新区集群创新集成体系生态建设中，各个组成要素之间只有相互配合才
能实现其创新驱动园区的建设目的，任何部分缺失都将造成"水桶效应"导致系
统功能缺失或者缺陷，难以达成建设目的。政府应以系统的观念把园区作为一个
有机整体进行建设。

8.3　高新区高技术集群创新集成体系生态建设措施

8.3.1　以创新生态链建设为依据推动高新区集群创新种群生态发展

1. 提升技术创新群落主体——企业创新集成能力

（1）以企业创新活力提升为突破口。①要从激励企业产生创新动机入手，推
其走创新型企业发展道路。要引导企业制定科学的创新战略，提高科技创新投入
销售占比，自建或者联合组建研发机构，培育科技创新团队，不断增强企业自主
创新能力，做强企业，不断提升产品自主知识产权含量，打造自主产品品牌，提
升在行业中的竞争力。②政府应以提高企业知识吸收能力、知识融合能力为政府
制度措施落脚点。政府要出台非常规化的鼓励企业自主创新的措施，通过资金扶
持、分散创新投入风险等方式提升企业自主创新的积极性；利用财税等政策的导
向作用，加大创新投入，完善配套经费制度，支持企业成为创新研发投入的主体。
③制定出扶持和鼓励中小企业研发的可行的财政政策。通过加大财政补贴等方式
激起中小企业创新创业的动力，培育出大批具有创新活力的科技型中小企业，为
集群价值环节或者产业结构优化与演进提供新生力量。④要加快企业资源整合的
步伐，创造条件支持企业采取并购重组、购买知识产权等方式整合创新资源，提
高创新资源的集中利用效率，在园区内培育出一批在国内具有较强影响力的企业
集团。⑤通过政策引导、财税支持引进社会资本参与企业技术创新投资，完善风
险防范机制，鼓励投融资机构创新信贷品种，建立创业投资与企业有效结合的长
效机制。同时鼓励企业积极利用资本市场，为企业创新提供资金支持。

（2）以培育产业创新牵引力企业为核心。在产业创新体系建设道路上，要从
抓大企业向抓创新能力强的企业转变，坚持以培养市场竞争力强的创新型企业为
目标，以培育具有产业价值创新拉动效应的核心企业为导向，带动全产业链的创
新，实现产业升级。

（3）以建设产业价值链高端的差异化产业链群为目标。①每个高新区都要突出发展一两个主导产业，围绕这些主导产业整合创新资源要素。同时避免与区域内其他产业集群的知识同质化，使集群与本区域其他产业形成良好的拉动和推动作用，让创新向多方面进行扩张。②通过精准招商引资，构建出完整配套且具创新活力的产业链。高新区管理部门需要改变以往的"盲目求多求大"招商引资的错误理念，需要依据高新区发展规划，坚持以完善与优化现有主导产业链缺陷为导向进行招商引资，让引进的项目、资金能够弥补集群在核心技术和核心链条上的缺位，从而做粗和做强产业链。要依照产业和企业发展的需求，扶持、推动重点产业价值链生成，逐步完善与优化整个产业链条，走产业集群协同、生态发展之路。③高效整合产业链的各环节。产业链的核心竞争力最终来源于各环节的高效整合，应该加大上下游的投入和各环节的整合，把位于产业链环节上的企业由一个单纯的生产商转变为在产业链上进行高速运行的运营商，从而提高系统的创新能力。

（4）优化结构，推动由企业扎堆向产业集群转变。高新区创新生态建设要按照集群内在结构合理原则思考，要从产业纵向垂直和横向水平进行专业化技术分工，搭建出有机的产业价值链联系。要鼓励高新区企业走"弹性专精"的道路，建立垂直分工与协作的产业生产体系；鼓励企业之间通过控股、参股、建立战略联盟等多种方式形成产业协作体系。

2. 提高知识创新群落主体——科研机构产业创新对接能力

（1）打造研发—转化—生产一体化的科技创新产业链。增强对科研机构、高校的基础研究投入，将高校打造成为区域内技术瞭望的前沿和知识创新的源泉，以及高技术产业发展的科技人才培养基地；大力支持企业与高校、研究机构之间的合作项目，尤其要大力优化整合科研机构的科技资源，积极推动官产学研资介的有机结合，形成知识创造—知识资本化—产业化—价值获取的良性循环。

（2）推进产学研产业技术联盟合作开发平台建设。要加快建立产学研战略联盟，实现产业集群在重大关键共性技术上的突破。围绕高新区主导产业和总体产业发展战略规划，按照可持续发展的原则构建校企共同研发中心、创业孵化器体系、生产力促进中心等公共技术研发平台。要从政策、人事、资金等方面加大支持有条件的科技型企业、龙头企业、独立或联合科研机构争创省、国家级工程技术研究中心，在重点领域建设一批不同级别的工程技术研究中心和重点实验室，解决制约发展的产业共性技术和瓶颈技术问题，以及产业前沿技术和战略前瞻性技术问题。

3. 提升创新服务群落主体——中介机构、行政部门服务质量

要为高新区集群创新生态系统成长建立强力支撑的科技服务体系，建设完善

的科技供需平台和科技企业发展平台等各类园区发展所需要的创新服务体系。

（1）加强科技供需平台建设。首先，政府可以通过制定集群蓝图，甄选并吸引符合集群发展战略的科技中介企业，而后针对网络化合作进行专项资金扶持，完善各类信息中介服务机构，形成网络化、专业化、规范化的科技中介服务体系。重点扶持以科技服务为主要职能的高新技术产品推广、技术咨询和技术评估等发挥桥梁作用的中介机构。其次，采取建立行业交流平台，举办集群内部组织之间以及集群组织与外部组织间的交流会议、培训等措施，打造为不同组织提供信息、知识、资源共享的平台。最后，要构建出全方位、多层次的科技成果交易体系。重点搭建"网上技术交易服务平台"，推动技术市场交易的网络化、快捷化与便利化。总之，通过组建公共知识平台，构建产学研合作的知识信息桥梁，促进高技术产业成果的转化。尤其要通过平台实现企业、高校和科研机构的合作交流，充分发挥科研机构的智慧，为集群内企业服务，实现高新区与区域的一体化协同发展。

（2）完善科技企业发展平台。首先，完善科技孵化器功能。推进各类专业孵化器职能改革，从送一程孵化向全过程孵化转变，提高孵化效率。尤其要加大以产学研相结合联建科技企业孵化器的建设力度，提高科技成果转化效率。其次，加快特色产业基地建设。根据园区产业差异化发展规划，推动企业产业集聚，优化产业链，做强产业竞争力。

4. 优化创新投入群落主体——科技投融资体系结构

（1）建立多元化投融资体系。通过财政科技投入的引导、示范，推动企业投入、金融机构贷款、风险投资机构相结合的多元化科技投融资体系，加大对市场化运作风险投资公司的扶持力度，规范风险投资市场，积极引入社会资本参与创新创业投资。推动以中小企业板、创业板和新三板为目标的上市融资，对接支持自主创新的多层次资本市场，保证资金链顺畅，着力突破科技创新、产业发展的资金瓶颈。

（2）推进科技担保联盟建设。为完善风险分散机制，要鼓励高新区、科技孵化器和担保机构积极合作，建立担保联盟，共同为园区内科技型企业开展融资担保业务，鼓励民间资本设立科技担保机构。

8.3.2　以三链融合为推手提升高新区集群创新种群耦合度

1. 以产业创新生态链建设为立足点优化园区集群创新种群结构

园区内高技术集群中形成的网络拓扑结构应以良好的产业链为依托，而集群产业链的演化升级应以相适应的网络拓扑结构为保障，两者相辅相成，缺一不可。

（1）规划园区高技术产业集群发展，形成产业发展梯度结构。为规划园区有序发展，必须制定科学的园区产业集群发展规划。这不仅利于企业融入产业链，防止无序与过度竞争；也利于优化集群产业创新群落结构生态属性，通过关联企业的植入打造差异化的产业链群。首先，高新区不能闭门造车，要充分分析国内其他（尤其是周边）高新区的产业规划，制定出具有自身特色，同时又能与周边形成产业协同的产业规划。其次，要形成园区产业发展梯度，为高新区集群转型升级提供梯度层次。最后，围绕核心产业加快高新区配套产业的建设，努力形成大中小企业密切配合、专业分工和协作完善的产业链环。一要鼓励大中型高新技术企业或企业集团分解产业关键环节，或者科技人员和企业家从母公司分离出来自办公司，衍生出分工与协作关系紧密的一批关联企业。二要围绕降低高新技术产业化的成本，积极发展设计工程中心等配套产业加工中心。三要倡导围绕核心环节建设走专业化经营，通过分工合作形成产品配套生产价值模式。

（2）加快园区产业集群的转型升级，促进园区产业结构优化。要结合园区产业发展规划，引导资源向战略新兴产业集聚，重点突破产业发展瓶颈环节；要以产业大发展提供的机遇倒逼集群企业加快转型升级。

（3）依据产业规划推动高新区集群创新人才结构优化，形成梯队化发展格局。人才是集群创新生态能力提升的基础，也是高新区集群创新生态系统的首要资源，应该制定与产业发展规划相匹配的人才发展规划，建立面向国内外的高技术人才引进交流的中介机构，为集群创新生态能力提供可持续基础。首先，依托国家和地方各类人才计划吸引高层次创新人才，在园区内建设海内外高层次人才创新创业基地。其次，夯实实用型技术人才，为园区产业集群发展打下坚实基础。结合各园区产业发展特点，积极与重点职业院校和培训机构联合，培养出能满足园区产业发展需要的各类技能型人才和产业技术人员。

2. 以产业链带动知识链建设为纽带推动集群创新链（网络）优化

（1）依据集群产业发展规划，扶持与产业发展战略相匹配的龙头企业群。围绕龙头企业加快产业重点实验室、重点产业技术研究平台等机构建设，带动集群知识链的不断完善。营造合作氛围，培育出良好的集群社会资本，鼓励跨单位合作，对网络化合作进行专项资金扶持，完善各类信息中介机构，建立行业交流平台，定期举办集群内部组织之间及与外部组织间的交流会议，以此推动价值观和认知相互认同。

（2）营造条件，提升知识链主体协同创新支持能力。完善创新创业的环境和条件，完善产学研互动合作网络，健全产学研合作互动的激励机制，加强知识产权保护和技术标准建设，促进产业化和新知识的商业转化。创新要素的聚集、创新集群的形成，知识载体是前提，要推进孵化器的建设步伐，积极打造各类孵化器，与各类高校进行深度合作。搭建园区知识创新和流动渠道与平台，提高知识创新能力。

（3）改善传统知识中心合作模式，开发产学研合作新途径。首先，创新产学研合作方式。在实践中不断创新，将高新区的产学研合作模式从委托开发、合作开发、共同开发等较低级形式，升级为产学研战略联盟这种高级形式。进一步拓展产学研合作视域，构建产学研合作创新网络，把政府、金融组织、中介机构等都包含在内，形成完整的开放式的创新网络系统。其次，深化高校和科研机构改革。鼓励和支持高校、科研机构全面参与高新区的建设，探索教师、科技人员职称评聘、科技成果评定与支持产业发展挂钩的新机制。

（4）以知识集成为导向完善产学研合作机制。园区企业可以和当地高校、科研机构的相关实验室建立定向联系。由此企业人员也可以不定期到这些实验室，对科技研究人员所遇到的技术难题进行探讨、解答，同时可以了解这些研究成果可能给集群企业带来的帮助和机遇。这样产学研的联合可以促进知识的有序集成，从而提高集群创新生态能力。

3. 以网络融合为途径促进园区集群嵌入多重创新网络

（1）加快推动园区高技术集群融入区域创新系统。高技术集群是区域创新系统不可或缺的一部分，创建创新生态系统，包含与区域创新系统融为一体的产业集群的发展以及市场环境的创建，不仅是一个单独的集群的建立，也是高技术集群和整个区域的协同可持续发展，因此，需要结合整个区域协同合作促进高技术集群的发展。

（2）建立开放式的公共技术平台促使园区嵌入国际创新网络。目前高技术产业的技术制约点仍在国外，因此，需要利用集群内人才、资源、区位等自身优势，在先进技术和设备引进、资源共享及人才引进等方面进行大力倡导，不断加强国内外高校、创新机构之间的联系，促进彼此间的交流合作。

4. 以构筑多层次融资网络为支撑促进资金链与创新链协同

资本的支持是科技型企业渡过"死亡谷"的重要条件，对于创新活动活跃的科技型中小企业，应针对其不同成长阶段，分别实施创业培训、资助、投资、担保、改制上市等全方位支持的抚育计划，为企业创新提供良好的融资环境。把项目推介会、投融资对接会、银企洽谈会等产学研资对接方式常态化，定期开展。要为科技企业创新发展构筑起与融资机构、担保机构、管理咨询机构等中介机构之间的便捷通道。

5. 以搭建创新创业服务平台为抓手推动三链互动融合

搭建公共技术服务平台，促进技术创新载体、知识创新主体、资金资本的有效聚合，助力产业关键共性技术的推广，既降低中小企业研发成本，又有效推动产学研合作深入。高新区应按照融入产业、服务产业的目标，通过政府引导，引入市场化机制，分步骤分阶段建设各类公共技术支撑平台，促进集群产业链、知识链和资金链的集成化、网络化和最优化。

8.3.3　以优化园区创新软环境为抓手推动创新系统生态化

1. 加大创业投资引导力度，完善创业投资市场

逐步加大"创业投资引导基金"的政府投入，鼓励引导社会资本创办创业投资企业，为创业企业提供多渠道融资支持。创新创业投资模式，采取合作、共同投资、参股等多种形式对创业期的中小科技企业进行扶持；完善产权交易市场，健全创业投资退出渠道，建设健康的创业投资市场环境。

2. 打造多元、分层差异化融资产品，满足多样化需求

政府联合包括银行、保险、风险投资基金在内的一切社会资本搭建园区融资平台，根据企业发展阶段，项目实际进展情况，开发出系列创新型金融产品，针对性地提供金融支持。同时为降低融资风险，鼓励设立商业型担保机构和互助型担保基金，协调引导各类金融资本间相互担保，并建立担保风险补偿资金。

3. 营造具有活力的创新文化氛围，诱发创新动力

挖掘园区所在地区文化底蕴，与先进企业文化、商业文化和硅谷文化的精髓充分融合，提炼出适合自身特点的独特园区文化。要努力培育敢为人先、勇于冒险、大胆创新、宽容失败、奖励创造的创新文化，引导企业树立创新意识和创新思维，营造出一个学习、信任的园区文化氛围，培育以合作与竞争互动为主旋律的创新文化环境。

4. 搭建共生治理机制，革新园区发展模式

作为高新区发展　"织网人"的政府，在高新区的发展过程中扮演着重要的角色。伴随着高新区发展的不断完善和成熟，政府所扮演的角色必然要发生转变，其主导职能也要发生变化。要逐步建立由多方协同、合作管理的高新区共生治理

机制，形成多方民主治理的新的高新区运营模式。

8.4　高新区高技术集群创新集成体系生态建设战略重点

1. 健全以政府为主导的集群协同创新推进体系

进一步解放思想，深化改革，转变政府职能，创新体制机制，建立健全以政府为主导的协同创新推动体系。一是加强组织领导，提高整合能力，推进省、市、区联动，努力集聚创新资源和创新要素，形成推动创新型园区建设的合力。二是大胆探索，在推动自主创新的制度安排和政策体系方面不断取得突破。三是着力加强创新创业基地设施建设，加大科技公共品供应力度，充分利用现有公共科技资源，整合面向企业开放的公共科技服务平台。四是大力培育和发展各类科技中介机构，加快构建社会化、专业化、国际化的科技中介服务体系。

2. 健全以企业为主体的产业技术创新体系

从提升企业自主创新能力出发，大力培育高新区市场主体，健全以企业为主体的产业技术创新体系。一是强化企业创新主体地位，提升创新能力，营造鼓励企业自主创新的发展环境，增加企业开展技术创新的内在动力。二是鼓励和支持企业积极成立科研机构，扶持企业科研机构创新发展，成长为产业关键和共性技术研发的重要载体。三是推进产业技术联盟发展，开展新型产业组织，参与国家重大科技专项试点。四是推进产学研深度结合模式多样化和搭建出长效结合机制，推动产学研合作常态化，实现科技投入—产出—转化良性循环。五是加大对科技型中小企业创新资助强度，实施"科技型中小企业成长路线图计划"，增强园区企业创新活力。

3. 健全以高校及科研机构为支撑的知识创新体系

深化科研体制改革，着力科技创新潜能的充分发挥，建立健全以高校及科研机构为支撑的知识创新体系。一是充分发挥高校和科研机构作为知识创新主体的作用，激发原始创新活力，承担创新源重任。推动高校和科研机构走出国门，紧跟技术前沿，广泛参与国际学术交流与技术合作，组建开放型或实体型的创新研究机构和联合开发机构。二是推进高校和科研机构全方位融入高新区集群产业发展。鼓励高校、科研机构科技人员与企业需求对接研发，或联合开发科技项目。三是加快推进高校和科研机构科技成果管理机制市场化改革，为科技成果转化打开通道。四是鼓励和支持高校、科研机构联合企业构建产业技术创新战略联盟，推进产业关键技术和核心技术突破，解决产业发展困境。鼓励和支持高校、科研机构与高新区企业合作共建研发机构，共建博士后工作站，加强技术合作、技术交流和人才培训。

4. 健全以高新技术为主导产业的高新技术产业体系

立足战略新兴高技术产业，结合本地条件精选差异化优势明显的产业发展，强化各个高新区产业特色优势，立足产业做大做强，建立健全以高新技术为主导产业的特色体系，形成以主导产业为核心，产业之间关联的产业格局。

8.5　高新区集群创新体系生态整合优化建设战略途径

1. 以开放加快高新区高技术集群网络创新发展

深究我国内陆很多高新区发展不够、发展不快的根本原因，无不与开放不够有关。加快高新区集群创新网络建设，必须切实转变观念，摒弃区域文化中的故步自封成分，加大开放力度，从更高的视野来规划园区发展道路，谋求以开放获得跨越式发展机会。同时，在开放中要加快融入经济全球化浪潮的步伐，要有"不求所有，但求所用"的魄力，积极整合利用全球智力资源和发展资源，汇聚更多的发展要素，努力开拓国内国际两个市场，为园区发展打开快速通道。

2. 以融合加快高新区集群网络创新发展

当今世界，全球性技术融合、产业融合、企业融合、文化融合、组织融合、战略融合等趋势日益明显。这些融合能有效地整合资源、扩展功能、提高效率，提升效益，有利于和谐发展。高新区必须积极适应、自觉参与，有效促进多方面的融合。在加快推进技术融合、产业融合、企业融合、文化融合、组织融合、战略融合等过程中，要以创新促进融合，尤其要以技术的关联性和产业的延伸性为核心开展，避免盲目导致偏离集群核心能力建设轨道。

3. 以集成加快高新区集群网络创新发展

集成的实质是要求各高新区打破区域的限制，从区域外获取园区创新网络建设需要的各种优质资源，包括科技成果、管理理论、创新资源等，让园区成为人才、技术、信息、资金、管理等发展要素的集聚地。通过多方面行之有效的集成，高新区要强化优质发展资源的累积叠加效应，努力把高新区打造成自主创新高地、产业发展高地、人才高地和生态文明高地。同时，要从管理体制、市场环境和社会氛围等方面营造出有利于实现创新驱动发展战略的条件。

8.6　推动高新区集群创新集成体系生态建设保障机制

1. 创新产出的保护机制

对创新成果的保护是促进创新良性发展的有力措施。要有效保护知识产出，既要实施严格的知识产权保护政策，又要搭建由社会组织搭建的行业协会性质的舆论监督机构，通过对侵权行为的社会舆论监督导向园区尊重知识的风气，形成促进产业集群发展的良好科技信用文化环境。同时也需要建立严格的惩罚机制对违背知识产权的行为进行处罚。

2. 创新投入的激励机制

园区集群企业的创新投入是创新型园区建设的前提和根本保证，政府不仅自身要加大对创新的投入，还要采取强有力的措施推动企业增加投入；要通过更积极的税收优惠政策支持高新技术产业、战略产业企业增加研发投入；通过规范政府采购管理制度，明确支持科技型中小企业，对创新企业起到需求牵引鼓励作用；通过实施人才计划，不仅要吸引国内优秀人才，也要吸引海外高素质的留学人员和科技人才带着科技成果来高新区内创业。

3. 创新资源的整合机制

高新区集群创新生态系统的协调整合机制主要指集群资源共享实现条件方面。要积极搭建与完善科技信息、科技成果、人才等创新资源数据库，推进网站建设；建立和完善科技供需平台；完善科技资源共享利益交互机制。

4. 创新系统的平衡机制

首先，搭建开放性平台，保持系统开放性。为防范集群认知和功能锁定，提升企业创新动态能力，要保持园区内外部知识流动渠道的畅通。政府应加强集群的对外连接渠道建设，建立开放式的公共技术平台，在吸纳外界新技术的同时，让集群"走出去"学习；通过建立跨区域的产学研合作平台，加强本地集群与外地高校（科研机构）、本地集群与外地集群甚至与国外集群的深度合作。以此实现园区企业知识的积累与更新，引导高新技术产业集群不断升级并发展到新的水平。其次，保持适度的成员异质性，维持合理的竞合水平。依据生态位原理，为维持系统的稳定和平衡发展，必须要保证种群内和种群间的差异性。同样，在园区产业发展和产业链建设中，要注意进入企业的质性，避免同质企业引入太多，导致同质竞争激烈程度太高，造成企业间单纯的价格战争，不利于企业创新与提升核心能力，最终不利于园区产业稳定发展。

8.7 高新区高技术集群创新集成体系生态建设政策建议

8.7.1 高新区高技术集群创新集成体系生态建设政策指导思想

作为开拓高新技术产业发展领域、提升区域创新能力与竞争力以及促进经济和社会发展的重大战略举措的高新区，其发展定位应高、新、尖、强，朝着集群化、生态化方向走集约化内涵式发展道路。要围绕自主创新能力生态发展设计导向政策体系，以营造开放的创新网络为基本导向，引导各高新区向创新生态型发展战略目标方向迈进。

8.7.2 高新区集群创新集成体系生态建设政策制定坚持的原则

1. 注重系统性的政策思路，树立大局观

高技术企业集群的发展政策是一项系统性工程。从系统论可知，各要素可互相促进，也可相互制约，这种影响会使创新生态系统保持平衡也会使其发生巨变，因此，政策对集群发展的作用要统筹考虑，从系统的观点构建政策，力求创新系统中各要素的协同。同时，面对高技术集群发展中的问题，当需要政策进行引导和调控时，要从大局观出发，不能片面地看待问题，以免形成单一的政策，最终形成饮鸩止渴的局面。

2. 重视眼下问题，更注重长远考虑

高技术集群的发展中，会遇到各种棘手的问题，政策的作用在于帮助解决问题，从宏观把控态势。那么在长期的发展中，就必须用发展的眼光看待问题，立足长远解决问题，不因当前的一点问题而损失长远利益，注重眼下问题的深层原因，从长远的角度寻找政策上的解决办法。

3. 以市场调控为主，以政策调控为辅

高技术企业集群的生存从本质上说就是依赖于市场，虽然集群的发展会遇到问题，但不等于政策在每一次问题面前都要进行干预，集群这种复杂的系统具有自我调节的功能，有时出现问题系统会自我修复，过多的政策干预将会形成"好心办坏事"。无论从理论还是实践上，让市场唱主角、政策作辅助的原则是应当谨记的。

4. 坚持公正法治，重在政策落实

针对高技术企业集群的政策重在落实，政策的好处应公平地让集群中的企业得到，而不是变成某些企业、某些利益集团的"奶酪"。集群的发展会遇到瓶颈，其中的原因不乏利益集团的格局难以打破，阻碍了整体的发展。只有坚持法治公正的原则，保护集群企业的应得利益，才能营造集群良好的商业氛围，提高各企业的商业信心，激励其创新行为，突破发展瓶颈。

8.7.3　高新区集群创新集成体系生态建设政策功能定位

作为高新区集群创新发展的助推手，政府在提升高新区集群创新能力、建设创新生态型园区上的功能主要定位在指导创新发展、配置创新资源、搭建创新平台和引导创新投资等方面。

1. 指导创新发展

政府制定高新区的战略发展规划时，应在对高新区集群发展现状进行充分科学评估基础上，科学预判未来发展的趋势，前瞻性规划高新区集群创新集成体系建设方向、目标，指出实施过程中的重点、难点实施步骤，以及制定相应的体制机制保障措施。

2. 配置创新资源

要应对技术的复杂性带来的对创新资源门槛数量和质量的高要求，以及发挥资源集聚的规模效应和外部效应，政府应通过掌握的大量创新资源，采用科技项目、科技计划等方式推动创新资源与高新区具体产业发展规划相结合，发挥引导和示范效应。另外，政府可利用自身在信息渠道、组织管理和信誉等方面的优势，有效推动分散的资金、技术、人才、信息等创新要素向高新区汇聚，产生创新集群效应。

3. 建设创新平台

创新平台是推动企业创新活动、促进产学研合作、优化创新创业环境的重要措施。在高新区迈向创新生态园区战略实施道路上，政府应把主要精力放在建设科技企业孵化平台、公共技术平台、技术转移平台、投融资平台、信息服务平台、政策服务平台、管理服务平台等方面，围绕高新区主导产业和骨干企业，着力建设工程技术研究中心、企业重点实验室、校企共建研发中心、专业孵化机构、生产力促进中心等公共技术研发平台。尤其要构建产业共性技术创新平台和科技创

新成果转化平台，积极推进产学研深度合作，在产业技术链上的共性技术、关键技术与先进适用技术方面开展协同创新，形成创新产业、高校和科研机构合作模式。

4. 引导创新投资

首先，要鼓励与支持企业成为研发创新投入的主体。政府要出台力度更大的鼓励企业创新的相关政策，通过资金扶持和分散创新风险的方式提升企业创新的积极性；充分发挥财税等政策杠杆的导向作用，引导鼓励高新区内企业组建研发中心，加大创新投入，形成配套经费支持企业创新投入的激励机制。其次，实施项目带动战略，通过项目的合理组合，使项目产生创新团簇。最后，实施政府投资引导战略，通过对高新技术产业和战略新兴产业投资，产生政府投资的"乘数效应"。

8.7.4　高新区高技术集群创新集成体系生态建设政策周期演进

1. 重视顶层设计，科学引导园区产业集群发展规划蓝图顺利实现

政府应在详细分析当地区位优势、资源禀赋、蓝海市场情况的基础上对产业战略体系进行设计，尤其应重视产业战略体系中知识链的构建，打造基于共同基础知识的多样化高技术集群，避免与区域内其他产业集群知识同质化，使集群与本区域其他产业形成良好的拉动和推动，以便在未来让创新向多方面进行扩张。还应注意在规划产业战略体系时，要同时考虑集群网络的规划，通过定性和定量的研究方法初步制定集群蓝图，甄选并吸引适合集群发展战略的企业，使今后的集群网络关系与产业结构协同完善。高技术集群网络拓扑结构应以良好的产业链结构为依托，集群产业链的演化升级应以相适应的网络拓扑结构为保障，两者相辅相成，缺一不可，只有两者都形成合理的结构，创新集成能力才得以持久提升。

2. 推动集群产业结构和社会网络的协同发展，实现创新网络生态化

当集群处在高速发展期时，政策的着力点在于迅速发展并完善创新生态系统内的结构，充分发挥集群的集聚效果和集成效应，在较短时间内提高创新能力，构建竞争优势。

首先，在集群网络的建设和完善方面，政府应加快完善各类信息中介机构。通过建立行业交流平台，举办集群内部组织之间以及集群组织与外部组织间的交流会议、培训等措施打造为不同组织提供信息、知识、资源共享的平台；同时，

通过金融制度的完善和文化的建设鼓励企业间形成网络联盟，针对网络化合作进行专项资金扶持，发挥互补性资源的优势，优化资源配置，提高整体竞争力；通过创新文化的建设促进企业之间，企业与高校之间的合作动力，形成相互认可的价值观和认知。

其次，在产业生态结构完善方面，依据集群产业发展规划，甄选并扶持与集群产业发展战略相匹配的龙头企业群，围绕龙头企业加快产业重点实验室、重点产业技术研究平台等机构建设。在产业集群发展规划的基础上，为企业融入产业链提供机会和空间，防止无序竞争、过度竞争和不正当竞争。加快产业集成化的落地，通过财政扶持和政策倾斜推行产业化项目，让大企业和园区内众多小企业形成产业链网，以此带动集群知识链的不断完善。持续推进产学研平台的建设，注重其中知识链、价值链、产品链三链一体，从而打造创新链。还有一点应注意的是，集群网络关系与产业结构要协同完善，因为高技术集群中形成的网络拓扑结构应以良好的产业链结构为依托，而集群产业链的演化升级应以相适应的网络拓扑结构为保障，两者相辅相成，缺一不可，只有两者都形成合理的结构，创新集成能力才得以持久提升。

3. 维持与保证集群系统开放性，促进创新能力的动态性

集群进入成熟期后，虽然发展进入稳定状态但同时也面临潜在的风险。随着集聚所带来的收益效应递减，加之创新的难度越来越大，仅依靠集群内部网络化带来大量渐进式创新的方式不能进一步扩大核心竞争力，更多的企业出现创新惰性，在创新上"搭便车"，使企业的创新收益受损，以及造成过度竞争。另外过度嵌入的风险使集群陷入技术锁定，形成闭门造车的现象。然而，集群创新生态系统必须具备良好的开放性，才能自我更新，持久发展。所以，成熟期的政策着力点在于保证集群良好的开放性，提前为各种风险做准备，把握集群在衰退前转型升级的路径。

首先，政府应成立专门机构，组建信息发布平台，定期对集群产业技术发展动态进行介绍，增强企业的危机意识。政府部门应通过政策引导、财税支持加大企业研发投入与管理。增强对科研机构、高校的基础研究投入，大力支持企业、高校、科研机构间的合作项目，将高校打造成为区域内技术瞭望的前沿和知识创新的源泉，培养高校后备人才并为其在集群内提供专业化教育和就业机会，形成知识创造—知识资本化—产业化—价值获取的良性循环。同时，为保护企业的创新效益，维持企业的创新欲望，避免创新惰性，政策上应加大知识产权保护力度，严格采取法律手段保护企业的创新收益，打击相关违法行为。政府还应维持集群内企业的竞争秩序，发挥行业协会等中介机构的作用，避免恶性竞争，引导理性竞争，树立利益共同体的观念。

其次，在避免过度嵌入的危险上，政府应促进集群内企业加强对外连接，培育"知识守门人"式的企业，担负外界知识吸收和内部知识扩散的职责；同时通过建立开放式的公共技术平台，在吸纳外界新技术的同时，让集群"走出去"学习；通过政策的帮助以及建立灵活的风投机制，帮助集群内投资者，降低风险成本；通过建立跨区域的产学研体系，增强本地集群与外地高校（科研机构）、本地集群与外地集群甚至本地集群与国外集群的深度合作。要时常注意保持集群合适的网络开放度以适应不断变化的外界环境，注重跨网络联系，保持创新网络的柔性，避免本地网络锁定的风险。

4. 推动集群产业结构梯队化发展，把握集群转型升级的机遇

集群有时会进入持续的衰退阶段，此时的集群已经不能良好地适应外部环境的变化，一旦外界环境出现激荡，集群的衰退速度将越来越快，甚至死亡。那么，政策的着力点首先应是"未雨绸缪"，避免此情况的过早发生。政府应在集群发展的过程中，根据集群产业的规划，促进集群内产业化发展梯队结构，发挥成熟产业—快速发展产业—新兴产业间的联动效应，以产业的梯队结构带动技术创新的梯队发展，使高新技术在发展中能迅速更新，再以技术创新的梯队化对集群内人才资源的发展进行匹配，形成高技术产业集群内合理的人才结构，从微观到宏观提高集群自我更新的能力，保证集群能顺利转型升级。其次，若集群进入衰退不可避免，则政府应建立集群重建计划，主要包括通过技术改造将原来的衰退产业集群转变为与新兴产业相关的集群，大力支持技术改造项目；若不能进行改造，则应果断进行技术淘汰、产能整合、企业间的重组等，并确定大力发展的新兴产业，充分利用现有资源加快新兴产业的发展，也可通过引进具有巨大潜力的新兴技术进行培育，重新将集群带回新一轮生命周期。但必须承认的是，将集群从衰退期带出，必须经过阵痛，并付出很大的代价，其过程更是艰辛，所以政府应努力避免这种"亡羊补牢"，在先前就培养集群发展的后备力量，使产业形成梯队发展，抓住转型升级的时机。

8.7.5 推动高新区集群创新集成体系生态建设的政策重点

1. 重点建立创新支持系统

政府促进集群创新能力为目的政策体系，其主导作用主要集中在金融支持体系和公共服务品投入体系建设引导上。

在金融支持上，一方面，政府应打造多元化投资体系，拓宽投资渠道以对接更多的社会资本进入，促进并规范风投市场，帮助更多中小企业获得融资，促进

中小企业在创新投入上的力度；另一方面在财政扶持上，不能盲目地利用财政手段开展项目，要科学地甄选扶持项目，也不能让财政扶持成为某些"关系户"独享的蛋糕，要保证财政扶持的公平公正公开。

在公共服务品投入上，政府要不断加强自身的平台作用，建立专业化、网络化的科技中介服务体系，促进创新转化以及创新成果与外界市场对接；建立行业交流平台，促进集群内外的技术交流和学习；尽快完善技术成果交易市场，提高研究成果的市场化以激励创新。

2. 加强创新环境支撑体系的建设

创新环境是集群创新发展的催化剂，政府应着力打造创新环境支撑体系，主要包括硬环境和软环境。硬环境上加强集群所在区域公共基础设施的建设，打造高效率的工作环境和舒适的生活环境。软环境上，通过做好宣传工作，打造富有当地人文特色的创新精神，鼓励创新创业；建立诚信的商业环境；依法治理、公平公正；引导集群内企业、人员形成享受学习、热爱创新的高知区域，树立以创新为导向的思维方式。

3. 不断优化产学研协同的创新体系

针对目前很多高新区集群中产学研合作效率低下的问题，政府应设法先加强产研关系、产学关系、学研关系，之后产学研间才能相互依存，协同提升。产研方面，要提高研究成果转化率，加强知识产权管理模式，推广技术转让和专利许可的形式，加强创新成果的商业化运作。产学方面，政府应促进高校与产业形成长久的、可持续的联盟形式，让高校为产业发展提供坚实的理论基础和创新成果；让产业为高校提供教育实践的基地，推动高校教育质量的提升。学研方面，应加强理论基础研究和技术应用研究相匹配，加强科研机构和高校人员的流动，让高校为科研机构提供更多的后备人才，让更多富有经验的技术研究人员在高校任教，把握理论创新方向，评估创新成果，帮助创新成果推向产业。只有在各方面间都有良好的回馈关系，产学研联盟才能真正形成，产学研合作新途径才能不断优化。

8.8　本 章 小 结

本章首先阐述了高新区集群创新集成体系生态整合建设要实现创新生态化、产业集群化的总目标，要创办出具有产业特色的创新型园区，要围绕以产业链、知识链、资金链耦合构筑创新链为核心以及以创新网络完善与优化为出发点的思路，要坚持核心物种培育、创新生态链建设和系统管理三大原则，开展高新区集群创新集成体系生态化建设。接着从高新区集群创新种群生态建设、创新种群耦合度建设、创新软环境优化提出集群创新集成体系生态建设的具体的可操作性强的措施。再次，从创新产出保护、创新投入激励、创新资源整合和创新系统平衡四个方面分析了集群创新集成体系生态建设的保障机制，提出了以健全政府为主导的集群协同创新推进体系、健全以企业为主体的产业技术创新体系、健全以高校及科研机构为支撑的知识创新体系和健全以高新技术为主导的高新技术产业体系的高新区集群创新集成体系生态建设战略重点，提出以"开放、融合、集成"为途径加快高新区集群网络创新发展。最后，对高新区集群创新集成体系生态化建设政策进行了思考，包括指导思想、坚持的原则、政策功能定位、政策措施及政策重点。

第9章 湖北高新区集群创新集成体系生态建设实证分析

9.1 湖北高新区集群创新集成体系生态建设现状

为了深入认识湖北省各高新技术产业开发区创新发展概况，就创新体系生态建设状况对武汉、宜昌、襄阳等高新区的 800 多家企业进行实地调研（共发调查问卷 836 份，回收有效问卷 802 份），并与各高新技术产业开发区管委会进行有效沟通，经过科学的分析，初步明晰了湖北省高新区发展的基本情况。

湖北省高新区整体发展概况介绍

从 1991 年武汉东湖高新区成立至今，湖北省已经建设成以武汉为龙头、襄阳和宜昌为两翼的 22 个高新区（5 个国家级高新区、17 个省级高新区）的布局。短短 20 多年，各高新区已迅速成长为湖北省经济发展的重要力量，成为湖北省高新技术产业发展的高地和经济发展的强力引擎，更是区域创新系统的有机和关键组成部分。

1. 园区整体发展势头良好

截至 2013 年，湖北省高新区高新技术企业总数达 1577 家，高新区拥有的企业总数超过 6 万家，从业人员达 300 多万人。2013 年，湖北省高新区总计完成规模以上工业总产值 9484 亿元，同比增长 26.8%；实现工业增加值 4132 亿元，同比增长 26.3%；实现税收 602 亿元，同比增长 19.1%。此外，出口总额也取得较好成绩，实现 84.12 亿美元，同比增长 17.55%，高出全省外贸出口增幅 16 个百分点，有力地支撑了全省外贸出口的格局。高新区已成为全省发展最快、创新最活跃的区域之一。如今，高新区已成为湖北省各市经济发展的支柱和经济增长的引擎，同时也是地方经济发展的重要增长极。

2. 高新技术产业不断壮大

2013 年，湖北省高新技术企业数量已突破 2000 家，全年实现高新技术产业总产值 10 657.16 亿元，同比增长 17.5%，占湖北省生产总值比重达到 16.3%；实现高新技术产业增加值 6960.4 亿元，同比增长 18.6%；全省高新区高新技术产业出口规模达到 180.64 亿美元，同比增长 33.0%。说明近年来湖北省高新区高新技术产业取得了快速发展，为湖北经济和社会发展作出了积极贡献（图 9-1）。

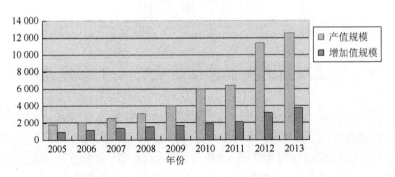

图 9-1　湖北省近年高新技术产值及增加值规模（单位：亿元）

3. 产业格局趋合理且集群竞争力彰显

就区域而言，湖北省形成了以武汉东湖国家自主创新示范区为龙头，以宜昌、襄阳、孝感、荆门四大国家级高新区为支撑，以若干省级高新区依托长江、汉江两线串珠式的带状为基础的发展格局，呈现"一主两翼"的新态势，如华中苍鹰蓄势进发。就产业而言，目前形成了以光电子信息产业为主导，生物医药、新材料与新电子、汽车装备制造等产业协调发展的新结构。

湖北省高新区产业集聚效应明显。2013 年，湖北省高新区五大主要产业中，电子信息产业实现增加值 390.74 亿元，同比增长 29.6%；装备制造与新材料产业则分别实现增加值 934.5 亿元和 514.6 亿元，分别占到全省高新技术产业增加值的 40.2% 和 22.1%；新能源与节能产业同比增长 29.5%，实现增加值 103.72 亿元；生物医药与医疗器械产业实现增加值 138.1 亿元，同比增长 18.2%。同时，市场竞争力日趋增强，例如，武汉东湖高新区激光产业集群的产品稳居国内市场份额第一（图 9-2）。

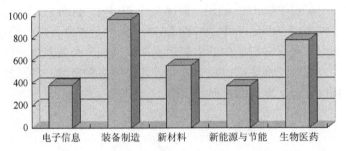

图 9-2　2013 年湖北省高新区五大主导产业增加值情况（单位：亿元）

4. 高新区自主创新载体地位逐渐凸显

目前，全省高新区聚集规模以上企业 2760 家，其中高新技术企业 810 家，占全省高新技术企业总数的 69%。全省 50%以上的科技企业孵化器活跃在高新区，50%以上的企业授权专利集中在高新区。特别是东湖高新区被国务院批准成立建设国家自主创新示范区以来，创新资源集聚步伐加快，技术创新和经济发展势头强劲，对全省高新区的示范带动作用越来越明显。总之，高新区已经成为全省区域创新体系和自主创新建设的主战场。

9.2　湖北高新区集群创新集成体系建设质量解析

9.2.1　高新区集群创新系统创新效率动态分析

根据数据的可获得性并契合研究目的，从科学性出发，将高新区的从业人数和固定资产投资总额作为主要素。将规模以上工业主营业务收入、规模以上工业增加值以及出口总额作为衡量产出的指标。根据《湖北统计年鉴》和《湖北科技年鉴》数据，经数据包络分析方法处理后的湖北省高新区 2011～2013 年运行效率结果如表 9-1～表 9-3。

表 9-1　2011 年数据包络分析有效性分析结果

高新区	总效率	纯技术效率	规模效率	规模收益
东湖	1.000	1.000	1.000	不变
襄阳	1.000	1.000	1.000	不变
宜昌	0.592	0.646	0.916	递增
黄石	0.896	0.907	0.987	递增
大冶	0.290	0.403	0.720	递增
十堰	0.932	1.000	0.932	递增
宜都	1.000	1.000	1.000	不变
葛店	0.361	0.409	0.883	递增
荆门	0.347	0.456	0.760	递增
孝感	0.348	0.572	0.609	递增
荆州	0.283	0.343	0.825	递增
石首	0.788	1.000	0.788	递增
黄冈	0.321	0.504	0.637	递增

续表

高新区	总效率	纯技术效率	规模效率	规模收益
武穴	0.637	1.000	0.637	递增
咸宁	0.321	0.603	0.532	递增
随州	1.000	1.000	1.000	不变
仙桃	0.651	1.000	0.651	递增
天门	0.486	0.924	0.526	递增
平均	0.641	0.786	0.795	—

表 9-2　2012 年数据包络分析有效性分析结果

高新区	总效率	纯技术效率	规模效率	规模收益
东湖	1.000	1.000	1.000	不变
襄阳	1.000	1.000	1.000	不变
宜昌	0.959	1.000	0.959	递增
黄石	0.693	0.725	0.957	递增
大冶	0.433	0.465	0.933	递增
十堰	0.875	0.917	0.953	递增
宜都	1.000	1.000	1.000	不变
葛店	0.468	0.494	0.947	递增
荆门	0.340	0.368	0.925	递增
孝感	0.497	0.501	0.992	递减
荆州	0.289	0.302	0.955	递增
石首	0.845	1.000	0.845	递增
黄冈	0.396	0.483	0.820	递增
武穴	0.601	1.000	0.601	递增
咸宁	0.323	0.566	0.571	递增
随州	0.803	1.000	0.803	递增
仙桃	0.229	0.242	0.947	递增
天门	0.588	1.000	0.588	递增
平均	0.630	0.726	0.878	—

表 9-3　2013 年数据包络分析有效性分析结果

高新区	总效率	纯技术效率	规模效率	规模收益
东湖	1.000	1.000	1.000	不变
襄阳	1.000	1.000	1.000	不变
宜昌	0.918	0.922	0.995	递减

续表

高新区	总效率	纯技术效率	规模效率	规模收益
黄石	0.713	0.748	0.954	递增
大冶	0.475	0.503	0.945	递增
十堰	0.750	0.796	0.943	递增
宜都	1.000	1.000	1.000	不变
葛店	0.416	0.445	0.935	递增
荆门	0.373	0.414	0.901	递增
孝感	0.585	0.593	0.987	递增
荆州	0.317	0.333	0.954	递增
石首	0.740	1.000	0.740	递增
黄冈	0.405	0.489	0.829	递增
武穴	0.601	1.000	0.601	递增
咸宁	0.318	0.729	0.437	递增
随州	0.678	1.000	0.678	递增
仙桃	0.250	0.269	0.929	递增
天门	0.462	0.549	0.843	递增
平均	0.611	0.710	0.871	—

（1）总体上看，2011~2013 年总效率平均值呈递减趋势，远没达到数据包络分析有效；纯技术效率呈递减趋势，从 0.786~0.710，说明湖北省高新区的投入产出能力恶化严重；规模效率方面变化不大，处于递增阶段。这些数据一方面说明园区目前还是呈粗放式发展格局，未能有效实现走内涵式创新发展道路；另一方面也说明目前园区产业规模还待提升，需要加快产业链优化与完善布局。

（2）2011~2013 年只有武汉、襄阳、宜都三地为数据包络分析有效单元，地区的投入产出规模合适，资源配置合理，是湖北省高新区发展引擎。2010 年高新技术产业增加值占全省比例已达 74%，2011~2013 年逐年提高。揭示出在区域发展方面"一主两翼"的发展格局更加突出，但却未能有效实现全省高新区协同发展。

（3）2011~2013 年石首、武穴、随州基本上纯技术效率为 1.0，规模效率并没有达到 1.0 且规模收益处于递增状态，投入产出比例合适，可通过扩大投入增加产出，尤其是石首。说明三地产业发展彰显特色，内生协同效应凸显。要增加对这些地区的投资规模，使其能够达到规模产出，再造一个小型"一主两翼"格局。与武汉、襄阳、宜昌为主的区域引擎形成协同。

（4）2011～2013年，数据包络分析无效单元增多，高新区在改革发展中存在扩大规模与提升技术能力并存的压力。说明这些高新区的集群化水平较差，创新能力不足。

在前面动态效率分析基础上，为进一步认识高新区之间的发展差异，分组进行聚类分析。聚类分析的目标就是在相似的基础上收集数据，并依据研究对象的特征，对其进行分类，减少研究对象的数目，有利于根据对象的层次特征分析对象。本书依据所选指标，根据《湖北统计年鉴的数据》对2011～2013年三年的全省18个高新区分别做 Q 型聚类分析，所使用的软件为SPSS21.0。聚类结果如表9-4所示。

表9-4　高新区聚类分析结果

年份	层次	聚类结果
2011	第一层	东湖
	第二层	襄阳、宜都
	第三层	宜昌、十堰、黄石、荆州、随州、仙桃、石首、武穴、天门
	第四层	大冶、葛店、荆门、孝感、黄冈、咸宁
2012	第一层	东湖
	第二层	襄阳、宜昌
	第三层	十堰、荆州、荆门、仙桃、石首、武穴、天门、随州、宜都
	第四层	大冶、葛店、孝感、黄冈、黄石、咸宁
2013	第一层	东湖
	第二层	襄阳、宜昌、孝感、荆门
	第三层	石首、十堰、葛店、荆州、随州、宜都、仙桃、咸宁
	第四层	黄冈、武穴、天门、大冶、黄石

根据SPSS21.0的聚类分析运行结果，按照所选指标结合投入产出原理，湖北省的18个高新区分为四类。前两类即第一层和第二层为投入产出效率较高的高新区类，他们基本上达到数据包络分析有效，资源配置较为合理，并且达到规模经济。第三层为投入产出效率一般的高新区类，这些高新区整体的投入产出绩效不高，但是它们在某些年份中达到技术效率、纯投入产出效率合理，它们可以通过调整产业结构布局，改变产业规模从而达到规模经济。第四层为投入产出效率较差的高新区类，这些高新区不仅没有达到纯投入产出效率，而且还面临着规模不经济的压力。

纵向来看，处于第一层和第二层的高新区数量呈增加趋势，以东湖高新区、襄阳高新区和宜昌高新区等国家级高新区为主。第三层高新区数目在历年中变化较大，呈减少态势，而且多数高新区都处于该层，这些高新区虽然整体实力不强但是均有较大的发展潜力。处于第四层的高新区实力最弱，但从历年的发展趋势来看，是呈减少态势的。

9.2.2　湖北高新区产业集群化发展水平分析

1. 集群化程度测评指标体系设计

围绕产业集群的概念特征，结合高新区内涵发展要求，尤其是创新能力生成与演化要求下的集群结构特征，我们把集群化发展水平测度指标体系分化为三个模块，即高新区产业集聚能力、高新区产业集聚产出能力和高新区产业集聚发展能力，并进行初步指标设计。高新区产业集聚能力包括企业个数、规模以上企业个数、高新技术企业个数、高新区内产业数、同一产业企业密度、产业关联度、园区内高校与科研机构数量、服务体系完善程度和从业人员；高新区产业集聚产出能力包括工业总产值、人均工业总产值、工业增加值、人均工业增加值、主营业务收入、人均主营业务收入、高新区出口额、人均出口额和专利申请数量；高新区产业集聚发展能力包括外商投资总额、外商投资增加率、固定资产投资总额、固定资产投资增加率和新企业增长率等构成的指标体系。

通过查阅《湖北统计年鉴》《湖北科技年鉴》《湖北科技统计年鉴》及各高新区官网，发现高新区内高校和科研机构数量、服务体系完善程度和专利申请数量三项指标的数据并没有进行统计，考虑到数据的可获取性，将此三项指标删除，不进行因子分析。

初步进行的因子分析显示，笔者建立的指标体系整体的数据在标准化以后并不是正定矩阵。因此，KMO 值并不显示，也就是不适合做因子分析。接下来根据数据的相关性原理，对一些相关性较差的变量进行删除，此轮删除的变量为企业个数、高新区内产业数、人均工业总产值、人均工业增加值、人均主营业务收入、人均出口额、新企业增长率。最终建立的指标体系如表 9-5 所示。

表 9-5　甄别筛选后的指标体系

一级指标	二级指标	三级指标
高新区产业集群化程度	高新区产业集聚能力（V_1）	规模以上企业个数（V_{11}）
		高新技术企业个数（V_{12}）
		从业人员（V_{13}）
		同一产业企业密度（V_{14}）
		产业关联度（V_{15}）

续表

一级指标	二级指标	三级指标
高新区产业集群化程度	高新区产业集聚产出能力（V_2）	工业总产值（V_{21}）
		工业增加值（V_{22}）
		主营业务收入（V_{23}）
		高新区出口额（V_{24}）
	高新区产业集聚发展能力（V_3）	外商投资总额（V_{31}）
		固定资产投资总额（V_{32}）
		外商投资增加率（V_{33}）
		固定资产投资增加率（V_{34}）

2. 数据检测

通过《湖北统计年鉴》《湖北科技年鉴》《湖北科技统计年鉴》及各高新区官网获得统计数据。通过 SPSS17.0 对获得的数据进行信度分析，可以从表 9-6 中看出，基于标准化项的 Cronbach's α 值达到了 0.951，这表明所获得的数据具有很高的可信度，比较真实可靠。

表 9-6　可靠性统计量

Cronbach's α	基于标准化项的 Cronbach's α	项数
0.339	0.951	13

采用 SPSS17.0 对选取的 13 个指标进行统计分析。从表 9-7 中看到整个指标体系的 KMO 值为 0.766，一般 KMO 值达到 0.6 以上就可以进行因子分析，因此，我们所建立的指标体系能够较好地进行因子分析。同时 Bartlett 球形度检验的 P 值为 0.000，由此可知本次建立的指标体系也具有很好的结构效度，能够测量我们所需要测量的内容。

表 9-7　KMO 和 Bartlett 的检验

取样足够度的 Kaiser-Meyer-Olkin 度量		0.766
Bartlett 球形度检验	近似卡方	439.394
	df	78
	P	0.000

3. 因子分析过程

从表 9-8 中可以看到，特征根大于 1 的因子共有 2 个。为了深化公共因子对实际问题的分析能力和解释能力，对提取的 2 个主因子运用方差最大化正交旋转法对载荷矩阵进行因子旋转。第一个因子旋转后的方差贡献率为 71.133%，第二个因子旋转后的方差贡献率为 12.407%，两个因子的总方差贡献率为 83.540%，说明所提取的两个因子能够解释 13 个变量的 83.540%的信息，达到了很好的因子提取效果。

表 9-8　因子特征根和累计方差贡献率

成分	未旋转的初始因子			旋转后提取的主因子		
	特征根	方差/%	累积方差/%	特征根	方差/%	累积方差/%
1	9.417	72.442	72.442	9.247	71.133	71.133
2	1.443	11.098	83.540	1.613	12.407	83.540

表 9-9 为旋转后的因子载荷矩阵，根据矩阵中的数据，可以知道规模以上企业个数、高新技术企业个数、从业人员、同一产业企业密度、产业关联度、工业增加值、主营业务收入、高新区出口额、外商投资总额、固定资产投资总额在第一个因子上具有较大的载荷，因此，把它们归为第一个因子，这些因子集中反映了高新区的投入与产出的转化能力，所以命名为产业集群化水平因子。而外商投资增加率和固定资产投资增加率在第二个因子上具有较大的载荷，因此将它们归为第二个因子，这两个变量反映的是增长率，也就是高新区产业集群化可持续发展能力，故命名为产业集群化发展因子。

表 9-9　旋转后因子载荷矩阵和得分系数矩阵

旋转成分矩阵			成分得分系数矩阵		
指标	成分		指标	成分	
	F_1	F_2		F_1	F_2
高新技术企业个数	0.990	−0.035	规模以上企业个数	0.093	0.047
高新区出口额/万美元	0.987	−0.083	高新技术企业个数	0.120	−0.108
从业人员/万人	0.982	0.036	从业人员/万人	0.113	−0.059
工业总产值/亿元	0.978	−0.074	同一产业企业密度	0.112	−0.059
外商投资总额/万美元	0.972	0.057	产业关联度	0.021	0.259
同一产业企业密度	0.971	0.034	工业总产值/亿元	0.122	−0.133
工业增加值/亿元	0.959	0.243	工业增加值/亿元	0.093	0.084
主营业务收入/亿元	0.952	0.260	主营业务收入/亿元	0.091	0.096
规模以上企业个数	0.915	0.183	高新区出口额/万美元	0.124	−0.140

续表

旋转成分矩阵			成分得分系数矩阵		
指标	成分		指标	成分	
	F_1	F_2		F_1	F_2
固定资产投资总额/万元	0.753	0.570	外商投资总额/万美元	0.111	−0.044
产业关联度	0.497	0.442	固定资产投资总额/万元	0.041	0.324
固定资产投资增加率	−0.093	0.875	外商投资增加率	−0.032	0.261
外商投资增加率	0.007	0.384	固定资产投资增加率	−0.085	0.603

为分析出各个高新区的集群化发展水平，采用回归法得到因子得分系数矩阵（表 9-9），根据该矩阵和变量观察值可以计算出因子得分，计算公式为

$$F_1=0.093V_{11}+\cdots+0.021V_{15}+0.122V_{21}+\cdots+0.124V_{24}+0.753V_{31}+\cdots+(-0.085)V_{34}$$
$$F_2=0.047V_{11}+\cdots+0.259V_{15}+(-0.133)V_{21}+\cdots+(-0.140)V_{24}+0.570V_{31}+\cdots+0.437V_{34}$$

根据旋转后的特征根方差贡献率为权与因子得分进行加权计算综合因子得分，对高新区进行因子和综合得分排名，如表 9-10 所示。

表 9-10　因子和综合得分排名（2013 年）

高新区	F_1	F_1 排名	F_2	F_2 排名	总得分	总得分排名
东湖	3.844 85	1	−0.738 88	15	2.641 18	1
襄阳	0.185 64	3	2.830 29	1	0.471 44	2
宜昌	0.509 42	2	0.879 19	3	0.467 19	3
黄石	0.096 49	4	0.087 29	7	0.078 98	5
大冶	−0.272 90	9	−0.563 51	13	−0.261 38	11
十堰	−0.064 30	6	0.492 24	5	0.013 42	6
宜都	−0.303 99	10	0.820 85	4	−0.117 33	7
葛店	−0.239 38	8	−0.068 81	8	−0.178 22	9
荆门	−0.374 88	13	0.411 39	6	−0.216 80	10
孝感	−0.035 35	5	1.249 96	2	0.124 89	4
荆州	−0.348 05	11	−0.220 02	9	−0.273 52	12
石首	−0.529 07	17	−0.552 66	12	−0.441 96	16
黄冈	−0.428 14	14	−0.964 39	16	−0.419 70	15
武穴	−0.515 09	16	−0.291 49	10	−0.400 69	13
咸宁	−0.579 15	18	−0.361 07	11	−0.454 53	17
随州	−0.358 05	12	−1.272 74	18	−0.406 94	14
仙桃	−0.124 37	7	−0.689 73	14	−0.171 07	8
天门	−0.463 67	15	−1.047 90	17	−0.454 95	18

4. 因子和综合得分对比（2011～2013 年）

从表 9-11 中可以得出以下结论。

表 9-11　因子和综合得分（2011～2013 年）

高新区	F_1			F_2			总得分		
	2011 年	2012 年	2013 年	2011 年	2012 年	2013 年	2011 年	2012 年	2013 年
东湖	3.822 14	3.790 81	3.844 85	−0.496 39	−0.649 97	−0.738 88	2.866 589	2.638 387 4	2.641 18
襄阳	0.611 20	0.368 64	0.185 64	−0.064 77	−0.424 94	2.830 29	0.460 55	0.205 929 2	0.471 44
宜昌	0.030 09	0.576 79	0.509 42	0.711 64	2.757 45	0.879 19	0.127 989	0.801 331 8	0.467 19
黄石	0.208 14	−0.069 55	0.096 49	0.576 95	−0.579 3	0.087 29	0.245 089	−0.131 178	0.078 98
大冶	−0.063 69	−0.319 15	−0.272 90	3.520 43	−0.473 82	−0.563 51	0.469 679	−0.296 122 8	−0.261 38
十堰	−0.183 45	0.063 02	−0.064 30	−0.127 38	−0.375 33	0.492 24	−0.159 86	−0.007 171 8	0.013 42
宜都	−0.129 76	−0.189 4	−0.303 99	0.065 02	−0.157 23	0.820 85	−0.090 22	−0.158 380 2	−0.117 33
葛店	−0.153 84	−0.177 54	−0.239 38	−0.394 94	−0.439 58	−0.068 81	−0.176 51	−0.189 37	−0.178 22
荆门	−0.294 60	−0.301 21	−0.374 88	0.144 80	−0.031 59	0.411 39	−0.205 25	−0.221 293 8	−0.216 80
孝感	−0.439 30	0.047 75	−0.035 35	0.055 79	1.005 01	1.249 96	−0.329 66	0.175 081 4	0.124 89
荆州	−0.111 48	−0.315 16	−0.348 05	−0.112 35	−0.596 53	−0.220 02	−0.102 3	−0.310 429 4	−0.273 52
石首	−0.543 68	−0.560 88	−0.529 07	−1.049 17	−0.312 77	−0.552 66	−0.572 73	−0.447 621 4	−0.441 96
黄冈	−0.310 80	−0.474 54	−0.428 14	−0.387 17	−0.771	−0.964 39	−0.296 09	−0.449 608 8	−0.419 70
武穴	−0.566 31	−0.554 65	−0.515 09	−0.920 89	0.705 99	−0.291 49	−0.571 24	−0.300 509 4	−0.400 69
咸宁	−0.427 82	−0.570 56	−0.579 15	0.010 95	−0.482 99	−0.361 07	−0.327 44	−0.478 421 8	−0.454 53
随州	−0.406 38	−0.462 75	−0.358 05	−0.007 48	−0.270 54	−1.272 74	−0.313 66	−0.371 055 6	−0.406 94
仙桃	−0.501 43	−0.282 48	−0.124 37	−0.907 04	2.033 25	−0.689 73	−0.519 3	0.081 269 4	−0.171 07
天门	−0.539 03	−0.569 14	−0.463 67	−0.618 01	−0.936 12	−1.047 90	−0.505 64	−0.540 837 6	−0.454 95

（1）2011～2013 年，湖北各高新区通过扩大内需、完善产业链和调整结构使产业集群化水平进步明显。东湖 F_1 得分呈现凹形波动，小幅增长。宜昌、孝感三项得分进步明显，说明产业结构趋于合理，集聚经济效应凸显。黄石、大冶三项得分呈 U 形波动，说明产业结构转型一波三折，还需加强主导产业和产业链建设。十堰、天门 F_1 得分进展缓慢，产业集群化水平较差。剩余 10 个高新区 F_1 得分处于停滞甚至下降的地步，说明园区在集群化建设上没有取得进步。

（2）襄阳、孝感、十堰、葛店、石首、武穴 F_2 得分进步明显，集群化发展势头较好。但是其进步曲线不同，襄阳、孝感、十堰、葛店抓住了沿海产业转移的机会，利用人口红利、市场巨大的优势，降低企业成本，形成区位优势，承接企业转移中形成产业集聚，产业间协同效应凸显。宜昌、石首、武穴却呈现倒 U 形增长，这与其采取投资型驱动政策相关，波动性大。其他高新区 F_2 得分呈不变甚至下降趋势，投资基数小，投资增长率慢，吸引投资的能力比较弱，集群化发展趋势堪忧。

（3）从 2011～2013 年的总得分变化形势看，三个梯队层次不变，但从金字塔型向纺锤体型转变，高新区总体集群化发展水平有所提高。东湖总得分呈下降趋势，说明产业结构升级遇增长瓶颈，新兴产业发展有待提高。襄阳、宜昌、孝感稳步增长，说明产业结构调整趋于合理，产业链逐渐完善，形成了相互协作发展的产业布局。大冶、荆州、黄冈退步明显。其他 11 地得分变化幅度不大，说明在规模扩张的冲动下，湖北多数高新区产业功能定位和发展目标导向还不是很明确，缺乏有效的产业分工和地方产业特色，产业趋同现象严重，片面追求产业结构高度化而忽略产业结构合理化，保持投资驱动型增长方式，没有形成创新驱动趋势。

结论：湖北省多数高新区产业集群化程度偏低，产业特色还不明显，产业结构不合理，未能呈现出集聚经济效应。

9.2.3　湖北高新区集群创新生态体系建设质量评价

1. 高新区集群创新生态体系测量变量

作为集群集聚地的高新区，其内在的创新逻辑在于由产业价值链、知识链、资金链三者主体交织的创新链（网）是否完善与优化，其质量的高低决定其创新能力的强弱与可持续性。本书基于此从高新区创新创业主体建设、创新创业服务载体建设、创新创业服务质量和创新创业环境培养四个方面设计高新区创新生态体系建设质量评价体系，初步建立一个覆盖面较广的由四层次 40 个指标构成的高新区集群创新能力评价指标体系。

（1）创新主体建设。分为企业主体建设、产业主体建设和产业布局三个层次。企业主体建设是基础，通过合理的产业布局，降低企业物流和信息流转成本。产业主体建设为助推力，加快知识链和产业价值链之间的内部耦合，为高新区的发展提供牢固的基础。具体指标构成：企业主体建设（包括是否被主管部门认定为高新技术企业、企业是否设立研发中心，企业与高校、科研机构是否存在合作，是否频繁）、产业主体建设（产业是否有特色及其程度、主导产业是否突出及其程度、产业关联程度、原材料（零部件）采购大部分来源于本地/外地、本企业产品销售市场主要在本地/国内其他地区/出口、产业布局合理性）。

（2）创新创业服务载体建设。高新区集群创新体系建设质量离不开服务载体的支持，遵循可比性与可行性相结合的原则，主要从创新创业基础载体建设、创新平台建设、中介机构建设、创新创业融资渠道建设四层次分析。创新创业基础载体是产学研的纽带，是连接科技与经济的桥梁。创新平台和中介机构具备市场发现功能、信息积聚功能、资源优化配置功能和优质高效服务功能，能够促进高新区内企业之间以及企业与高校和研究机构之间的合作，加快知识流动和技术转移，有效降低创新危机、化解创新危机。创新创业融资渠道为企业发展提供资金流链的支持。四者共同推动产业价值链、知识链与资金链三链的融合。具体指标构成：创新创业基础载体建设（是否有科技创新服务中心及其服务质量、园区是否有科技创业培训基地及其服务质量、园区是否有科技创业孵化器及其服务质量）、创新平台建设（园区是否搭建有带行业性质科技、技术、市场等信息交互平台及其对企业的帮助效果，是否有企业所属产业的公共技术研发平台及其建设情况，是否有企业家论坛等交流活动及其效果，是否有科技创新服务平台（中心）服务情况）、中介机构建设（园区内创新中介机构类型健全性满意状况、园区内创新中介机构获取容易性）、创新创业融资渠道建设（园区是否有创业风险投资基金及其获取容易性、园区是否设立了专项创新基金及其获取容易性、园区是否设立了中小企业担保基金及其获取容易性、园区是否有中小企业融资平台及其服务质量）。

（3）创新创业服务。高新区集群创新创业服务环境由行政管理服务和中介服务构成。中介服务主要从中介机构数量、全面性和服务质量来反映；政府服务质量主要由政府是否对创业企业全程支持服务及服务质量、公务员办事能力及效率情况、项目审批及管理情况、政府政务信息公开度、政府为企业服务的意识等来反映。

（4）创新创业环境。作为高新区和企业发展的内生动力，为实现系统性与层次性相结合，建立反映创新创业环境的指标必须从系统的角度出发，在相互关联、相互制约中描述系统的特征。因此主要从人才环境、政策环境、金融环境、法律环境、文化环境、基础设施六个层次分析。六个层次之间要有主次，关键在于创新文化的培养。具体指标构成：人才环境（企业获取所需高端人才的难易程度、企业所需的专业型人才资源的充足度、企业员工培训和职业教育资源丰富度）、政策环境（政府对创业企业的税收减免、政府对创业企业的低息贷款、政府对创业企业的财政补贴、政府对创业企业产品的优先采购）、金融环境（创业企业融资渠道广度、创业企业融资容易度）、法律环境（对本地市场活动规范和规则满意情况、法律公正性、是否有对知识产权的保护措施及其力度、是否有企业所属产业的行业协会及其职责履行情况）、文化环境（对本地企业的商业信用满意情况、员工创业失败企业宽容程度、园区内创业氛围）、基础设施（各类生活服务基础设施是否齐全）。

高新区创新创业体系建设质量评价初步评价指标体系确定之后，为提高指标的识别能力，正确反映问题的实质，我们开展指标的甄别筛选过程。

第一步，用德尔菲法甄别。选择 12 位专家以问卷形式征询意见，这些专家既有来自产业集群与区域经济领域的学者，也有具有创新实践经验的企业专家。经过反复多次征询意见，逐步取得比较一致的指标结果，剔除了本园区企业（从产业角度看）布局是否合理、园区是否有科技创业服务中心及其服务质量、园区是否有科技创业培训基地及其服务质量、园区是否有创业风险投资基金及其获取容易性、园区是否设立了专项创新基金及其获取容易性、园区是否设立了中小企业担保基金及其获取容易性、科技创业中介机构服务成本、政府是否对创业企业全程支持服务及其质量八个指标。

第二步，指标相关性分析。经过一轮筛选，还是存在指标过多，指标之间逻辑关联度高，相同部分较多，信息冗余度高的问题。采用 SPSS17.0 统计软件对剩余的指标进行各变量共同度和相关性分析，得到相关系数矩阵，对关联程度过强的进行逻辑分析，又剔除了政府政务信息公开度、企业所需的专业型人才资源的充足度、企业员工培训和职业教育资源丰富度、政府对创业企业的低息贷款、政府对创业企业产品的优先采购、创业企业融资渠道广度、创业企业融资容易度七个指标。

第三步，指标信效度分析。对余下的指标运用 SPSS 软件进行 Bartlett 球度检验、KMO 检验，剔除了对本地市场活动规范和规则满意情况、法律公正性、是否有企业所属产业的行业协会及其职责履行情况、员工创业失败企业宽容程度、各类生活服务基础设施是否齐全五个指标。

经过三轮筛选，最后得到的指标体系如表 9-12 所示。

表 9-12　高新区集群创新生态体系建设质量评价指标体系

一级指标	二级指标	三级指标
创新创业主体建设	产业主体建设	园区产业特色化程度（V_1）
		本园区主导产业突出程度（V_2）
		园区产业之间的关联程度（V_3）
创新创业服务载体建设	创新创业基础载体建设	园区科技创业孵化器服务质量（V_4）
	创新平台建设	园区搭建的带行业性质科技、技术、市场等信息交互平台对企业的帮助效果（V_5）
		企业所属产业的公共技术研发平台建设情况（V_6）
		企业家论坛等交流活动效果（V_7）
		科技创新服务平台（中心）服务情况（V_8）
	中介服务机构建设	园区内创新中介服务机构类型健全性满意状况（V_9）
		园区内创新中介服务机构获取容易性（V_{10}）
	创新创业融资渠道建设	园区中小企业融资平台服务质量（V_{11}）

续表

一级指标	二级指标	三级指标
创新创业服务质量	政府服务质量	公务员办事能力及效率情况（V_{12}）
		项目审批及管理情况（V_{13}）
		政府为企业服务的意识（V_{14}）
创新创业环境培养	人才环境	企业获取所需高端人才的难易程度（V_{15}）
	政策环境	政府对创业企业的税收减免（V_{16}）
		政府对创业企业的财政补贴（V_{17}）
	法律环境	对知识产权的保护力度（V_{18}）
	文化环境	对本地企业的商业信用满意情况（V_{19}）
		园区内创业氛围（V_{20}）

　　根据筛选得出的指标体系，可以看出其客观评价反映高新区创新生态体系建设质量的科学内涵。高新区集群创新生态体系建设质量的高低不能只看要素的创新能力，还要看要素之间是否形成了合理的结构及相互之间的耦合度。从最后的指标构成上看，体现出产业价值链和知识链之间的协同以及创新系统与环境的协同。因此，在整个指标构成中融入协同内涵、实现指标，能反映资源之间的耦合整合能力状况，能正确评价高新区集群创新生态体系建设质量的好坏。

　　2. 评价过程

　　（1）研究对象与数据收集。以湖北省 15 个高新区为实证研究对象，采取实际调研获取数据的方法，按照五维度给指标赋值 5、4、3、2、1，然后按照加权方式计算各个指标的数值。

　　（2）因子分析过程。采用 SPSS17.0 统计软件，对选取的 20 个指标进行统计分析。KMO 值为 0.790，数据符合规定，较适合进行因子分析。Bartlett 球形度检验的 P 值为 0.000，由此否定相关矩阵为单位矩阵的零假设，即认为各变量间存在较显著相关性。由 Bartlett 球形度检验和 KMO 检验可知原变量适合进行因子分析。然后，依据标准化后的相关系数矩阵，得到高新区创新体系建设质量评价的因子特征根和方差贡献率。由表 9-13 可知，有 6 个大于 1 的特征根，它们一起解释了变量标准方差的 88.193%，说明前 6 个因子反映了原始数据提供的大部分信息。因此，使用主成分分析法提取前 6 个因子为综合因子。

表 9-13　因子特征根和累计方差贡献率

	未旋转的初始因子			旋转后提取的主因子		
	特征根	贡献率/%	累积贡献率/%	特征根	贡献率/%	累积贡献率/%
F_1	6.247	31.233	31.233	3.648	18.241	18.241
F_2	3.682	18.408	49.641	3.089	15.446	33.687
F_3	3.173	15.863	65.504	2.869	14.346	48.033
F_4	1.860	9.299	74.803	2.765	13.827	61.860
F_5	1.482	7.411	82.214	2.685	13.423	75.283
F_6	1.196	5.979	88.193	2.582	12.910	88.193

　　为了加强公共因子对实际问题的分析能力和解释能力，对提取的 6 个主因子建立原始因子载荷矩阵，并运用方差最大化正交旋转法对载荷矩阵进行因子旋转，得到旋转后的载荷矩阵（表 9-14）。

表 9-14　旋转后的因子载荷矩阵和因子得分系数矩阵

	因子载荷矩阵						因子得分系数矩阵					
	1	2	3	4	5	6	1	2	3	4	5	6
V_1	0.177	−0.015	0.067	0.054	0.964	0.017	−0.050	0.065	−0.108	0.016	0.426	−0.012
V_2	0.177	−0.093	0.255	0.514	0.730	−0.030	−0.114	0.031	−0.042	0.239	0.300	−0.100
V_3	0.015	−0.276	0.091	−0.231	0.842	0.105	−0.023	−0.028	−0.031	−0.138	0.349	0.072
V_4	0.192	−0.380	0.248	0.628	−0.073	0.519	0.028	−0.132	0.084	0.162	−0.116	0.142
V_5	0.337	0.841	−0.030	−0.272	−0.156	0.028	0.100	0.250	0.016	−0.181	−0.038	0.107
V_6	−0.026	−0.123	−0.071	0.248	−0.047	0.864	0.003	−0.008	0.031	−0.025	−0.034	0.346
V_7	−0.223	0.173	−0.760	−0.094	−0.097	0.425	0.007	0.082	−0.277	−0.011	0.076	0.144
V_8	0.271	0.332	0.030	0.798	−0.044	0.137	−0.056	0.116	−0.072	0.357	−0.005	−0.061
V_9	0.141	−0.037	0.148	0.921	0.092	0.113	−0.114	0.013	−0.040	0.428	0.030	−0.105
V_{10}	0.163	0.901	0.021	0.021	−0.055	−0.196	−0.062	0.310	0.000	0.046	0.043	−0.052
V_{11}	0.018	0.930	−0.038	0.263	−0.103	0.094	−0.152	0.355	0.000	0.150	0.048	0.030
V_{12}	−0.136	−0.028	0.915	0.088	0.134	0.137	−0.198	0.055	0.453	−0.047	−0.033	0.131
V_{13}	0.567	−0.339	−0.158	0.397	0.007	0.240	0.264	−0.193	−0.174	0.073	−0.072	0.025
V_{14}	0.872	0.241	0.104	0.021	0.195	−0.077	0.331	−0.018	−0.134	−0.109	0.013	−0.010
V_{15}	0.817	0.190	0.007	0.279	−0.085	0.060	0.306	−0.042	−0.105	0.000	−0.113	0.009
V_{16}	0.719	0.030	0.519	0.148	0.317	−0.029	0.193	−0.044	0.111	−0.082	0.010	0.025
V_{17}	0.345	0.147	0.445	0.195	0.131	0.741	0.052	0.067	0.218	−0.132	−0.029	0.367
V_{18}	0.625	0.197	0.673	0.120	0.191	−0.103	0.125	0.021	0.213	−0.081	−0.040	0.018
V_{19}	0.639	0.219	0.383	0.176	0.464	−0.160	0.120	0.046	0.025	−0.004	0.127	−0.053
V_{20}	−0.247	−0.018	−0.441	−0.052	0.119	0.788	−0.038	0.057	−0.116	−0.085	0.118	0.325

公共因子 F_1 在公务员办事能力、项目审批与管理、政府服务意识、园区内商业信用、创新创业氛围等 5 个指标上载荷值很大，它反映了高新区集群系统政府支持和社会环境情况，因此命名为创新软环境生态因子；公共因子 F_2 在科技孵化器、税收减免、财政补贴 3 个指标上具有较大载荷，它反映了高新区政府对企业创新资金支持力，因此命名为创新资金生态因子；公共因子 F_3 在知识产权保护力度、高端创新人才获取 2 个指标上具有较大载荷，它反映了高新区知识链基础能力，因此命名为创新知识生态因子；公共因子 F_4 在中介机构类型、中介服务获取容易度 2 个指标上载荷较大，反映了社会化中介服务体系情况，因此命名为创新支持中介生态因子；公共因子 F_5 在本园区主导产业、园区产业之间关联、本园区产业特色等 3 个指标上载荷较大，命名为产业结构生态因子；公共因子 F_6 在创新创业服务平台建设、产业共性技术平台、创新创业融资平台建设、科技市场信息平台企业家交流论坛类平台建设等 5 个指标上载荷较大，命名为创新平台生态因子。

为考察变量对因子的重要程度以及进行综合评价，采用回归法得到因子得分系数矩阵（表 9-14）根据该矩阵和变量观察值计算出因子得分，计算公式为

$$F_1=(-0.050)V_1+(-0.114)V_2+(-0.023)V_3+\cdots\cdots+(0.120)V_{19}+(-0.038)V_{20}$$
$$F_2=(0.065)V_1+(0.031)V_2+(-0.028)V_3+\cdots\cdots+(0.046)V_{19}+(0.057)V_{20}$$
$$F_3=(-0.108)V_1+(-0.042)V_2+(-0.031)V_3+\cdots\cdots+(0.025)V_{19}+(-0.116)V_{20}$$
$$F_4=(0.016)V_1+(0.239)V_2+(-0.138)V_3+\cdots\cdots+(-0.004)V_{19}+(-0.085)V_{20}$$
$$F_5=(0.426)V_1+(0.300)V_2+(0.349)V_3+\cdots\cdots+(0.127)V_{19}+(0.118)V_{20}$$
$$F_6=(-0.012)V_1+(-0.100)V_2+(-0.072)V_3+\cdots\cdots+(-0.053)V_{19}+(0.325)V_{20}$$

根据旋转后的特征根方差贡献率为权重，综合因子得分计算公式为

$$F=(0.18241)F_1+(0.15446)F_2+(0.14346)F_3+(013827)F_4+(0.13423)F_5+(0.12910)F_6$$

根据以上因子得分和综合得分情况，对高新区进行因子和综合能力排名如表 9-15 所示。

表 9-15　因子排名和综合排名

高新区	F_1	名次	F_2	名次	F_3	名次	F_4	名次	F_5	名次	F_6	名次	综合得分	名次
武汉	0.195 48	7	0.928 16	3	0.901 67	4	0.130 22	6	1.171 25	1	2.682 84	1	0.829 951 73	1
宜昌	1.791 39	1	−0.034 1	9	−1.468 27	14	−0.361 17	12	−0.034 6	10	0.968 55	2	0.181 318 821	3
大冶	−0.657 58	13	−0.661 49	12	0.224 34	6	−0.075 82	7	−0.598 51	13	0.665 39	3	−0.194 858877	11
天门	0.762 95	3	0.478 74	7	−0.440 64	10	−0.084 57	8	0.156 93	7	−1.341 0	15	−0.013 850 205	9
葛店	−0.378 76	11	−0.579 24	11	−0.795 1	13	−1.470 42	15	0.980 92	3	−1.076 1	14	−0.483 194 66	15
汉川	−1.639 34	14	−1.269 38	13	−1.884 03	15	1.103 74	3	1.163 77	2	0.495 17	4	−0.392 629 964	13

续表

高新区	F_1	名次	F_2	名次	F_3	名次	F_4	名次	F_5	名次	F_6	名次	综合得分	名次
黄冈	0.093 18	8	−0.311 37	10	−0.201 94	9	−0.176 72	10	−2.286 54	15	0.212 08	6	−0.364 045 369	12
黄石	0.446 12	6	0.330 25	8	0.670 09	5	−1.345 79	14	−0.049 8	11	0.229 69	5	0.065 404 217	6
荆州	−0.350 0	9	−2.036 41	15	1.204 84	3	−1.338 76	13	−0.478 03	12	0.154 61	7	−0.434 857 203	14
潜江	0.504 64	4	0.974 1	2	−0.048 5	7	−0.229 11	11	0.139 88	9	−0.626 57	11	0.141 759 924	4
襄阳	1.458 31	2	−1.362 3	14	1.539 79	1	2.105 76	1	0.791 66	4	−0.843 67	13	0.564 997 903	2
仙桃	−0.363 98	10	0.882 49	4	−0.092 91	8	−0.176 55	9	0.537 26	5	−0.369 67	9	0.056 567 389	7
咸宁	0.479 11	5	0.832 2	5	−0.442 2	11	0.202 49	5	0.223 73	6	−0.610 3	10	0.131 737 895	5
荆门	−0.431 71	12	0.580 06	6	−0.516 09	12	1.487 73	2	−1.860 89	14	0.140 95	8	−0.089 072 618	10
随州	−1.909 81	15	1.248 29	1	1.348 95	2	0.228 97	4	0.142 98	8	−0.681 98	12	0.000 771 068	8

3. 结论与分析

总体看，湖北高新区集群创新生态体系建设质量还比较差，普遍得分不高。把 15 个高新区分为 3 个梯队，第一梯队为武汉、襄阳、宜昌、潜江、咸宁；第二梯队为黄石、仙桃、随州、天门、荆门；第三梯队为大冶、黄冈、汉川、荆州、葛店。这样的梯队划分与实际发展情况基本契合。每个梯队内的高新区在各因子上的表现有不同的特点，需分梯队逐一进行分析。

（1）第一梯队。除武汉相对来说在各个因子上表现较为均衡，处于良好的状态外，其他几个高新区综合排名靠前得益于在某几个因子上的突出表现，且因子间形成了良好的互动效应，但同时问题也较为突出，部分因子较差的表现制约了创新生态体系的进一步发展。以襄阳为例，其在创新软环境因子、创新知识因子、创新中介因子三个方面表现突出，知识资源的重视以及知识链的打造加之中介纽带的建设，使创新知识形成良好的传播和转化，同时在创新软环境建设方面的重视也促进了整个创新体系的质量提升；但襄阳高新区存在的问题也显而易见，财政政策和资金投入的乏力以及公共服务类平台的建设不足，制约了创新体系质量的完善和发展。

（2）第二梯队。黄石、仙桃等几个高新区的综合排名在中游徘徊，从数据结果可看出，它们的普遍问题在于仅能在某一个或两个因素方面有中上等或者中等的表现，且表现较好的因素间不能形成良性互动，对创新系统的整体提升效果较小，甚至使得系统失衡，造成无用功。加之在其他多方面存在的短板，使这些高新区在创新体系上的建设停滞不前甚至后退。以黄石为例，其在创新知识生态因子上表现中上游，却在创新支持中介生态因子上表现垫底，使其即便打造了知识链基础，也不能促进链条上知识的快流动和转化；同时，其在创新平台生态因子上表现良好，说明其对创新创业融资平台、产业共性技术平台等公共服务类平台上投入较多，但却缺少内在基础，不能对创新需求形成良好的对接功能，这使所投入的创新资源利用率低下。正是对创新体系建设重要因素间依存关系的认识不清，导致建设效果大打折扣。

（3）第三梯队。大冶、黄冈、汉川、荆州、葛店五个高新区在创新体系建设方面的问题与第二梯队类似，而且在更多的因素上表现更弱。比如，在产业结构生态因子方面，大冶、黄冈的表现很弱，说明缺少合理的产业结构；在创新软环境生态因子、创新资金生态因子、创新知识生态因子上，汉川、荆州、葛店表现很弱，说明存在缺少适当的财政支持、人才战略支持、产学研的创新体系等，因此，这些高新区在创新体系质量上的综合排名处在下游。

9.3　湖北高新区高技术集群创新集成体系生态建设问题调研探究

通过前面对湖北高新区在集群创新生态体系建设质量的定量分析，不难得出目前情况堪忧、大部分高新区问题严重这一结论。为探究问题产生的原因，通过对湖北 18 个高新区实地调研资料进行分析，深入解析导致创新生态体系目前运行效果的原因。

1. 推进创新型园区建设战略缺乏

作为以发展高新技术产业为使命的高新区，本应以技术创新、产品开发为生存与竞争的第一要务，但目前湖北大多数高新区还未摆脱一般经济技术开发区的发展模式，对园区的功能定位和发展导向思路不清晰，缺乏推进创新型园区建设的动力，未能很好地发挥高新区"举高新旗、打高新牌、创高新业、走高新路"的作用。且多数高新区缺乏优化产业结构与升级意识，对抓机遇、调结构、抢速度、促转型的紧迫感不强。

2. 主导产业集聚载体建设步伐慢

从湖北高新区整体来看，普遍存在重项目引进数量轻质量、重引进轻培育的现象，且企业之间缺乏产业关联，总体发展质量不高。具体体现在以下几个方面。

（1）多数高新区实际上是以传统制造业为主。高新技术产业园区内存在的产业基本上处于国际产业链的中低端，高新技术产业高附加值特征不够明显。例如，黄石高新区纺织服装产业占有较大比重，仙桃高新区轻工食品在其主导产业中占有很大份额，产业技术层次较低。

（2）湖北高新区主导产业不清晰，产业发展同质化倾向十分严重。从表 9-16 可以看出，湖北高新区主导产业平均数达到 5 个，整体看重复率达到 30%左右，造成有限资源的分散分布，不利于全省资源的整合与优化。

表 9-16　湖北省高新区产业状况

高新区	产业个数	类型
东湖	5	光电子信息产业、能源环保、生物工程与新医药、机电一体化、高科技农业
襄阳	7	汽车产业、航空航天、机电控制、新材料、新能源汽车、生物医药、电子信息
宜昌	6	生物医药、新材料、光电一体化、轻工食品、精细化工、现代物流
黄石	4	装备制造、新材料、电子信息、新型生物医药
大冶	5	机电制造、纺织服装、电子科技、新型材料、食品饮料
十堰	4	整车、总成及关键零部件、装备制造、现代物流
宜都	6	生物医药、精细化工、新型能源、新型建材、装备制造、现代农业
葛店	5	生物医药业、电子信息产业、装备制造业、精细化工产业、现代服务业
荆门	6	资源循环、产业用无纺布、体育用品、绿色食品、航空产业、光电子
孝感	6	光电子信息、先进设备制造、汽车零部件、纺织服装、生物医药
荆州	5	机械电子、化工、纺织服装、生物医药、农产品加工
石首	4	精细化工、汽配工业、电子工业、森林工业
黄冈	6	食品饮料、医药化工、机械电子、纺织服装、农副产品加工、商贸
武穴	3	生物医药、机械加工、精细化工
咸宁	6	食品饮料、纺织服装、机电制造、电子信息、医药医疗、新材料节能环保
随州	6	改装汽车、电子信息、光伏科技、农副产品、医药化工
仙桃	5	纺织服装、无纺布卫材、医药化工、食品加工、机械电子
天门	6	汽车零配、纺织服装、数控机床、卫星定时定位、泵阀加工、医药化工

（3）湖北高新区主导产业链不完善，产业之间缺乏关联。高新区建设缺乏对重点产业进行聚焦，打造产业链、走集群化道路的思路不够明确。从调研结果上看，超过 40%的企业认为企业自成体系，缺乏业务支持，未能获取交易费用低的集聚经济效应。在选择主导产业时，跟风一起上，未结合地方优势，缺乏战略前瞻意识，忽视产业相互间的支撑与协同发展。

3. 企业质量低，创新主体未彰显

高新企业的数量占比是衡量高新区创新能力的重要指标。但湖北省高新区内入驻的高新技术企业偏少，特别是部分省级高新区的建设，名不副实，仍停留于经济开发区阶段。例如，葛店高新区内受访高新技术企业仅占总数的 24.4%，属于国家级高新区的襄阳高新区也只是占比 40%左右。并且成立技术研发中心的企业数量跟不上园区发展速度，致使企业主体本身制约高新区做大做强。同时，企业创新主体地位未彰显，创新投入强度不高。究其原因，是园区缺乏促进技术创新的机制和氛围，企业创新动力不足。

4. 产业链断裂化，产业间关联度低

湖北省高新区内主导产业链不完善，产业之间关联度偏低。以襄阳高新技术产业开发区为例，认为本园区无特色的企业占 20%，13.3%的受访企业对园区特色评价表示不满意或非常不满意，33.4%的受访企业认为一般。1/3 的受访企业对园区产业之间关联程度不满意。有的园区内高新技术产业零散，在规模扩张的冲动下，湖北省高新区产业功能定位和发展目标导向不明确，高新区缺乏有效的产业分工和地方产业特色，产业趋同现象严重，片面追求产业结构高度化而忽略产业结构合理化。

5. 产学研协同创新链未建立，缺乏生成机制

湖北省拥有普通高校 86 所，科教资源优势十分明显，但知识链、技术链和产业链间尚存在脱节，严重制约了高新区创新发展。对于"企业是否与高校、科研机构存在合作？合作是否频繁"题项，只有 42.3%的受访企业表示与高校、科研机构存在合作，其中大多数（70%）表示合作不频繁。可看出，湖北省高新区产学研合作机制不完善，高校与工商业缺少有效的双向联系，割裂了园区创新生态体系创新链的完整性。

究其原因，是园区缺乏促进技术创新的机制和氛围，企业创新动力不足。这既影响了高校、科研机构成果转化，又影响了企业核心能力生成，导致产业本身缺乏竞争力。

6. 创新软环境欠佳，缺乏根植性

从调研看，湖北省高新区创新软环境还不够舒适，不利于"金蛋"的孵化与成长。以下将根据从本问卷创新创业环境培养等方面凸显的问题进行一一分析说明。

（1）人才环境方面。多数企业均表示较难获取企业所属产业高端人才，对企业所需专业型人才资源的充足度并不满意。就以属于湖北省第一梯阶的宜昌高新区为例（表 9-17）。

表 9-17　宜昌高新区人才环境评价

题项		非常满意	满意	一般	不满意	非常不满意
获取企业所需高端人才的难易程度满意状况	数量	3	3	23	13	3
	占比	6.7%	6.7%	51.1%	28.8%	6.7%
对企业所需专业型人才资源的充足度满意状况	数量	2	3	23	15	2
	占比	4.4%	6.7%	51.1%	33.4%	4.4%

可见，湖北虽然是教育大省，但省内一些科技园区依旧面临着缺乏创新型人才的问题。吸引不到匹配企业所需的高层次人才以及园区已有人才的流失，严重制约湖北省高新区企业走上创新之路。

（2）金融环境。高新区内科技创业企业已出现多样化融资渠道，但部分企业并不认可服务质量，主要是存在融资手续复杂等情况导致评价不满意。从企业融资容易度来看，情况也不乐观。在收集到的 802 份问卷中，共有 138 家受访企业对融资容易度表示不满意，而持非常不满意的竟然高达 178 家。这可以清晰地反映出，湖北省内高新区金融环境十分严峻。

此外，在调研中还发现，湖北省高新区的创新创业文化和商业信任文化氛围也没有树立起来，这直接导致企业的本地结网根植性不强，难以形成活力。

7. 创新载体建设步伐缓慢，金融支持长效机制尚未建立

园区创新载体建设关系着自主创新能力和技术成果转化能力的强弱，对园区率先实现转型升级将起到决定性作用。本书从园区科技创业服务中心、科技创业培训基地、科技创业孵化器建设来认识湖北省高新区创新基础载体建设情况。根据问卷作答情况，在全省 802 家受访企业中，有 384 家企业在"园区是否有科技创业培训基地"一项中选择"否"，占比高达 47.8%；同时，对"园区是否有科技创业服务中心及其服务质量"的题项作答也有着类似的结果。

此外，园区内创新创业金融支持长效机制尚未建立。资金链作为高技术产业特别是创新成果转化的主要瓶颈，已经成为地方政府亟须解决的首要问题。以武汉东湖高新区内受访的 144 家企业为例，有 34 家认为园区内无创业风险投资基金；52 家认为无专项创新基金或不了解该基金，占比高达 36.1%，超过 1/3。对于担保基金与融资平台相关的选项作答情况有所改善。但需要特别指出的是，有 36 家受访企业对园区内中小企业担保基金获取容易度表示不满意，说明该项担保基金的

实际获取很难，这也与政务公开性有着直接的关系。可见，作为首批国家级高新区的武汉东湖开发区，企业尚且存在融资方面的问题，省内其他较小规模的高新区可想而知。

8. 创新服务体系融合功能缺失，未形成合力

中介机构是连接科技与经济的桥梁，就营造良好的创新环境而言，中介机构的服务质量是不可分割的重要部分。高新区产业链、知识链和资金链的集合构成以创新链为主线的高新区创新生态网络，在该网络中，创新服务应着重于发挥对三链的融合功能，交织形成创新生态链（网），产生协同效应。

首先，从全省数据看，共计 142 家受访企业对中介机构类型健全性表示不满意或非常不满意，多于半数的企业评价为一般，约有 27.2%的受访企业对园区内创新创业中介机构类型健全性表示满意或非常满意。在"园区内创新创业中介服务机构获取容易性如何"题项上，有 151 家表示不满意，35 家非常不满意，452 家表示一般，其余为满意及以上（图 9-3）。这说明目前园区在中介机构建设上远远不能满足企业需要。

其次，中介机构的服务质量未得到多数园区企业的认可。以服务成本为体现，对于该项的作答，高达 181 家受访企业对服务成本持不满意及非常不满意态度，这已经很能说明园区内中介机构的服务质量出现问题。

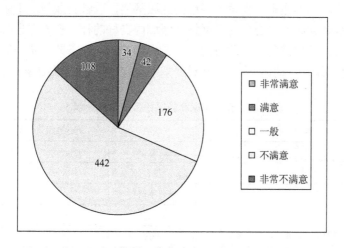

图 9-3　对创新创业中介机构类型健全性满意状况

最后，政府为企业创新创业服务方面，从受访企业对"政府对创业服务的质量"的总体评价来看，有 43.0%的受访企业表示政府并没有对创业企业进行全程

支持，91 家企业表示对政府全程支持的服务质量并不满意及非常不满意，占 457 家中的近五分之一。

同时，在对高新区内企业合作的条件和交流沟通情况的调查中显示：62%的被调查企业认为政府为区域内企业之间的交流建立了沟通平台，但是仅有 35%的企业认为它们与其他企业间的交流是比较频繁的，而 60%以上的企业与其他企业信息交流较少或者根本没有交流。这说明政府虽然建立了沟通交流平台，却缺乏匹配的机制促进企业间的有效沟通。

9. 转型升级遇创新资源瓶颈

湖北高新区基本上都是依靠政策优势形成的成本洼地效应发展起来的。当前，国家把以引导生产要素为主的集聚政策调整为以提升自主创新能力为主的产业性政策，从"特惠"走向"普惠"，高新区政策优势逐渐弱化。在这种大背景下，高新区发展方式面临严峻的挑战，由于缺乏新的优势，湖北高新区转型升级的瓶颈难题就凸显出来：对主导产业起支撑作用的领军企业、一流研发团队还偏少；融资渠道单一化现象并没有得到改善，多元化投入机制尚未健全；搭建的公共服务平台作用还没有发挥出来，现有的功能还不完善，专业化孵化器建设水平不够高，加速器建设进程不快等。

10. 缺乏创新合作信任文化

硅谷的成功关键在于其根植于当地的区域网络，硅谷企业与上下游企业乃至竞争对手之间都建立起互惠合作关系网络，区域内良好的社会资本保证其健康发展。在调研中发现，相比硅谷，湖北省内园区最大的差距就在于园区企业彼此业务往来较少，相互之间缺乏互动，社会资本建设严重不足。具体从襄阳高新区来看（表 9-18）。

表 9-18　襄阳国家高新区社会资本建设状况

题项	选项	统计数据	百分比/%
本高新区内是否存在创新合作氛围	有	26	76.5
	没有	8	23.5
对本区内的其他企业的信任程度	非常不信任	2	5.9
	不信任	0	0.0
	一般	10	29.4
	较信任	14	41.2
	很信任	8	23.5
在创新合作中是否存在约束成员行为的规则体系	有	12	35.3
	没有	22	64.7

社会资本主要体现在研发合作氛围、企业间信任程度和约束成员的规则体系方面。从表 9-18 中的数据可以看出，高新区内 76.5%的企业认为区内存在创新合作氛围，23.5%的企业认为高新区内没有创新合作氛围。在对其他企业的信任方面，信任程度在一般及以下的占到了 12 家，累计比例高达 35.3%。在约束成员创新合作的规则体系方面，有 12 家企业认为存在约束悖德行为的规则。这些数据表明高新区社会资本建设的迫切性。

9.4　湖北高新区高技术集群创新集成体系生态整合优化建设对策

9.4.1　湖北高新区集群创新体系生态整合优化建设思路

以发展高新技术产业为重点，以完善产业链优结构为出发点，以推动产学研协同为根本，以集聚高层次创新创业人才为手段，以优化创新创业环境为支撑，增强自主创新能力，努力把园区建设成高新技术产业化高地、创新资源集聚高地、创新氛围浓厚的创新生态型高新区。为此，在实践中要切实转变高新区建设思路。

（1）由产业主导向产业集群转变。由目前依托资源、区位等优势进行的简单集聚向做大做强产业链转变，增强产业间关联度，形成产业规模效应。加强产业关联建设与推动内部合作，提升园区内部合作能力和建设合作机制，营造合作信任氛围，产生园区载体的协同功能，发挥高新区在推动区域科技进步与发展中的牵动力和助推力效应。

（2）由以业为本向以人为本转变。高新区的发展说到底还是人才决定的，硅谷正是缘于其强大的吸引力促使全球科技人员源源不断地流入才形成了其可持续发展的势头。因此园区要加强营造人才集聚的氛围与条件。首先要加快生态环境建设。园区在整体规划时，应注重环境保护，在建设规划时要按照一定比例规划出建设公园和风景区的土地，使园区成为风光别致的工业区兼旅游区。其次，加快人才发挥作用的舞台与机制建设。为人才实现价值提供良好的载体服务和过程服务，为人才的发展做好基础平台建设。

（3）由政策扶持向自主创业过渡转变。由于高新技术开发与市场成长具有较大的风险性，政府对高新技术产业在成长期进行扶持和政策引导是必要的。但是，随着科技进步、市场需求和产业环境的变化，政府要逐步转变职能定位。要使高新技术企业走向自主创业、自发创业之路，政府的政策要由直接资金扶持逐步向营造创新创业环境转变，通过市场机制引导企业产生、发展，实现出市场来完善和优化产业链，演化创新能力。

9.4.2　湖北高新区集群创新体系生态整合建设具体措施

1. 采取突主业优结构的差异化发展战略

各高新区要结合湖北经济发展总体战略规划,针对高新区自身的优势与特色,实行差异化和特色化定位,以 1～2 个主导产业作为发展重点,实现错位竞争,特色发展,建设各有侧重、特色明显、相互配套的产业集群。同时,应继续注重高新区的产业规划布局,积极引进与主导产业相关的配套产业,淘汰或者升级一批老旧加工型企业,以实现强化集群规模、优化产业集群的目的。

(1)突出抓好高端新兴产业集群发展,推进创新型特色产业主导园区建设。要进行科学定位,积极发展高新技术产业、战略新兴技术,保持与世界科技创新和产业发展同步,在高新区内加快节能环保、生物医药、新一代信息技术、高端装备制造、新材料、新能源和新能源汽车等战略性新兴产业培育步伐,加大支持力度,引导其集群化发展,使其成为园区新的经济增长点。

(2)充分发挥财税等政策杠杆的创新驱动导向作用,引领企业走创新型发展道路。引导园区企业提高研发意识,制定支持企业创新投入的资金配套制度与税收优惠政策,鼓励企业提高研发投入比例,尽快完善以企业为主体的科技投入体系;支持与引导企业与高校、科研机构组建协同创新中心,搭建产业技术创新战略联盟,共同开发产业共性技术和关键技术,形成产学研的长期合作机制。对科技成果转化效果好、科技知识产权存量多的企业实行奖励制度。通过一系列措施力图培育出一批创新型企业,增强园区自主创新能力。

(3)深化园区良性社会资本塑造,推动园区协同创新步伐。加快园区社会文化建设,培育良好的社会资本,促进园区企业之间的信任,提升园区企业本地结网能力。协同创新是时代趋势,企业间的孤立是不利于高新区资源整合与创新发展的。因此,应加快推进企业信用评审制度,培育园区合作文化氛围,为园区企业间的合作提供信任机制保证。具体措施上,引导行业协会建立,进行实时信息沟通,提升行业应对外部变化的快速响应能力;鼓励产业链上的企业加强合作,降低交易成本,以成员协同的方式共同为客户创造价值。

2. 实施定位招商引资完善产业链

首先,要转变招商引资思路。高新区应突破过去为招商而招商重数量的错误导向,强化质量,注重引进企业与现有产业的契合性,坚持不求量、只求合的原则去招商。

其次,要结合园区产业规划进行招商。招商引资一定要按照园区发展战略规划进行，要科学分析目前园区产业链情况，找到制约的瓶颈环境，解析产业结构中的缺陷，要遵循产业价值链生成的价值规律，力求引入完善产业链条的企业，引进与主导产业互补的、起着优化产业结构作用的企业，为集群的可持续发展搭建起坚实的基础。

最后，建立园区入驻标准。要依照产业和企业发展的需求，扶持、推动重点产业价值链生成，逐步完善与优化整个产业链条，走产业集群协同、生态发展之路。

3. 搭建创新公共平台深化产学研合作

推进高新区集群企业与高校、科研机构的全面战略合作，推动产学研合作模式多样化，共建公共研发平台，制定出切实有效的长效机制，联合促进重大科技创新和产业化项目落地。

（1）推进产学研合作信息服务平台建设。产学研合作不畅是由主体间信息不对称所致的，要加快完善产学研合作信息平台建设，建立和完善高新区自主创新企业技术进步网、高新区企业技术创新和产学研对接平台，增加信息量和互动功能，把网站建成产学研合作项目的洽谈平台。

（2）加快完善科技人员供需对接平台建设。加快建立高新区科技人才服务企业网，开辟科技人才供需对接专栏。搭建校企合作平台，定期组织校企产学研洽谈等活动。

（3）推进技术转移平台建设。为促进科技成果转化，要重点建设一批产业共性技术研发中心、中间试验基地、生产力促进中心；鼓励科研机构或高校与企业或行业组织共建技术转移平台，针对企业或行业重大科技需求开展技术开发服务，促进科技与经济的融合；建立科技成果转化网络服务平台和网上技术交易市场。

（4）推进产学研战略联盟联姻平台建设。一是搭建产学研战略联盟联姻实体平台，其具体形式有组建产学研行业协会，定期召开产学研行业研讨会，举行产学研行业项目合作洽谈会，举行产学研成果推广与现实需求见面会，发展产学研联盟中介服务机构等。二是搭建产学研战略联盟联姻虚拟平台，可以通过建立产学研联盟门户网站的方式实现。建设高新区产学研战略联盟门户网站，将各种产学研联盟的项目信息、合作需求信息、专利技术信息及其他相关信息资源集成到这个网站平台上，以统一的用户界面提供给产学研注册用户，使企业、高校和科研机构之间可以快速地建立起联盟信息通道和及时沟通对话平台。门户网站主要提供如新闻、项目申报、专利技术数据库、搜索引擎、网络接入、电子商务、电子公告牌、免费邮箱、影音资讯、行业网络社区、聊天室、免费网页空间等功能。三是依托产学研战略联盟，实行产学研战略联盟企业知识转移行动计划，推动科技人才与知识向企业的转移。

4. 加快建设创新要素集聚高地

（1）加大政府对科技创新的投入。加大财政对企业科技创新的投入和引导力度，尽快实现由开发财政向公共财政转变的步伐。以财政投入调动社会资金投向园区科技创新的积极性，重点鼓励各类金融机构对创新型企业的金融服务支持。

（2）加大高层次知识载体引进力度。高新区要结合园区内产业发展需求，大力引进并发展知识生产和扩散组织与机构。重点引进国内外一流的科研机构、重点实验室、培训机构、工程研究院等到园区落户或创建分支机构；运用各种政策手段与激励措施鼓励科研机构和大企业共同举办合作研究中心、工程技术中心；制定科学合理的知识价值评价体系，推动知识快速流动与共享，形成创新合作的良性氛围。以此提升园区知识创造能力和可持续发展后劲。

5. 完善创新创业服务体系提升服务能力

（1）完善创业孵化器体系。孵化器建设要不拘一格，形式多样化，采取差异化培育模式，重点围绕主导产业建立专业孵化器。为各类人才创新创业提供适当的配套资金支持；推动孵化器运行机制创新，严格管理制度，提高孵化器产出效果。

（2）加快加速器体系建设步伐。加速器的建设可采取多元化投资模式，积极引导社会资本参与投资，按照市场化模式运营加速器。

（3）提高中介机构质量。加强对创业服务中心、生产力促进中心、知识产权事务中心、科技情报信息中心等各类中介机构服务的规范，重在提升中介机构服务能力；鼓励与支持成立行业协会，完善科技服务与技术产权交易市场。积极推进政府采购中介服务。

6. 培育信合文化增强创新创业活力

培育高新区创新文化，塑造勇于创新、敢于创新的高新区创新精神，营造"敢于冒险、勇于创新、追求卓越、宽容失败"的创新文化氛围，推进园区创新创业活力。要营造诚实守信的园区商业文化氛围，培养企业的信任与合作的精神，为园区企业创新合作打造出相互信赖的文化氛围和良好的社会风气。

7. 紧扣集群生命周期优选园区集群创新网络整合模式

同组织生命周期一样，随着高新区集群演化周期的发展，其特点和整合对策都会逐渐变得相对可预见。根据对湖北高新区集群化水平的分类，可以折射出其所处的发展阶段，结合其所处的产业集群生命周期选择整合模式。

武汉东湖高新区——多元协作型整合。武汉东湖高新区目前处于集群重构期。

集群产业技术日趋成熟，集群经历动荡期后进入一个新的竞争环境，正在向新兴产业领域转型，试图跃升到新的价值链功能环节，集群所处环境较前一阶段相对稳定。可采取多元协作整合模式。

大冶、襄阳、黄石、宜昌高新区——中心型整合。这 4 个高新区处于产业集群成熟期。产业集群化程度较好，已基本形成自身的产业特色，同时也拥有一定的产业集群规模。大型龙头企业形成，集群内部配套商逐渐围绕这些企业建立起以资产依赖为基础的稳定的合作关系。为进一步发展，应采取中心型整合模式。

荆门、荆州、宜都、葛店、咸宁、随州、孝感、黄冈、天门、十堰、仙桃、石首、武穴高新区——政府扶持型整合。这 13 个高新区目前产业集群化水平较差，创新能力不足，处于产业集群成长期。为进一步发展，可采取政府扶持型整合模式。

8. 采取差异化的园区集群发展政策导向

集群化发展是高新区内生发展的依据和方向，结合前面对湖北高新区集群化水平的分析，根据湖北省高新区三个梯队产业集群化发展水平差异，采取相应的政策导向。

（1）武汉东湖高新区。首先，东湖高新区的产业集群水平很高，产业特色明显，在湖北省内是发展最好的一个高新区，应借国家自主创新示范高新区建设的契机，进一步加快园区创新资源集聚步伐，以产业优势吸引优秀的人才和优秀的企业进入，增强高新区可持续发展的能力。其次，加快园区产业结构升级，向新兴产业延伸，实现园区产业升级。最后，作为省内最优秀的高新区，应发挥模范标杆作用，通过知识溢出效应，引领其他园区发展，推动湖北高新区在整体水平上迈入新台阶。

（2）大冶、襄阳、黄石、宜昌等 4 个高新区。这 4 个高新区产业集群化程度较好，已基本形成自身的产业特色，同时也拥有一定的产业集群规模。为进一步发展应采取以下措施。首先，应该结合主导产业特色，引进一批配套的上下游相关企业完善产业链，为产业链深度协同价值创造打下坚实基础，产生协同效应，更好地发挥特色产业的优势。其次，完善产业结构，形成相互支撑的产业布局。应结合主导产业特征，按照协同发展的思路规划相关产业，形成主辅分明、相互协作、共同发展的产业布局。最后，加大创新研发资金的投资比例。对于重大科研项目，可以采取企业与政府拨付的形式，帮助企业在技术研发方面取得更大的进步，提高高新区的整体技术水平。

（3）荆门、荆州、宜都、葛店、咸宁、随州、孝感、黄冈、天门、十堰、仙桃、石首、武穴等 13 个高新区。这些高新区产业集群化水平较差，创新能力不足。首先，应调整发展模式，政府应该以高起点选择、高技术建设产业集群为前提，制定发展规划和产业集群政策引导方针。规划的重点应放在为企业提供尽可能完善的服务和创造良好的发展环境上，为实现高新区相关企业在空间的原始集聚夯实基础。其次，引导建立相关产业企业的相互交流平台，保证各企业之间信息流畅，促进各产业之间在研发、投入、销售等方面的合作，以达到集群的协同效应。再次，抓住沿海产业转移的机会，采取措施，利用劳动力、市场巨大的优势，降低高技术企业生产与交易成本，形成区位优势，在承接东部地区的高技术企业转移中形成产业集聚。最后，在集群的形成与发展过程中，地方政府应加快市场中介服务体系的建设，引进产业内极具竞争力的企业或公共机构、智囊团体，改善集群的结构，做大规模，扩大集群的影响力。

9.5　湖北高新区高技术集群创新集成生态体系圈层一体化联动建设战略构想

战略联动实施整合坚持"政府引导、区域合作、产业协调、环境配套"的发展方针，以市场为导向，以企业为主体，以现代信息技术为支撑，遵循"重点突破、区域联动、分层开发"的战略思路。其目的在于实现对区域内所有高新区资源进行协同整合，提升网络创新能力。要注意引导和合理布局专业化创新产业的区位分布，要确定高新区产业集群的发展目标，错位发展，形成高新技术产业在高新区分工协作的发展新格局，在此基础上进一步提高专业化水平，以做大、做强湖北高科技产业集群，建立区域之间相互依存的产业协作体系。

9.5.1　湖北省高新区集群创新集成生态体系圈层一体化联动建设战略框架

1. "三圈一体"战略布局

为统筹优化布局，盘活存量资源，生成整体创新优势的全省范围的区域一体化创新生态网络，提出打造"三圈一体"的高新区集群创新生态体系建设蓝图。即以武汉东湖高新技术开发区、宜昌国家高新技术产业开发区、襄阳国家高新技术产业开发区三大龙头为圈心，辐射其他高新区（为环上要素）而构建出的有核圈的协同发展模式。三圈中又以武汉为全省高新区辐射源，加速武汉地区知识转化能力、技术等养料资源向周边补充，加速宜昌、襄阳的技术向周围其他城市群溢出，如图9-4所示。

2. "一主两翼"战略辐射

以联盟合作为导向的区域创新生态网络重构，是实现区域经济协调发展和区域竞争力增强的必然选择。湖北省在培育龙头高新区（武汉、宜昌、襄阳）的基础上，根据利益共享和效率改善的原则，鼓励龙头高新区与省内的其他高新区进行有效分工，结成产业带（圈），形成一体化的产业价值链和技术需求链，强化省内高新区关联效应。

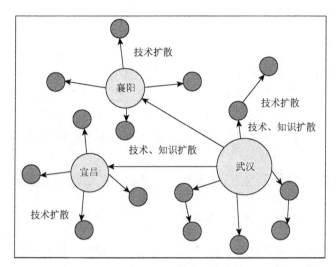

图 9-4　湖北省高新区集群创新生态体系建设圈层战略构想图

湖北省政府应积极将省内高新区合作作为一项长期系统性工程进行推进，促使龙头高新区积极向圈内高新区进行资源和信息辐射，尤其是推动创新成果的扩散，扩大创新效果，降低创新成本，使消化吸收再创新具有更加广泛的扩散领域和受众群体，带动全省高新区自主创新能力的提升。

9.5.2　湖北高新区创新生态体系圈层一体化联动建设战略实施思路

为打造出"三圈一体"的湖北省高新区创新生态体系，省政府要围绕湖北省经济发展总体战略和战略支撑产业，坚持政府引导、区域协调、突出差异、产业特色的发展方针，按照合理布局、突出重点、资源共享、共同发展原则，遵循圈内资源整合、圈外资源对接、区域协同的战略思路进行跨区域协同整合。

1. 圈内资源整合

圈内资源整合指省政府要结合各园区产业现状，进行产业整合，制定统一的产业布局规划和配套政策，改变产业结构趋同的现象，进一步优化全省高技术产业结构，使各高新区逐步由劳动密集型向创新型、技术型、地方特色型高新技术产业靠拢，实现区域产业的合理布局。

2. 圈外资源对接

圈外链节对接指三大核心圈（武汉、宜昌、襄阳）以圈内整合产业资源为出发点，按照产业链协同的思维规划各高新区的职能和功能，以产业链环节进行对接，形成产业圈，形成合力。

3. 区域协同

区域协同指各高新区所在管理部门，要按照全省统一规划与圈内其他园区进行协同，以发挥自身产业优势和形成自身产业特色为目的，规划好自己的产业布局，引导主导产业良性发展。目的是优化配置省内科技创新资源，促使四大生态种群形成机制，促进创新主体的合作上升到一种共生共荣的境界。

9.5.3　湖北高新区创新生态体系圈层一体化联动建设战略举措

1. 以建立区域协作紧密联系机制为切入点

强化省政府与各高新区所在政府之间的分工和协调，做到机构精干、分工合理、步调一致、政策统一。由省政府发起，成立由各高新区所在政府主管高新区工作的领导共同组成的高新区协作协调小组，负责湖北省高新区集群创新体系协同建设的顶层设计，以及产业分工、资源配置、创新合作过程中重大问题的决策、组织、实施与协调。

2. 以统筹规划产业布局为实施纽带

湖北省政府应从全局的角度，立足各个地方经济的特色合理规划产业布局，指导各个地方高新区管理部门合理选择主导产业。要求各个高新区要按照产业链分工的差异，深化所在环节（链）专业化分工协作力度，围绕主导产业环节（链）培育和完善地方产业配套体系，以及加强与其他园区产业环节（链）的对接能力，在全省层面提高整个产业的竞争力。

3. 以科技资源协作为实施路径

以产业链为依托，整合各高新区科技资源优势，提高资源的规模利用效率，提高高新区集群合作的科技创新能力，构建出一体化的高新技术区域创新体系。在科技协作策略上，要先易后难，点、线、面、群逐步推进。要以支柱产业的高技术领域和共性技术为重点，以建设创新型园区为突破口，打造区域创新极和区域创新集群。在科技资源协作途径上，各高新区可以通过共同投入资源、共享科研设备、共同研发、共同承担重大创新项目等科技创新联盟合作，实现园区创新资源的深度整合,从而实现更高的创新绩效。

4. 以建设功能完善的创新服务体系平台为支撑

要搭建出包括市场信息、科技信息、人才信息、资金信息等创新要素资源信息及发展变化情况的系统平台体系。创新生态体系一体化建设的关键是实现资源在全省层面的高新区优化配置,避免资源浪费和重复建设,达成的前提是信息的开放性、公开性和透明性。通过搭建平台体系,有效促进创新生态网络产业链上下游企业创新信息互动以及与其他亚群落,尤其是与中介群落的创新信息传递。

5. 以塑造信任与合作的社会文化为保障

各级地方政府应加强对有关信用原则的法律法规的宣传和贯彻,规范与引导市场主体诚信交易、守法经营、有序竞争。同时建立严格的监督机制和惩戒机制,加大对失信欺诈行为的监督惩戒力度,杜绝投机行为,在区域内形成守信者受益、失信者受罚的良好社会氛围。推进建立信用的记录、评价、公开制度,实现市场主体信用信息公开化,为诚信者提供更多的市场机会,使失信者无机可乘。此外,加大对企业的培训力度,定期组织企业之间的信息交流,加强道德教育,宣传诚信理念,培养诚信意识,重塑诚信美德,形成诚信为荣、失信为耻的社会风气。

9.6　武汉东湖高新区高技术集群创新集成体系生态建设深度分析

9.6.1　武汉东湖高新区发展情况介绍

从 1984 年至今,经过 30 多年的发展,武汉东湖高新区通过大力发展高新技术产业走出了一条独具特色、引领我国高新区发展的道路,对湖北省乃至全国的高新技术产业发展起到了推进作用。从第一家科技企业孵化器建立到"中国光谷"品牌的成功打造,从第一家民营股份制企业的诞生到第二家自主创新示范区的批准,东湖高新区通过不断改革,在各方面都取得了令人瞩目的成绩。

1. 总体发展势头强劲

面对复杂多变的国内外经济局势,东湖高新区克服各种不利因素,在光电子信息、先进制造及相关领域中,保持较快的发展态势。

2013 年全年实现总产值 5086.17 亿元,同比增长 26.77%;实现工业增加值1361.57 亿元,同比增长 31.89%,高于同期工业增长速度 3.1 个百分点。此外,高新区从业人数为 419022 人,同比增长 9.56%,企业个数为 21047 个,同比增长

4.83%，为湖北省就业市场提供了较多岗位。总体来看，从 2007 年到 2013 年，高新区发展势头强劲。主营业收入的年平均增长率为 36%；工业增加值从 2007 年的 399.53 亿元增长到 2013 年的 1361.57 亿元。这表明高新区产品附加价值不断增加，正由量的发展转变为质的飞跃。根据统计数据，连续四年东湖高新区高新技术产业总产值占到全省生产总值的 8.2% 以上，2013 年更是突破 20%，如此发展势头，东湖高新区俨然成为区域发展的主力军和增长极。

从图 9-5 中可知，在产出方面企业的总收入和规模以上工业增加值都是不断攀升的，这表明东湖高新区从 2001 年到 2013 年发展势头是不断增强的，企业总收入从 330 亿元增长到 6517.21 亿元，收入规模扩大了 19 倍有余。规模以上工业增加值从 2001 年的 76 亿元增长到 2013 年的 1361.57 亿元，扩大了 17 倍有余，这表明高新区的产业附加值在不断的增长，其技术先进性也在不断发展。另外从图 9-5 的走势可知，在 21 世纪初的前几年中，产出规模增加并不明显，但到 2006 年以后，企业总收入和规模以上工业增加值的增长速度是显而易见的，说明近年来高新区已经从一个缓慢增长的阶段发展到迅速成长的阶段。

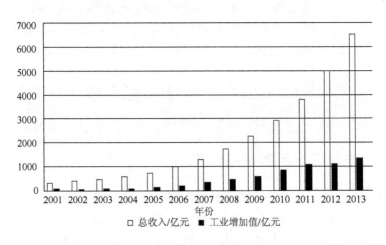

图 9-5　东湖高新区主要产出指标

2. 产业结构持续优化

2013 年全区年产品销售收入 6517.21 亿元，同比增长 30.18%，这也是东湖高新区连续第 6 年维持 28% 以上的高增长率。以光电子信息产业为核心的高新技术产业集群加速形成。据统计，2013 年光电子信息产业完成收入 2685.65 亿元，同比增长 39.34%，占企业总收入的 41.21%；生物医药产业完成收入 512.34 亿元，同比增长 27.73%，占总收入的 7.86%；节能环保产业完成收入 789.21 亿元，同比增长 19.67%，占总收入的 12.11%；高端装备制造业产业完成收入 798.46 亿元，同比增长 23.51%，占总收入的 12.25%；现代服务业实现收入 1029.88 亿元，同比增长 32.7%（图 9-6）。从五大产业的收入和增长率可以看出，东湖高新区的产业结构不断完善，基本形成以光电子信息产业为核心，以生物医药产业、高端装备制造业产业、节能环保产业为战略产业，以现代服务业产业为先导产业的橄榄型产业结构。以光电子信息产业为首的战略新兴产业实力进一步增强。以光电子信息产业为例，光纤光缆、光器件等已经是国家最高水平，而地球空间信息及应用服务业被科学技术部批准为创新型产业集群试点。

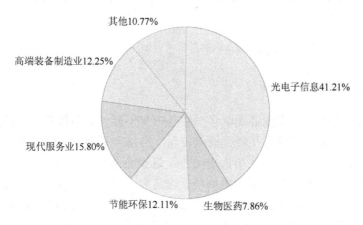

其他10.77%

高端装备制造业12.25%

光电子信息41.21%

现代服务业15.80%

节能环保12.11%

生物医药7.86%

□ 光电子信息　□ 生物医药　□ 节能环保　□ 现代服务　□ 装备制造　□ 其他

图 9-6　2013 年东湖高新区产业收入比例图

3. 品牌优势凸现

东湖高新产业按照定位特色化、品牌优势化的思路，依托全省现有的各类高新技术产业，严格地规划、遴选和认定一批高技术企业，积极地申报国家级自主创新示范区，并在 2011 年成为第二个获此称号的高新区。截至 2013 年，湖北省共有 5 个国家级高新区和 17 个省级高新区。而在这 5 个国家级高新区中，资历最老、成就最大的当属东湖高新区。武汉东湖高新区已成为湖北省高新产业的知名品牌。依托品牌优势，东湖高新区不断地通过各种途径加大出口力度，力求实现"走出去"战略。近年来，依靠"中国光谷"这块品牌，东湖高新区的出口创汇数目不断攀升，长势喜人。

2013 年，东湖高新区出口创汇数为 104.73 亿美元，同比增长 18.84%，从全国范围来看，东湖高新区的增长率位居前列。东湖高新区结合自身的优势，打造品牌，又依靠品牌优势实现"走出去"战略，使高新区在过去的几年里在出口方面取得了骄人成绩（图 9-7）。

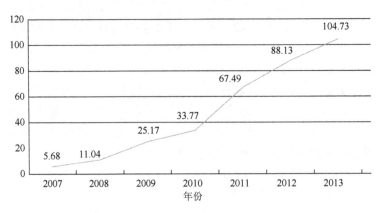

图 9-7　东湖高新区高新技术出口额（单位：亿美元）

4. 科技创新能力不断增强

有投入才有收入，东湖高新区在过去几年里不断加大科技投入（图 9-8），促进高新区创新成果的丰收。在资金投入方面，2013 年东湖高新区的科技活动经费支出总额达 263.45 亿元，同比增长 30.69%，这也是高新区的科技活动经费支出增长率连续第五年维持在 25% 以上的高位。这其中，R&D 经费支出 190 亿元，同比增长 31.8%；科技经费内部支出总额 200.07 亿元，同比增长 21.30%。在人力资源方面，2013 年东湖高新区从业人员数达 41.9 万人，同比增长 9.56%。其中，科技活动人员数达 11.27 万人，占总人数的 26.9%，即每 4 名从业人员中就有 1 名从事科技活动。

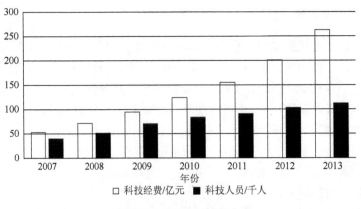

图 9-8　东湖高新区投入

在如此大力度的资金和人力投入条件下，东湖高新区的科技创新产出和能力也得到了大幅提升。2013 年全年实施科技项目 11499 项，同比增长 4.8%。这些项目无论是从质还是从量上都比 2012 年同期有显著提高。其次，2013 年武汉东湖高新区申请专利 13021 件，同比增长 23.67%，占武汉市专利申请总量的 44.78%。另外，2013 年东湖高新区的科技创新能力取得显著进步，涌现一批重大技术创新成果。东湖高新区全球首次实现单通道 3.2Tbit/s 2087 千米标准单模光纤超长距离 24 小时无误码实时传输，技术水平国际领先。自主研发出全球首台数字正电子发射断层成像仪（Positron Emission computed Tomography，PET）、全球首台光功率热分析仪、国内首台商用紫外激光器等一批具有国际先进水平的创新成果。据统计，2013 年，东湖高新区获国家级科学技术奖 26 项，湖北省科学技术奖 34 项。总体来看，东湖高新区通过加大科技投入，不仅取得了丰硕的成果，还在此过程中提升了科技创新能力。

5. 创新服务体系持续完善

高新区是区域创新的核心地带，完善创新体制对高新区来说至关重要。创新应从体制入手，加快建设步伐。牵头组建物联网、地理信息等联盟，在不断完善政策的前提下，通过建设资本特区和人才特区完善创新平台建设。2013 年，在金融方面，东湖高新区出台多项金融政策完善科技金融体系的建设，这一举措使得东湖高新区更多的企业成功上市。在人才方面，东湖高新区实施"3551 人才计划"，使得高新区人力结构发生显著变化：从总数上来看，科技从业人数增长 8.67%；从文化构成上来看，博士 6012 人，比 2012 年增加 939 人，硕士 28913 人，比 2012 年增加 5042 人，本科 143812 人，比 2012 年增加 16440 人；从高端人才角度来说，实施"3551 人才计划"成功引进王肇中、闫大鹏、吴祖泽等顶尖人才。通过改善人才和金融体制，东湖高新区创新平台和创新服务体系加速完善。就创新服务体系而言，2013 年东湖高新区以领军企业为主牵头成立 39 家产业技术创新联盟（其中国家级联盟总数达 8 个），推进产学研协同创新。孵化器（加速器）的建设取得显著进步，东湖高新区共建立科技企业孵化器（加速器）33 家，孵化总面积 300 万米^2，这不仅为微小型企业提供了必要的保障也为创新服务体系的完善做出了贡献。

9.6.2　武汉东湖高新区运行效率发展态势比较分析

1. 东湖高新区运行效率纵向比较分析

（1）发展效率分析。为了更加深入地了解武汉高新区的发展态势，明晰武汉高新区发展历程，本书选择高新区历年数据，从纵向角度对其进行动态效率分析。根据前面已经建立的高新区效率分析指标体系，本书选取《武汉东湖高新区统计

《年鉴》2001～2013 年的数据进行分析，如表 9-19 所示。

表 9-19 东湖高新区 2001～2013 年投入产出要素表

年份	企业总收入/亿元	工业增加值/亿元	出口创汇/亿美元	固定资产投资/亿元	从业人数/万人
2001	330.00	76.00	1.14	24.00	11.33
2002	400.00	70.20	1.20	30.00	10.84
2003	480.00	82.40	2.54	40.00	11.55
2004	586.00	98.00	3.39	47.00	13.64
2005	725.00	135.00	3.45	58.00	14.24
2006	1004.00	220.00	4.31	74.00	16.23
2007	1306.00	340.00	5.68	118.00	18.51
2008	1750.00	468.00	11.04	155.30	23.28
2009	2261.00	593.00	25.17	214.40	29.58
2010	2926.00	857.00	37.77	232.41	31.25
2011	3810.00	1086.00	67.77	279.25	36.10
2012	5006.00	1121.00	88.13	444.24	38.24
2013	6517.00	1361.00	104.73	534.33	41.90

根据这些数据，运用数据包络分析方法进行分析，其结果如表 9-20 所示。

表 9-20 东湖高新区历年数据包络分析效率分析表

年份	技术效率（总效率）	纯技术效率	规模效率	规模收益
2001	1.000	1.000	1.000	不变
2002	0.972	1.000	0.972	递增
2003	0.876	0.914	0.958	递增
2004	0.911	0.911	1.000	递增
2005	0.914	0.919	0.995	递增
2006	1.000	1.000	1.000	不变
2007	0.811	0.892	0.909	递增
2008	0.826	0.832	0.993	递增
2009	0.773	0.773	0.999	递增
2010	0.948	0.962	0.986	递增
2011	1.000	1.000	1.000	不变
2012	0.977	0.988	0.989	递增
2013	1.000	1.000	1.000	不变
平均	0.923	0.937	0.985	—

从2001~2013年的武汉东湖高新区效率来看，2001年、2006年、2011年和2013年都是处于整体上运行有效状态，其他年份基本上无论是总效率，还是技术效率，甚至规模效率都未能达到有效。从规模收益的角度来看，2001年收益不变，然后规模收益呈现递增状态，一直到2006年规模收益又不变，接着规模收益继续增长，到2011年规模收益又达到了不变的状态，之后在2013年又一次达到规模收益不变状态。这种规律性展示了武汉东湖高新区在发展中不断量变的过程，从一个发展周期扩大到另一个发展周期，每一个周期都达到了数据包络分析有效。这说明武汉东湖高新区从2001~2013年已经在整体上经历了两次大的跨越发展，即2001~2006年和2006~2013年。目前正处在第三次大发展中。

（2）聚类分析。为深入探索武汉东湖高新区发展过程中的效率状况，本书采用聚类分析进一步阐释。本书依据所选指标，根据《东湖高新区统计年鉴》，对2001~2013年的数据做Q型聚类分析。一般来说，聚类分析适用于截面数据的分析方法，通过聚类探究东湖高新区在这13年中的发展状态。聚类结果如图9-9所示。

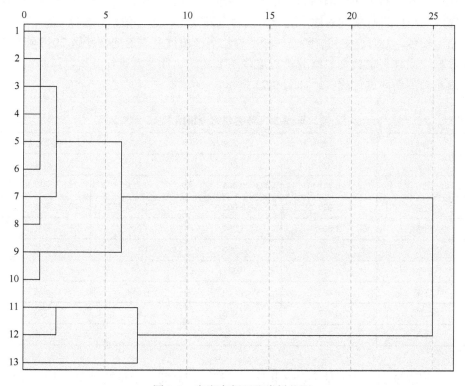

图9-9 东湖高新区聚类树状图

从聚类分析的结果来看，2013 年为第一类，2011 年和 2012 年为第二类，2009 年和 2010 年为第三类，2001～2008 年为第四类，这就形成了一个以时间顺序为主的阶梯状层次。2008 年以前东湖高新区的发展较缓；从 2009 年开始到 2012 年，高新区的发展速度不断提高，这几年的发展速度也一直维持高位，因此把这几年归为两大类；最后才是 2013 年，相对于前面几年的高速发展，2013 年东湖高新区发展势头更加迅猛，发展后劲更足。可以这样说，从第一类到第四类，高新区的发展态势是向上的。也就是说，每一类都比后面的在投入产出的规模、产业结构、投资环境等方面有质的飞跃。

综合数据包络分析和聚类分析的结果，东湖高新区的发展呈现出的是一种螺旋式的上升状态。可以得到这样的结论：东湖高新区在这期间经历了两个发展周期，它是循环式的向上发展，有着良好的发展势头。

2. 东湖高新区运行效率横向比较分析

前面从东湖高新区的历年发展态势角度进行了深度纵向对比分析，为了能充分说明东湖高新区在全国高新区中的发展水平，还需要将东湖高新区与其他主要国家级高新区进行横向对比，进一步说明东湖高新区运行效率。选择北京、天津、南京、长春、上海、杭州、西安、深圳等几个产值排名靠前的高新区 2013 年的统计数据，同样根据数据包络分析对这些高新区的运行效率进行分析，再将结果与武汉东湖高新区进行比较，如表 9-21 所示。

表 9-21　数据包络分析结果

高新区	技术效率	纯技术效率	规模效率	规模收益
北京	0.650	1.000	0.605	递减
天津	0.822	0.966	0.851	递减
南京	1.000	1.000	1.000	不变
长春	1.000	1.000	1.000	不变
上海	1.000	1.000	1.000	不变
杭州	0.516	0.543	0.952	递减
西安	0.852	1.000	0.852	递减
深圳	0.968	0.996	0.972	递减
武汉	0.763	0.982	0.777	递减

根据表 9-21，与其他高新区相比，武汉东湖高新区规模效率和技术效率均未达到数据包络分析有效状态，其纯技术效益为 0.982，规模效率仅 0.777。这一结果表明武汉东湖高新区资源使用效率低。由此可见，尽管武汉东湖高新区无论在

推动经济发展，还是在推动技术进步方面都均取得了较大成就，但其在现实发展中的投入产出转换技术水平不达标，在一定的投入规模下并没有得到相应的产出规模。这其中的原因在于高新区产业结构不完善，缺少产业之间的协同。

9.6.3　武汉东湖高新区集群创新集成能力分析

1. 武汉东湖高新区集群创新集成能力

前面对国家高新区集群创新集成能力做了综合评价，得到国家高新区排名情况，这里将东湖高新区分析结果摘录出来，汇总于表 9-22。

表 9-22　东湖高新区在全国的排名情况

高新区	综合排名	集群创新效能生态因子	集群知识协同创新生态因子	集群创新可持续生态因子	集群创新种群协同生态因子
武汉	3	4	23	21	2

（1）从综合情况看，武汉东湖高新区在国家高新区中的排名是第 3，作为继中关村之后第二家获批自主创新示范区的高新区，这样的名次是与实际相符的，从中可以看出，东湖高新区的综合实力在高新区中具有明显的竞争优势。

（2）从主因子看，武汉东湖高新区集群创新效能生态因子排名第 4，集群知识协同创新生态因子排名第 23，集群创新可持续生态因子排名第 21，集群创新种群协同生态因子排名第 2。

总体上讲，武汉东湖高新区在全国的位置较为靠前，综合实力较强，但在决定集群可持续性的公共因子上的排名却处于中等情况，例如，集群知识协同创新生态因子排名第 23，这与湖北这样一个科教大省是完全不相符合的。

2. 武汉东湖高新区集群创新集成能力制约因素分析

为了挖掘武汉高新区发展的制约因素，从 6.1.1 节集群创新系统生态结构（内生功能）与创新绩效（外显能力）这两个层面关联分析结论中（表 6-4），得到湖北东湖国家高新区在全国 56 个高新区的排名情况（表 9-23）。

表 9-23　东湖高新区内外排名情况

高新区	集群系统结构（内生功能）					创新绩效（外显能力）		
	产业价值创新链生态结构因子	知识创新链生态结构因子	产业创新种群生态结构因子	集群创新开放度因子	综合	创新系统产出效能因子	集群创新成长因子	综合
武汉	7	2	54	29	9	7	11	9

从表中可以看出：武汉东湖高新区集群创新系统内生功能和外显能力较为均衡，均排名第9。结合上面东湖高新区创新集成能力分析可以看出，制约武汉东湖高新区集群创新发展的因素包括以下几个方面。

（1）从内生功能来看，东湖高新区内生功能排名全国前十，但在产业创新种群生态结构和集群创新开放度上却比较差，2014年排名分别为第54和第29，这反映出高新区集群内生功能制约还是比较强的，已成为制约高新区集群创新能力提升的关键因素。

（2）从外显能力来看，集群创新系统产出效能因子包含工业增加值、净利润、技术性收入等六项内容，这些与高新区的产出规模密切相关，东湖高新区在这个因子上表现较好。集群创新成长因子包含专利授权数、发表外文科技论文、研究与开发投入占比等三项反映创新可持续性质量的指标，东湖高新区排名仅第11，这反映了东湖高新区系统的产出能力不足，与其他高新区相比，产出质量有待提升。

从以上分析中可知，第一，创新系统结构因素是制约东湖高新区发展的关键，政府应该在总体规划的基础上，细化指标，注重招商引资的质量，应高起点、高协同度进行招商，优化种群结构，形成合力，提升系统结构功能；第二，加快集群开放力度，加快融入区域、国家及国际创新网络，以及优化高新区发展软环境，形成产城联动和产学研合作的良好互动机制，推动集群创新发展，走内涵式发展道路。

9.6.4　武汉东湖高新区集群创新集成体系建设调研分析

为了解武汉东湖高新区集群创新体系建设状况，对武汉东湖高新区的企业进行问卷调研，对问卷的整体分析，剖析武汉东湖高新区创新集成体系的建设情况。本次调研共发放问卷152份，回收有效问卷144份。

1. 高新区产业布局

（1）产业格局明确但关联度还欠缺。通过图9-10可知，在武汉东湖高新区内，光电子信息企业数目众多，共有48家，占到了样本总数的33.3%，由此，可以推测出在高新区内，光电子信息产业的发展是较为完好的。生物医药企业共有21家，占比14.2%，这说明生物医药行业在高新区内也渐渐地成为了一个主要的产业分支。装备制造和节能环保各占12家，生物工程、新能源各占3家，食品饮料和建筑陶瓷各9家。选择其他产业的企业共有27家，这些企业可能是一些较为零散的企业，因为问卷调查中企业的分类基本覆盖了所有的主要行业。通过对高新区内产业布局的分析发现，东湖高新区目前已经形成以光电子信息产业为主导，生物医药、节能环保和装备制造为三大战略新兴产业的整体产业格局。虽然高新区内的产业格局明确，主次分明，但是产业之间的关联度较差，产业之间协同效应不明显。

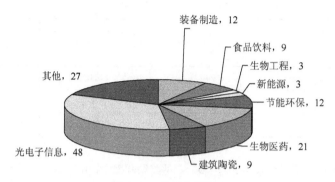

装备制造，12
食品饮料，9
生物工程，3
新能源，3
节能环保，12
其他，27
生物医药，21
光电子信息，48
建筑陶瓷，9

图 9-10　产业布局情况

（2）产业链相对不完善。在明确产业布局的情况下，进一步对高新区内产业分工进行调查，其中仅有 54 家企业认为高新区内产业分工合理，形成了产业良性互动；另外 90 家企业认为高新区内产业各成体系，相互关联性较小。这种现状也可从数据中得到较为充分的体现。通过调查了解到，对于高新区内的企业来说，他们的生产资料大多数来源于园区外，在园区内的数量很少，几乎不到 10%；另外，关于企业销售情况的调查，大多数（接近 70%）企业在园区内的销售收入仅占到 10%，少部分（20%）企业在园区内的销售收入在 10%~30%，没有一家企业的销售收入在园区内达到 50%以上。这些数据都表明了高新区内虽然存在主导产业和一些战略性新兴产业，但是整体产业分工并不合理，产业链发展和集群功能尚未充分体现。

2. 高新区集群协同创新网络建设

（1）企业创新意愿较强。从调研结果可知，东湖高新区的企业中，各产业发展自成体系，产业关联度较低。对于企业的创新行为，问卷中用是否属于高新技术企业、是否成立研发中心反映。问卷统计结果如表 9-24 所示。由数据可知在调查的企业中有 111 家被认定为高新技术企业，占比 77.1%，33 家不是高新技术企业，占比 22.8%，高新技术企业占到了较高的比例，表明东湖高新区对企业的引进还是做了一定规划的。同时，有 114 家企业成立了技术研发中心，仅有 30 家未成立技术研发中心，高新技术企业中有 4 家未成立技术研发中心。根据走访调查，这是因为一些企业的技术研发中心在总部设立，高新区内是一个企业的子公司或分公司，技术控制权在总部。未被认定为高新技术的企业中仍有超过一半（18 家）的企业成立了技术研发中心，表明技术创新实力在企业的发展中正变得越来越重要。

表 9-24　创新行为分析表

		企业是否被主管部门认定为高新技术企业		合计
		是	否	
企业是否成立技术研发中心	是	99	15	114
	否	12	18	30
合计		111	33	144

　　（2）产学研合作效能不高。首先，调查结果如图 9-11 所示，144 家企业都存在与创新知识中心的合作情况，累计频次 267 次，其中与企业合作的有 111 家，与高校和科研机构合作的各有 78 家。这表明企业与高校和科研机构还是存在一定的合作项目的，比如，企业与企业之间的信息交流，企业与高校之间的技术交流、人才同盟计划，企业与科研机构之间的技术合作等，同时也表明了政府在促进高新区内企业交流方面还是花费了一定的心血的。其次，从园区内企业相互交流的情况来看，调查结果显示，有 57 家企业认为与园区内的企业基本没有交流，54 家企业表示偶尔与其他企业交流一下，仅有 33 家企业表示经常与园区内的其他企业进行交流，占比不到 25%。这种现象是极为不正常的，也表明了高新区在建设过程中畸形发展的一面，园区内企业与企业之间沟通交流不畅。再次，从交流合作的进展情况（合作的实际效果）来看，与区内合作顺利的有 45 家企业，合作不顺利的有 93 家，还有 6 家企业不清楚与园区内企业合作情况。这表明园区内企业之间的合作还是存在一定的障碍，使企业间的合作不能较好地进行。最后，从产学

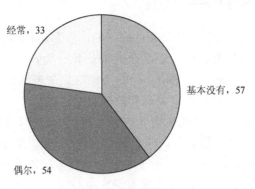

图 9-11　交流情况

研合作的整体情况分析来看，虽然产学研合作的项目较多，基本所有企业都存在产学研的合作项目，但是合作的渠道却并不通畅，企业之间缺乏正常的沟通交流机制，直接导致了合作的结果并不理想的现状。

（3）创新创业氛围较差。创新内生环境也就是高新区的社会资本建设情况，分析如表 9-25 所示，高新区内 60.4%的企业认为区内存在创新合作氛围，39.6%的企业认为高新区内没有创新合作氛围。这表明虽然东湖高新区已发展了这么多年，但其所倡导的营造创新合作氛围并未实现。在与其他企业的合作过程中，企业主要是根据共同的目标和价值取向进行相互之间的合作。关于对其他企业的信任方面，很信任的基本没有，75 家企业对其他企业的信任都在一般水平，高新区亟待提高企业之间的信任程度。在约束成员创新合作的规则体系方面，有 81 家企业认为存在这种限制他们悖德的规则，另外 63 家企业认为不存在这种规则体系。以上数据表明，东湖高新区内创新环境的状况并不理想，创新合作氛围不足，企业间信任一般，但仍存在约束企业创新合作的规则体系。

表 9-25 创新文化环境

题项	选项	统计数据	百分比/%
本高新区内是否存在创新合作氛围	有	87	60.4
	没有	57	39.6
企业合作过程中的感觉	共同的语言	24	16.7
	共同的愿望	63	43.7
	共同的价值取向	57	39.6
对本区内的其他企业的信任程度	非常不信任	0	0.0
	不信任	6	4.2
	一般	75	52.0
	较信任	57	39.6
	很信任	6	4.2
在创新合作中可否存在约束成员行为的规则体系	有	81	56.3
	没有	63	43.7

3. 创新环境支持

（1）优惠政策实施困难。政策环境主要考虑三个方面：优惠政策的实施、知识产权的保护力度和政府管理机构的办事效率。通过问卷调查可知，被调查企业中有 138 家企业对高新区的优惠政策感到满意。在知识产权保护力度方面，仅有 33 家企业对此感到满意，其他 111 家企业认为政府没有设定相关的知识产权保护措施。这些结果表明，高新区虽然颁布实施了一系列的优惠政策，但是这些政策的落实涉及很多复杂的手续，政府的办事效率低下，不能为企业带来实实在在的好处。同时，政府对知识产权的保护力度不足。

（2）中介服务质量有待完善。采用信息网络的覆盖程度、中介机构的种类数量和服务质量、专业培训机构等对基础设施环境进行分析。通过数据汇总，高新区内的信息网络覆盖程度较高，仅有 8.3% 的人认为信息网络水平低；现有中介服务的服务类型不够充分，有多达 81 家企业认为中介机构不能满足自身的要求；关于中介机构的服务质量方面，很不满意的有 15 家，很满意的仅有 3 家，因此，中介服务的质量水准有待提升；专业培训机构的培训质量不能得到企业的认可，有 48 家企业认为不能满足企业需求，较满意的仅有 24 家企业，占比不超过 20%。可见，基础设施方面，信息网络的发展水平一般，中介机构的种类和服务质量都不能满足企业的需求，专业培训机构的服务水平也不太高，详见表 9-26。

表 9-26　基础设施环境

题项	选项	统计数据	百分比/%
本区内信息网络发展水平	很高	54	37.5
	一般	78	54.2
	较低	12	8.3
现有中介服务能否满足企业需求	能够满足	63	43.8
	不能够满足	81	56.2
对中介的服务质量是否满意	很满意	3	2.1
	比较满意	54	36.7
	满意	75	51.0
	很不满意	15	10.2
本区内若有专业培训机构，则其提供的服务质量能否满足企业需求	不能	48	33.3
	基本上	72	50.0
	较满意	24	16.7
	完全能满足	0	0.0

（3）金融渠道有待拓展。关于金融环境的分析，从两个维度展开：银行获取信贷的难易程度、获取风险资本的难易程度。调查结果显示，有接近一半的企业

（69 家）认为从银行获得信用贷款较为困难，有 102 家企业认为获取风险资本非常困难，途径也比较少。这表明武汉东湖高新区尚未建立起完善的金融服务体系，虽然政府为园区的中小企业贷款设置了优惠政策和简单的审批程序，但是总体执行情况并不好，银行仍然惜贷，而风险资本不愿投资。

4. 存在的问题

问题一：产业分工不合理，产业链发展和集群功能尚未充分体现。根据问卷调查的结果，虽然东湖高新区内光电子信息产业、生物医药、节能环保、装备制造等主要产业已经凸显，但是产业间的关联度较弱，协同能力较差，难以取得范围经济的优势。

问题二：主导产业雷同，缺乏产业特色。武汉东湖高新区的发展出现了多而散的现象，各个产业领域都有涉足，除光电子信息产业外，其他产业都缺乏一个能够为人熟知的品牌。

问题三：产学研合作效能不高，企业间沟通渠道不畅。产学研合作是促进高新区发展的一种重要方式，东湖高新区内企业虽然存在产学研合作的形式，但是由于合作过程中的沟通交流渠道不畅，导致合作的效果不尽理想。

问题四：政府政策落实不利，办事效率低下。对于高新区的发展，国家有政策，湖北省政府也相应地颁布了一系列的政策，但是执行效率却不高，导致部分企业不满。

问题五：创新环境协同较差，尤其表现在软环境方面。中介机构的服务质量较差，融资渠道不足，另外，人才紧缺和人才流失也是企业面临的重大难题。

问题六：高新区对企业的吸引力不足，出现了部分"楼空企业走"的现象。一些已经入驻的企业，慢慢发现园区对自身的发展并不是最有利的，虽然政府出台了很多的优惠政策，但是区内交易成本太高、企业间合作匮乏，企业无法生存。

问题七：部分政策缺失。政策执行不力只是一个方面，另一方面就是政策的缺失，比如，针对企业的技术创新、新产品的研发，除了政府采购政策，缺乏其他相应的政策，导致企业缺乏研发动力。

9.6.5　东湖高新区集群创新集成体系生态建设对策建议

1. 建设目标

按照"打造生态创新系统来塑造创新型园区"的发展方向，高位谋划示范区建设，贯彻"创新、协同、开放、绿色"基本理念，强化创新示范区建设的使命感和紧迫感，以制度创新为依托，努力将园区打造成为新技术、新产业的发源地，成为带动周边高新区发展的驱动力和国家创新基地。

2. 建设思路

坚持以创新驱动发展，以环境服务发展，促进产业园区与科技新城的融合。围绕建设"资本特区、人才特区、政策特区"的具体要求，应加速学习国内外领先高新区的建设经验，加速知识、技术向周边宜昌、襄樊等地溢出，加速实现湖北省高新区创新生态体系建设圈层一体化，争取带领湖北省早日落实"三圈一体"的创新生态体系宏伟蓝图。

（1）坚持总体规划。高新区创新生态体系建设是一个系统工程，必然要采取从上规划，做好顶层设计。一是要对高新区内的企业类型实现总体规划，努力汇聚产业链和产业群，发挥产业集群的优势。二是要把与高新区相关的科研机构、教育机构纳入高新区的总体规划。高新区可与科研机构、高校联合规划专业建设，使其与高新区产业发展方向相契合，确保高新区发展的科研软环境。三是要把软环境建设作为生态体系建设的孵化器，以环境吸引优秀企业、优秀人才、资金等创新要素的汇聚。

（2）管理循环提升。东湖高新区是一种政府主导型的管理体制，相对其他高新区来说，具备更强的管控能力。但是，政府和企业的管理模式不同，政府工作人员对企业不了解，容易造成决策的失误，因此，政府应该探索一种合理的机制，促进自身的管理能力不断提升，以适应高新区不断发展的时代要求。

3. 具体措施

（1）以园区集群产业发展规划为依据，推进产业创新生态链建设。东湖高新区在建设的过程中逐渐出现了与其他高新技术产业园区主导产业雷同的现象。政府应该结合本地区特有的资源能力引进一批适合本地区建设发展的企业，经过一段时期的沉淀，把东湖高新区打造成一个具有产业特色的知名高新技术园区。首先，高新区要围绕"三圈一体"战略，与周围地区协同，形成合力。结合武汉周边地区的产业现状，将重合的劣势产业如纺织、建筑等劳动密集型产业外迁到对应地区，相关科研人员随之移动。加快知识流动和技术转移，共同发展。其次，转移劣势产业，专心建设优势产业。集中精力发展以光电子信息为核心产业，以生物医药、节能环保、装备制造为战略产业，以现代服务业为先导产业的"131"产业架构，带动相关上下游行业发展。

（2）以创新龙头企业扶持为依托，优化集群创新网络。首先，围绕龙头企业加快产业重点实验室、重点产业技术研究平台等机构建设，带动集群知识链的不断完善。东湖高新区一要重点支持长飞、邮科院、精伦电子、凯迪电力、人福科技、华工科技、长江通信、楚天激光等骨干企业做大做强；二要有意识地培育新的增长点，帮助正元光子、力兴电源、华工数控等企业尽快扩大规模、增强实力，形成高新区新的增长企业群体；三要积极扶持光通光电等比较具有发展潜力的民营科技型企业和中小企业，促进它们快速成长。

（3）以机制创新为抓手，推动产学研协同创新。园区企业可以与当地高校、科研机构相关的实验室建立定向联系，建立互访制度。创新产学研合作方式，将东湖高新区的产学研合作模式从委托开发、合作开发、共同开发等较低级形式，升级为产学研战略联盟这种高级形式。进一步拓展产学研合作视域，构建产学研合作创新网络，把政府、金融组织、中介机构等都包含在内，形成完整的开放式的创新网络系统。深化高校和科研机构改革，鼓励和支持高校、科研机构全面参与东湖高新区的建设，探索教师及科技人员职称评聘、科技成果评定与支持产业发展挂钩的新机制。

（4）加快对园区企业创新引导，突破发展困境。首先，进行商业模式创新，创造共享价值网络。波特认为现代企业的竞争，其实质是商业模式的竞争，企业的成功靠的也是拥有一个好的商业模式。高新区内的企业必须学会构建一种新的商业模式，与园区内其他企业共享剩余价值。产业集群本身就是一种创造共享价值的方式，也是集群中企业参与国际竞争的一种方式。因此，企业自身要懂得与上下游企业合作，与相关产业合作，打造新的商业模式，形成价值共创网络体系。其次，增强自主创新能力，应对市场竞争挑战。东湖高新区目前准备把园区建设成为人才特区，企业要利用东湖高新区的优势大力引进紧缺技术人才。最后，加强诚信建设和风险控制，打破银行惜贷现象。调查发现，企业存在较高的信用风险，是银行惜贷的主要原因之一。针对这种现象，企业首先应该加强诚信建设，这是企业的立身之本。企业必须要以自身的信用为自己赢得企业信誉。同时，企业还应该加强自身的风险控制，包括财务风险、人力资源风险、市场风险等方面，只有将自己的风险降低在一定的水平之下，才能赢得银行和风投的信任。只有这样，才能打破银行惜贷现象。

（5）加强人才队伍建设，打造合理人才梯队。首先，吸引高层次创新人才。依托"千人计划""长江学者奖励计划""百人计划""赤子计划"等人才计划，加快建设海内外高层次人才创新创业基地。其次，培养实用型基础人才。大力促进职业教育和高新技术产业发展的结合，依托大型骨干企业、重点职业院校和培训机构，培养更多更好的能满足社会需要的技能型人才和产业技术工人。

（6）探讨共生治理机制，共建高新区发展新模式。高新区的设立是以政府为主导的，政府是高新区发展的"织网人"，在高新区的发展过程中扮演着重要的角色。伴随着高新区发展的不断完善和成熟，政府所扮演的角色必然要发生转变。因此，探讨东湖高新区的共生治理机制，发展高新区新的运营模式变得至关重要。新的治理模式的构建必然是一个不断探索的过程，但是这个过程要遵循一定的路径。首先，政府要了解高新区发展所处的阶段，以及发展过程中存在的主要问题。

其次，针对这些问题和矛盾，改进自身的治理模式。最后，寻找一个合理的过渡形式，避免新旧机制之间的矛盾。就本书观点而言，改变以往的主导模式，探索政府与企业共生治理机制是一个好的方向，政府主要负责环境创建和监管，而让企业自身参与竞争。

（7）以创建多元化中介服务体系为载体，为产学研合作筑道。首先，以工程技术研究中心和生产力促进中心为载体，构建科技成果转移平台。集中抓好以创业（服务）中心为主体的创业服务体系建设，大力发展各种形式的科技企业孵化器，增强东湖高新区的产业孵化功能。探索由实体孵化器向虚拟化、网络化孵化器转化，以互联网为平台向企业提供多种形式的服务，包括信息的发布、与在孵企业的沟通、为在孵企业作宣传和市场营销等。其次，引导建立完善的中介服务体系。政府要不断地吸引、组织和协调区内外的各类中介机构，积极为高新技术企业提供管理、技术、市场营销等方面的服务。同时，要加强对中介机构的监管，完善从业人员资质标准、管理办法，以及推行行政决策咨询的相关制度。最后，优化投融资环境，建立多层次、多品种投融资市场体系。东湖高新区应尽快建立统一的企业信用信息共享体系和信用评价体系，优化投融资环境，实现政府、各金融机构等投资主体间的信息共享，以此解决企业和投资主体间信息不对称的问题。

（8）以优化行政事务流程为方向，完善政府机构工作机制。税收优惠、人才优惠、用地优惠等政策都已陆续地颁布和施行，可是企业还是觉得没有获得实质性优惠，造成这种现象的原因就是政府办事效率不高，办事程序太多。政府应该着重对每一优惠政策的条件和办事流程进行优化，通过简化的流程为企业的发展争取更多的时间和更大的空间，否则政策的颁布就丧失了其原有的意义。

4. 重点关注

1）构建钻石体系式特色产业集群

波特在《国家竞争优势》一书中构建了钻石体系模型，他认为钻石体系的基本目的就是推动产业竞争优势向集群式分布，产业集群能够促进集群内企业提升自身的全要素生产率和创新活力。东湖高新区目前面临诸多问题，其中最为关键的两个就是区域特色不明显和产业关联度不高，这已成为高新区发展的桎梏。因此，探索一种构建特色产业集群的方法尤为重要，目前学术界关于高新区的发展，主要存在三种视角：一是专业分工视角，二是交易成本视角，三是钻石体系的产业集群视角。基于钻石体系的特征和产业集群的普适性，建议选择应用钻石体系模型构建东湖高新区的特色产业集群。图9-12是根据东湖高新区的特点改进过的钻石体系模型。

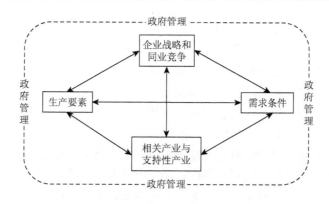

图 9-12　产业集群的钻石体系模型

（1）生产要素方面。生产要素是产业形成和发展的基础，主要包括人、资金、土地以及其他自然资源等。国务院根据三个示范区科技创新资源集中程度和创新能力、产业集群发展、产业结构差异等方面的具体实际，确定了各自不同的功能定位和责任担当。其中对东湖示范区的要求是"成为推动资源节约型和环境友好型社会建设、依靠创新驱动发展的典范"。从生产要素来看，东湖高新区坐拥千湖之省，自然条件得天独厚，土地资源不像北京、上海那么紧张，同时也是人才汇聚的地方。但是高新区却没有完全利用好这样的优势，反而让人才成为了高新区发展的制约因素。虽然高新区出台了很多人才优惠政策，但国家高科技人才留在湖北的并不多，而且人才储备不足，高校毕业生都不愿留在武汉。资金方面，东湖高新区更显得投资不足，一是投资环境太差，金融中介机构不愿在区内驻扎；二是金融产品的种类不像北京、上海那么多。

（2）需求条件方面。需求条件是产业冲刺的动力，产品的省内需求、国内市场的成长速度、国际市场的开发都是产业发展的关键。对于东湖高新区来说，其主要问题在于园区内企业合作较少，没有形成相应的产业链，生产的产品大部分都需要转运到外地去销售，本地需求不足，这就形成了巨大的交易成本，导致企业缺乏扎根东湖高新区的动力。因此，出现了类似上面提到的企业搬迁的现象。另外，高新区内的产品没有更高的技术水准和国际标准约束，在国外市场发展缓慢，国际竞争力较弱。

（3）相关产业与支持性产业方面。相关产业是指与主导产业相关的其他产业，如零部件的提供商、专业设计公司等；支持性产业主要指一些现代服务业，这些产业能够为主导产业提供专业的服务，提高其运营的效率。对于东湖高新区来说，这一块是最为匮乏的，相关配套产业的缺乏，导致企业的生产必须从外地运送原材料，企业生产的产品必须销售到外地，企业的专业化服务需求得不到满足等。正是由于这样的问题，导致东湖高新区内没有形成一个休戚相关的优势网络，企业应对市场的能力较差。

（4）企业战略和同业竞争。一个企业的发展战略应该与该产业的发展方向相契合，否则就不利于企业在当地的发展。同时，同业之间的竞争能够让企业更具活力和生产力。现实中不难发现，越是竞争激烈的地方，企业发展越为顺利，如温州小商品企业的集聚、硅谷软件企业的集聚等。对于东湖高新区来说，五大主要产业已经形成，产业竞争是较为激烈的。

另外一个非常具有中国特色的就是政府在钻石体系中所发挥的作用。东湖高新区是典型的政府主导型的管理体制，示范区管委会拥有市级经济管理权限，对区内各项事业发展履行政府管理职能，统筹协调政策、区域规划、基础设施建设、产业发展等方面的能力较强。因此，对东湖高新区来说，政府在钻石体系中的作用尤为重要，政府会影响钻石体系中的每一个因素。关键是要做好干预与放任的平衡。

2）以需求拉动和创新环境建设为抓手，活跃创新

技术创新日益成为高新区创造竞争优势，实现自身发展的重要手段。面对技术创新不足的现状，先前的研究大多从人才、资金等微观环境来剖析，而本书主要从宏观方向来讨论影响技术创新活动的三种基本力量，希望政府能够先从宏观上把控，进而调整微观因素，促进东湖高新区技术创新活动的实现（图9-13）。

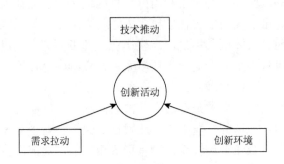

图 9-13　创新活动实现的三种力量

第一种力量是技术推动。这主要表现为某一产业技术进步带来的产业革命，迫使其他企业不得不进行技术创新活动以实现自身企业的发展。由于国内所有高新区都面临着技术推动这一共同环境，这里就不再赘述。

第二种力量是需求拉动。需求拉动主要体现在两个方面。一方面是顾客对新产品的需求，当企业察觉到这种需求或接收到这种需求时，就会有更大的主动性去进行技术创新活动，但是这种需求是政府不能控制的。另一方面是企业进行技术创新活动后，其技术专利和技术产品如果有客户买单，也会激励企业进行主动的技术创新。目前东湖高新区采取的初步措施是政府采购。

第三种力量是创新环境。有研究显示，创新活动不是连续出现的，而是在某一段时间，某一个区域集中出现的，所以创新环境的营造至关重要。鉴于东湖高新区目前的特点，建议采取集群创新和竞争创新的方式打造适合高新区技术创新活动的软环境。

9.7　本 章 小 结

本章首先对湖北高新区发展态势进行了介绍，重点从园区创新系统技术创新效率、集群化发展趋势和创新生态体系建设质量做了定量分析，发现目前湖北高新区 2011~2013 年总效率平均值呈递减趋势，远没达到数据包络分析有效，纯技术效率呈递减趋势，从 0.786 到 0.710，说明湖北省高新区的投入产出能力恶化严重，规模效率方面变化不大，处于递增阶段；湖北省多数高新区产业集群化水平偏低，产业特色还不明显，产业结构不合理，未能呈现出集聚经济效应；存在集群创新生态体系建设质量也比较差这一现实情况。

其次为探究产生问题的原因，通过对 18 个湖北省高新区实地调研资料进行分析，找到 10 个主要原因：①推进创新型园区建设战略缺乏；②主导产业集聚载体建设步伐慢；③企业质量低，创新主体未彰显；④产业链断裂化，产业间关联度低；⑤产学研协同创新链未建立，缺乏生成机制；⑥创新软环境欠佳，缺乏根植性；⑦创新载体建设步伐缓慢，金融支持长效机制尚未建立；⑧创新服务体系融合功能缺失，未形成合力；⑨转型升级遇创新资源瓶颈；⑩缺乏创新合作信任文化。

再次，在前面分析的基础上，提出了由园区模式向新城模式转变、由产业主导向产业集群转变、由以业为本向以人为本转变、由政策扶持向自主创业过渡转变的湖北高新区集群创新体系生态整合优化建设思路，并具体提出了采取突主业优结构的差异化发展战略、实施定位招商引资完善产业链、强化企业创新主体地位、搭建创新公共平台深化产学研合作、加快建设创新要素集聚高地、创新行政管理体制建设服务型政府、完善创新创业服务体系提升服务能力、紧扣集群生命周期优选创新网络整合模式、采取差异化的园区发展政策导向的改进措施。

然后，规划了坚持"政府引导、区域协调、突出差异、产业特色"的发展方针，按照"合理布局、突出重点、集约经营、循环发展"原则，遵循"圈内资源整合、圈外链节对接、区域协同"的战略思路，进行跨区域协同整合的湖北省高新区集群创新集成生态体系区域一体化圈层联动建设战略。采取"'三圈一体'战略布局、'一主两翼'战略辐射"战略框架，采取以建立区域协作紧密联系机制为切入点、以统筹规划产业布局为实施纽带、以科技资源协作为实施路径、以建设功能完善的创新服务体系平台为支撑和以塑造信任与合作的社会文化为保障的战略举措，按照产业链群化建设进行区域联动整合。

最后，对武汉东湖高新区集群创新生态体系建设做了深度的实证分析，通过定量化手段进行动态分析，明确目前存在的问题，结合调研洞悉原因，在此基础上提出了具体的集群创新生态化建设措施。

参 考 文 献

[1] 张杰, 刘东. 产业技术轨道与集群创新动力的互动关系研究[J]. 科学学研究, 2007, 25 (5): 858-863.

[2] Steinle C, Schiel H. When do industries clusters? A proposa on how to assess an industry's propensity to concentration at a single region or nation[J]. Research policy, 2002, (31): 849-858.

[3] Freeman C. Technology policy and economic performance: Lessons from Japan[M]. London: London Pinter Publishers, 1987.

[4] Cooke P, Braczyk H J, Heidenreich M, et al. Regional innovation system: The role of governances in the globalized world[J]. European urban & regional studies, 2004, 6 (2): 187-198.

[5] Prahalad C K, Hamel G. The core competency of the corporation[J]. Harvard business review, 1990, 68 (3): 79-90.

[6] Hodgson G. Corporate culture and the nature of the firms in groenewegen[M]. Cambridge: Harvard University Press, 1996.

[7] Cooke P. Regional innovation systems: general finding and some new evidence from biotechnology clusters[J]. Journal of technology transfer, 2002, (27): 133-145.

[8] Patel P, Pavitti K. The nature and economic importance of national innovation system[J]. OECD: Science technology industry, 1994, 14 (3): 12-14.

[9] Autio E. Evaluation of RTD in regional systems of innovation[J]. European planning stusies, 1998, 6 (2): 131-140.

[10] Asheim B. Industrial districts: The contributions of marshall and beyond[M]. The Oxford Handbook of Economic Geography, Oxford: Oxford University Press, 2000.

[11] Cooke P, Schienstock G. Structural competitiveness and learning region[J]. Enterprise and innovation management studies, 2000, 1 (3): 265-280.

[12] 解佳龙, 胡树华. 国家高新区创新系统的结构框架及运行机理研究[J]. 经济体制改革, 2014, (2): 97-101.

[13] 黄晓卫. 知识创新视角下的软件产业园区演化发展分析[J]. 科技进步与对策, 2011, 28 (23): 82-86.

[14] 刘远华, 严广乐. 企业集群创新系统的涌现机理研究[J]. 企业经济, 2011, (1): 12-14.

[15] Tödtling F, Trippl M. One size fits all? Towards a differentiated policy approach with respect to regional innovation systems[J]. Research policy, 2005, 34 (8): 1203-1219.

[16] Radsevic S. Regional innovation systems in central and eastern europe: Determination, organizers and alignment[J]. Journal of technology transfer, 2002, 27: 87-96.

[17] Filppetti A，Archibugi D. Innovation in times of crisis：National systems of innovation，structure and demand[J]. Research policy，2011，（40）：179-192.

[18] Gerasimova V，Mokichev S. Regional innovation cluster as a center of an innovative person formation[J]. Procedia economics & finance，2014，15：635-642.

[19] 董秋霞，高长春. 基于模块化理论的创意产业集群知识创新系统运行机制及协同发展评价研究[J]. 科技进步与对策，2012，29（16）：110-114.

[20] 陈蕾，张军涛. 基于区域创新系统的我国区域自主创新能力评价指标体系研究[J]. 税务与经济，2011，（3）：48-53.

[21] 熊小刚. 跨区域创新系统的协同发展研究[J]. 科技与管理，2013，15（1）：39-43.

[22] Freeman C. Networks of innovators：A synthesis of research issues[J]. Research policy，1991，20（91）：499-514.

[23] Asheim B T，Isaksen A. Regional innovation systems：The integration of local 'sticky' and global 'ubiquitous' knowledge[J]. Journal of technology transfer，2002，27（1）：77-86.

[24] Fu L P，Zhou X M，Luo Y F. The research on knowledge spillover of industry-university-research institute collaboration innovation network[M]. The 19th International Conference on Industrial Engineering and Engineering Management. Berlin Heidelberg：Springer，2013：361-371.

[25] Morescalchi A，Pammolli F，Penner O，et al. Networks of innovators within and across borders evidence from patent data[J]. Biochemical & biophysical research communication，2013，254（2）：325-329.

[26] Herstad S，Øyvind P，Ebersberger B. Industrial innovation collaboration in a capital region context[J]. Journal of the knowledge economy，2011，2（4）：507-532.

[27] 盖文启，王缉慈. 全球化浪潮中的区域发展问题[J]. 北京大学学报（哲学社会科学版），2000，（6）：23-31.

[28] 薛捷，张振刚. 基于知识基础、创新网络与交互式学习的区域创新研究综述[J]. 中国科技论坛，2011，（1）：104-111.

[29] 蒋同明，刘世庆. 基于自组织理论的区域创新网络演化研究[J]. 科技管理研究，2011，31（7）：23-26.

[30] 傅首清. 区域创新网络与科技产业生态环境互动机制研究——以中关村海淀科技园区为例[J]. 管理世界，2010，（06）：8-13.

[31] Gilbert G，Ahrweiler P，Pyka A. Learning in innovation networks: Some simulation experiments[J]. Physica A，2007，37（8）：100-109.

[32] Gnutzmann H. Network formation under cumulative advantage：Evidence from the cambridge high-tech cluster[J]. Computer economic，2008，32：407-413.

[33] Giblin M. Managing the global-local dimensions of clusters and the role of 'lead' organizations：The contrasting cases of the software and medical technology clusters in the west of Ireland[J]. European planning studies，2011，19（1）：23-42.

[34] Liefner I，Hennemann S. Structural holes and new dimensions of distance：The spatial configuration of the scientific knowledge network of China's optical technology sector[J]. Environment and planning A，2011，43：810-829.

[35] Dekker A H，Colbert B D. Network robustness and graph Topology[C]//Australian Computer

Society，Inc. Proceedings of the 27th Australasian conference on computer science，2004，26：359-368.

[36] Akbar Z，Geoffrey G B. Benefiting from network position：Firm capabilities，structural holes，and performan[J]. Strategic management journal，2005，（26）：809-825.

[37] Burt R. The social capital of structural holes in M. F. guillén：The new economic sociology：Developments in an emerging field[M]. New York：Russell Sage Foundation，2002.

[38] Simsek Z，Lubatkin H，Floyd W. Inter-firm network and entrepreneurial behavior：A structural embeddedness perspective[J]. Journal of management，2003，（3）：427-442.

[39] Fritsch M，Kauffeld-Monz M. The impact of network structure on knowledge transfer：An application of social network analysis in the context of regional innovation networks[J]. The annals of regional science，2010，44：21.

[40] Todtling F，Lehner P，Kaufmann A. Do different types of innovation rely on specific kinds of knowledge interactions？[J]. Technovation，2009，（29）：59-71.

[41] Guannarsson J，Wallin T. An evolutionary approach to regional systems of innovation[J]. Journal of evolutionary economics，2011，21（2）：321-340.

[42] Holbrook A，Wolfe D. The innovation systems research network：A Canadian experiment in knowledge management[J]. Science and public policy，2005，32（2）：109-118.

[43] Jansen D，Gortz R V，Heidler R. Knowledge production and the structure of collaboration networks in two scientific fields[J]. Scientometrics，2010，83（1）：219-241.

[44] Wonglimpiyarat J. Commercialization strategies of technology：Lessons from Silicon Valley[J]. The journal of technology transfer，2010，35（2）：225-236.

[45] Uyarra E. What is evolutionary about 'regional systems of innovation'？ Implications for regional policy[J]. Journal of evolution economic，2010，（20）：115-137.

[46] Grønning T，Fosstenløkken S M. The learning concept within innovation systems theorizing：A narrative review of selected publications on national and regional innovation systems[J]. Journal of the knowledge economy，2015，6：1-17.

[47] 刘友金. 集群式创新与创新能力集成[J]. 中国工业经济，2006，（11）：22-29.

[48] 彭灿. 企业集群知识系统的运行环境研究[J]. 研究与发展管理，2007，19（1）：6-12.

[49] 魏江，朱海燕，孙凯. 产业集群网络化创新过程与创新绩效的实证研究[J]. 中国青年科技，2007，（9）：8-14.

[50] 汪涛. 知识网络结构特征及其对知识流动的影响[J]. 科学学与科学技术管理，2010，（5）：150-155.

[51] 杨连盛，朱英明，张鑫，等. 从创新集群理念到创新集群实践——国外创新集群研究动态[J]. 南京理工大学学报（社会科学版），2013，26（1）：77-85.

[52] 高霞，陈凯华. 合作创新网络结构演化特征的复杂网络分析[J]. 科研管理，2015，36（6）：28-36.

[53] 陈伟，张永超，田世海. 区域装备制造业产学研合作创新网络的实证研究——基于网络结构和网络聚类的视角[J]. 中国软科学，2012，（9）：96-107.

[54] 关军. 基于知识链的产业集群创新网络结构特征研究[J]. 商业时代，2010，（19）：105-106.

[55] 邵云飞，周敏，王思梦. 集群网络整体结构特征对集群创新能力的影响——基于德阳装备

制造业集群的实证研究[J]. 系统工程，2013，31（5）：85-91.

[56] Chesbrough H W. Open innovation[M]. Boston：Harvard Business School Press，2003.

[57] 陈劲，阳银娟. 协同创新的理论基础与内涵[J]. 科学学研究，2011，（2）：161-164.

[58] 王琛，王效俐. 产业集群技术创新协同过程及机制研究[J]. 科学管理研究，2007，（5）：22-25.

[59] 陈莞，谢富纪. 协同定位对高科技产业集群合作创新的影响分析[J]. 研究与发展管理，2007，（3）：17-23.

[60] 于江. 高新技术产业集群式协同创新模式研究[J]. 研究与发展管理，2007，（3）：17-23.

[61] 解学梅. 科技产业集群持续创新系统运作机理：一个协同创新观[J]. 科学学研究，2008，（8）：38-45.

[62] 芦彩梅，梁嘉骅. 产业集群协同演化模型及案例分析——以中山小榄镇五金集群为例[J]. 中国软科学，2009，（2）：142-150.

[63] Strand D，Leydesdorff L. Where is synergy indicated in the norwegian innovation system？Triple-helix relations among technology，organization，and geography[J]. Technological forecasting and social change，2013，80（3）：471-484.

[64] 王燕燕，马力. 基于产业集群的济南市区域创新能力综合评价[J]. 济南大学学报，2008，22（1）：81-83.

[65] 易伟明，刘满凤. 区域创新系统创新绩效分析与评价[J]. 科技进步与对策，2005，22（3）：119-121.

[66] 王鹏飞，张红霞，曹洪军. 基于 BP 神经网络的产业集群创新能力研究[J]. 科学学与科学技术管理，2005（5）：73-76.

[67] 解学梅，曾赛星. 科技产业集群持续创新能力体系评价[J]. 系统管理学报，2008，17（3）：241-247.

[68] 朱斌，王渝. 我国高新区产业集群持续创新能力研究[J]. 科学学研究，2004，22（5）：529-537.

[69] 胡蓓，古家军. 基于 BP 神经网络的产业集群创新能力评价实证研究[J]. 科技进步与对策，2008，25（7）：144-147.

[70] Iansiti M，West J. Technology integration：Turning great research into great products[J]. Administrative science quarterly，1997（6）：69-79.

[71] Best M H. The new competitive advantage：The renewal of American industry[M]. Oxford：Oxford Press，2001.

[72] Miller W，Morris L. Fourth generation R&D：Managing knowledge，technology and innovation[M]. NewYork：John Wiley &Sons，1999.

[73] Tidd J. Complexity networks and learning integrative themes for research on innovation management[J]. International journal of innovation management，1997，（1）：1-22.

[74] Lamprinopoulou C，Renwick A，Klerkx L，et al. Application of an integrated systemic framework for analysing agricultural innovation systems and informing innovation policies：Comparing the dutch and scottish agrifood sectors[J]. Agricultural systems，2014，109：40-54.

[75] Dantas E，Bell M. The co-evolution of firm-centered knowledge networks and capabilities in late industrializing countries：The case of petro in the offshore oil innovation system in brazil[J]. World development，2011，39（9）：1570-1591.

[76] Ernst D，Kim L. Global production networks knowledge diffusion and local capability formation[J]. Research policy，2002，（31）：1417-1429.

[77] 江辉，陈劲. 集成创新：一类新的创新模式[J]. 科研管理，2000，（5）：32-37.

[78] 魏江，叶波. 企业集群的创新集成：集群学习与挤压效应[J]. 中国软科学，2002，（12）：38-42.

[79] 郭亮，崔嵩，于渤. 技术集成能力内涵及其维度构成的实证研究——以装备制造业企业为例[J]. 科学学研究，2014，32（8）：1271-1280.

[80] 欧光军，李永周. 面向产品的高技术企业集群协同创新集成研究[J]. 科学管理研究，2010，28（5）：11-16.

[81] 林向义，罗洪云，尹志红. 企业集成创新中知识整合绩效影响因素的实证分析[J]. 工业技术经济，2012，（8）：99-105.

[82] 昊秀岩. 基于模糊聚类模型的高科技产业集群集成创新研究[J]. 科学管理研究，2012，（24）：1-4.

[83] Porter M E. Location，competition and economic development：Local clusters in a global economy[J]. Economic developmen quarterly，2000，14（5）：15-34.

[84] 许芳，李建华. 企业生态位原理及模型研究[J]. 中国软科学，2005，（5）：130-139.

[85] Knudsen M P. The relative importance of interfirm relationships and knowledge transfer for new product development success[J]. Journal of product innovation management,2007,24（2），117-138.

[86] Rindfleisch A，Moorman C. The acquisition and utilization of information in new product alliances：A strength-of-ties perspective. [J]. Journal of marketing，2001，（2）：1-18.

[87] Ernst D. Catching-up crisis and industrial upgrading：Evolutionary aspects of technological learning in korea's electronics industry[J]. Asia pacific journal of management，1998，15（2）：247-283.

[88] Gereffi G，International trade and industrial upgrading in the apparel commodity chain[J]. Journal of international economies，1999，（48）：37-70.

[89] Humphrey J，Schmitz H. How does insertion in global value chains affect upgrading in industrial clusters? [J]. Regional studies，2002，36（9）：1017-1027.

[90] Cooke P. Regional innovation systems：Development opportunities from the 'green turn'[J]. Technology analysis & strategic management，2010，22（7）：831-844.

[91] Gassmann O，Enkel E，Chesbrough H W. The future of open innovation[J]. R& D management，2010，40（3）：213-221.

[92] Chesbrough H W. Open innovation：Where we're been and where we're going[J]. Research-technology management，2012，55（4）：20-28.

[93] 王缉慈. 关于发展创新型产业集群的政策建议[J]. 经济地理，2004，24（4）：433-436.

[94] 汤临佳，池仁勇. 产业集群结构、适应能力与升级路径研究[J]. 科研管理，2012，33（1）：1-9.

[95] 陈晓红，周源，许冠南，等. 产业集群向创新集群升级的影响要素和路径研究——以广东昭信科技园区为例[J]. 中国管理科学，2013，21：752-758.

[96] 徐玲，孟祥霞，刘春香. 基于价值星系的集群升级机理研究——以创新能力为研究视角[J].

科技进步与对策，2015，32（9）：54-59.

[97] 陈晓峰，邢建国. 集群内外耦合治理与地方产业集群升级——基于家纺产业集群的例证[J]. 当代财经，2013，（1）：102-110.

[98] Baum J A C，Oliver C. Toward an institutional ecology of organizational founding[J]. Academy of management journal，1996，（5）：1378-1427.

[99] Athreye S S. Competition，rivalry and innovative behaviour[J]. Economics of innovation & new technology，2001，10，（1）：1-21.

[100] 李正锋，叶金福，蔡建峰. 基于生态位理论的知识管理与可持续竞争优势关系研究[J]. 情报科学，2014，（1）：54-67.

[101] Bray D A. Knowledge ecosystems：Technology，motivations，process，and performance[D]. Atlanta：Emory University，2008：13.

[102] 孙振领，李后卿. 关于知识生态系统的理论研究[J]. 图书与情报，2008，（5）：22-27.

[103] 王举颖. 集群企业生态位态势互动与协同进化研究[J]. 北京理工大学学报，2010，（8）：57-60.

[104] 谢守美. 企业知识生态系统的稳态机制研究[J]. 图书情报，2010，（16）：99-102.

[105] Council on Competitiveness. Innovation America：Thriving in a world of challenge and change[R]. Washington DC：National Innovation Initiative Interim Report，2004.

[106] Luoma-aho V，Halonen S. Intangibles and innovation：The role of communication in the innovation ecosystem[J]. Innovation journalism，2010，7（2）：1-19.

[107] Zahra S A，Nambisan S. Entrepreneurship in global innovation ecosystems[J]. AMS review，2011，1（1）：4-17.

[108] Hwang V，Mabogunje A. The new economics of innovation ecosystems[J]. Stanford social innovation review，2013，8（6）：123-125.

[109] 杨荣. 从企业创新系统到创新生态系统：创新系统研究的演变及其比较[J]. 科技和产业，2014，14（2）：136-141.

[110] 吕一博，蓝清，韩少杰. 开放式创新生态系统的成长基因——基于 iOS、Android 和 Symbian 的多案例研究[J]. 中国工业经济，2015，（5）：148-160.

[111] 邢以群，吴征. 从企业生态位看技术变迁对企业发展的影响[J]. 科学学研究，2005，（4）：495-499.

[112] Rothaermel F T. Complementary assets，strategic alliances，and the incumbent's advantage：An empirical study of industry and firm effects in the biopharmaceutical industry[J]. Research policy，2001，（8）：1227-1235.

[113] 张运生. 高科技企业创新生态系统边界与结构解析[J]. 软科学，2008，（22）：95-100.

[114] 鞠芳辉，谢子远，谢敏. 产业集群促进创新的边界条件解析[J]. 科学学研究，2012，（1）：135-143.

[115] Kodama M. Innovation and knowledge creation through leadership-based strategic community：Case study onhigh-tech company in Japan[J]. Technovation，2007，（27）：115-132.

[116] Michael H N S. Knowledge fusion for technological innovation in organizations[J]. Journal of knowledge management，2008，12（2）：79-93.

[117] Mahmood I P，Singh J. Technological dynamism in Asia[J]. Research policy，2003，32：

1031-1054.

[118] Tsai K-H. Collaborative network and product innovation perferance: Toward a contingency perspective[J]. Research policy, 2009, (38): 765-778.

[119] 梅述恩, 聂鸣, 黄永明. 全球价值链中企业集群技术能力升级——基于集成创新研究[J]. 软科学, 2006, 20 (5): 99-102.

[120] 汤长安. 基于集成创新的高科技集群企业技术能力成长研究[J]. 科技与经济, 2010, 23 (4): 25-28.

[121] Granovetter M S. The strength of weak ties: A network theory revisited[J]. Sociological theory, 1983, (3): 201-233.

[122] Aktamov S, Zhao Y. Impact of network centrality positions on innovation performance of the firm: Evidence from China automobile industry[J]. Business management and strategy, 2014, (5): 164-178.

[123] Corso M, Martini A, Pellegrini L. Technological and organizational tools for knowledge management: In search of configurations[J]. Small business economics, 2003, (4): 397-408.

[124] Bresnahan T, Ganibardella A, Saxenian A. 'Old economy' inputs for 'new economy' outcomes: Cluster formation in the new Silicon Valleys[J]. Industrial and corporate change, 2002, (10): 835-860.

[125] Kratke S. Regional knowledge networks: A network analysis approach to the interlinking of knowledge resources[J]. European urban & regional studies, 2010, (1): 83-97.

[126] Isaksen A. Knowledge-based clusters and urban location: The clustering of software consultancy in olso[J]. Urban study, 2004, (15): 1157-1174.

[127] Tavani S N, Sharifi H. A study of contingency relationships between supplier involvement, absorptive capacity and agile product innovation[J]. International journal of operations & production management, 2014, (34): 65-92.

[128] 单虎, 张治栋, 贺晓宇. 产业链创新与集群经济发展研究[J]. 科技管理研究, 2013, (19): 151-161.

[129] 蔡小军. 生态工业园共生产业链的形成机理及其稳定性研究[J]. 软科学, 2006, (3): 12-14.

[130] 芮明杰, 刘明宇, 任江波. 论产业链整合[M]. 上海: 复旦大学出版社, 2006: 1-26.

[131] 曾德明, 陆良琼, 王业静, 等. 基于激进式产品创新的供应商知识整合机制研究[J]. 情报杂志, 2011, (7): 110-113.

[132] Nieto M, Quevedo P. Absorptive capacity, technological opportunity, knowledge spillovers, and innovative Effort[J]. Technovalion, 2005, (10): 1141-1157.

[133] Iansiti M, Clark K B. Integration and dynamic capability: Evidence from development in automobiles and main frame computers[J]. Industrial and corporate change, 1994, (3): 557-605.

[134] 魏江, 徐蕾. 知识网络双重嵌入、知识整合与集群企业创新能力[J]. 管理科学学报, 2014, (2): 34-47.

[135] Govindarajan V, Kopalle P K. Disruptiveness of innovations: Measurement and an assessment of reliability and validity[J]. Strategic management journal, 2006, (2): 189-199.

[136] Moorman A R C. The acquisition and utilization of information in new product alliances: A

strength of tiesperspective[J]. Journal of marketing，2001，（65）：1-18.

[137] Rowley T. Redundant governance structures：An analysis of structural and relational embeddedness in the Steel and semiconductor industrie[J]. Strategic management journal，2004，（10）：453-471.

[138] Eisingerich A，Bell S，Tracey P. How can clusters sustain performance？The role of network strength，network openness，and environmental uncertainty[J]. Research policy，2010，（4）：239-253.

[139] Mariano N，Pilar Q. Absorptive capacity，technological opportunity，knowledge spillovers and innovative effort[J]. Technovation，2005，（10）：1141-1157.

[140] Lin W B. Factors affecting the correlation between interactive mechanism of strategic alliance and technological knowledge transfer performance[J]. Journal of high technology management research，2007，（2）：139-155.

[141] Wong V，Shaw V，Sher P J. Intra-firm learning in technology transfer：A study of taiwanese information technology firms[J]. International journal of innovation management，1999，（4）：427-458.

[142] 王雎. 跨组织资源与企业合作：基于关系的视角[J]. 中国工业经济，2006，（4）：46-52.

[143] 罗珉，王雎. 组织间创新性合作：基于知识边界的研究[J]. 中国工业经济，2006，（9）：78-86.

[144] 王雎，罗珉. 知识共同体的构建：基于规则与结构的探讨[J]. 中国工业经济，2007，（4）：54-62.

[145] Bell M，Albu M. Knowledge systems and technological dynamism in industrial clusters in developing countries[J]. Worlddevelopment，1999，27（9）：1715-1734.

[146] 姜永常. 基于知识元的知识仓库构建[J]. 图书与情报，2005，（6）：73-74.

[147] Gilsing V. Cluster governance：How clusters can adapt and renew over time[R]. Copenhagen：Paper prepared for the DRUID，2000.

[148] Brown R. Cluster dynamics in theory and practice with application to scotland[R]. Regional and Industrial Policy Research Paper，European Policies Research Centre University of Strathclyde，2000.

[149] Sugden R，Wei P，Wilson J R. Clusters，governance and the development of local economies：A framework for case studies[C]//Sugden R. Clusters and Globalisation：The Development of Urban and Regional Economies. Cheltenham：Edward Elgar Publishing，2006：61-81.

[150] Propris L. Types of innovation and inter—firm cooperation[J]. Entrepreneurship & regional development，2002，（14）：337-353.

[151] Granovetter M. Economic action and social structure：the problem of social embeddedness[J]. American journal of sociology，1985，91（3）：481-510.

[152] 范群林，邵云飞，唐小我，等. 结构嵌入性对集群企业创新绩效影响的实证研究[J]. 科学学研究，2010，28（12）：1891-1900.

[153] 陈学光，俞红，樊利均. 研发团队海外嵌入特征、知识搜索与创新绩效——基于浙江高新技术企业的实证研究[J]. 科学学研究，2010，28（1）：151-160.

[154] 谢洪明，赵丽，程聪. 网络密度、学习能力与技术创新的关系研究[J]. 科学学与科学技术

管理，2011，32（10）：57-63.

[155] Weitzman M. Recombinant growth[J]. Quarterly journal of economics，1998，11（3）：331-360.

[156] Whittington K B，Owen-Smith J，Powell W. Networks，propinquity and innovation in knowledge-intensive industries[J]. Administrative science quarterly，2009，54（8）：90-122.

[157] Phelps C，Heidl R A，Wadhwa A. Knowledge，networks and knowledgenetworks：A reviewand research agenda[J]. Journal of management，2012，38（9）：1115-1145.

[158] Rothaermel F T，Deeds D. Exploration and exploitation alliances in biotechnology：A system of new product development[J]. Strategic management journal，2004，25（7）：201-221.

[159] 张方华. 网络嵌入影响企业创新绩效概念模型与实证分析[J]. 中国工业经济，2010，（4）：99-119.

[160] Manigart S，Wright M. Venture capital investors and portfolio firms[J]. Foundations and trends in entrepreneurship，2013，9（4/5）：365-570.

[161] Freel M，Harrison R. The community innovation survey 4：Profiling scotland's innovation performance[J]. Dti report，2007.

[162] Krafft J. Entry，exit and knowledge：evidence from a cluster in the info-communications industry[J]. Research policy，2004，33（10）：1687-1706.

[163] Mowery C，Oxley J. Inward technology transfer and competitiveness：The role of national innovation systems[J]. Cambridge journal of economics，1995，19：67-93.

[164] Dyer J，Singh H. The relational view：Cooperative strategy and sources of inter-organizational competitive advantage[J]. Academy of management review，1998，23：660-679.

[165] Zahra S A，George G. Absorptive capacity：A review，reconceptualization，and extension[J]. Academy of management review，2002，27（2）：185-203.

[166] Lane P J，Koka B R，Pathak S. The reification of absorptive capacity：A critical review and re juvenation of the construct[J]. Academy management journal，2006，31（4）：833-863.

[167] Capello R. Spatial transfer of knowledge in high technology milieu：Learning versus collective learning processes[J]. Regional studies，1999，33（4）：353-365.

[168] 任慧. 知识网络化传播模式与产业发展的现代转型[J]. 南昌工程学院学报，2010，29（5）：16-19.

[169] Cohen M，Levinthal A. Innovation and learning：Two faces of R&D[J]. Economics journal，1989，99（8）：56-69.

[170] Knockaert M，Spithoven A，Clarysse B. The impact of technology intermediaries on firm cognitive capacity additionality[J]. Technological forecast & social change，2014，81（7）：376-387.

[171] Becker W，Dietz J. R&D cooperation and innovation activities of firms—evidence for the german manufacturing industry[J]. Research policy，2004，33（4）：209-223.

[172] O'hagan B，Green B. Corporate knowledge transfer via interlocking directorates：A network analysis approach[J]. Geoforum，2004，35（8）：29-51.

[173] Autio E，Socpienza H J，Almeida J G. Effects of age at entry，knowledge intensity，and imitability on international growth[J]. Academy of management journal，2000，43（5）：909-924.

[174] 魏江，郑小勇. 关系嵌入强度对企业技术创新绩效的——组织学习能力的中介性调节效应

分析[J]. 浙江大学学报（人文社会科学版），2010，40（6）：168-180.

[175] 赵炎，周娟. 企业合作网络中嵌入性及联盟类型对创新绩效影响的实证研究——以中国半导体战略联盟网络为例[J]. 研究与发展管理，2013，25（1）：12-23.

[176] 王雷，姚洪心. 全球价值链嵌入对集群企业创新绩效的影响[J]. 科研管理，2014，35（6）：41-46.

[177] Jansen J J P, Van Den Bosch F A J, Volberda H W. Managing potential andrealized absorptive capacity: How do organizational antecedents matter? [J]. Academy management journal, 2005, 48（8）：999-1015.

[178] 刘新艳，赵顺龙. 集群氛围对集群内企业创新绩效的影响研究——以企业创新能力为中介变量[J]. 科学学与科学技术管理，2014，35（7）：31-39.

[179] Tsai W. Knowledge transfer in intra-organizational networks: Effects of network position and absorptive capacity on business-unit innovation and performance[J]. Academy management journal, 2001, 44（5）：996-1014.

[180] Leonard-Barton D. Core capabilities and core rigidities: A paradox in managing new product development[J]. Strategic management journal, 2012, 13：111-125.

[181] Wu F, Shanley T. Knowledge stock exploration and innovation: Research on the united states electro-medical device industry[J]. Journal of business research, 2009, 62：474-483.